파이시오스 수도사 영적인 대화 I

가정의 삶

Γέροντος Παϊσίου Αγιορείτου Λόγοι Δ'
ΟΙΚΟΓΕΝΕΙΑΚΗ ΖΩΗ

Copyright © 2011 ΙΕΡΟΝ ΗΣΥΧΑΣΤΗΡΙΟΝ "ΕΥΑΓΓΕΛΙΣΤΗΣ ΙΩΑΝΝΗΣ
Ο ΘΕΟΛΟΓΟΣ" ΣΟΥΡΩΤΗ ΘΕΣΣΑΛΟΝΙΚΗΣ, GREECE
All right reserved

Translated by Angeliki Park
Korean Translation Copyright © 2014 Korean Orthodox Editions

파이시오스 수도사 영적인 대화 I
가정의 삶

초판1쇄 인쇄 2014년 7월 25일
초판1쇄 발행 2014년 7월 25일

지 은 이 파이시오스 수도사
옮 긴 이 앙겔리키 박
펴 낸 이 암브로시오스 조성암 대주교
펴 낸 곳 정교회출판사
출판등록 제313-2010-5호

주   소 서울특별시 마포구 마포대로 18길 63 (아현동)
전   화 02)364-7020
팩   스 02)365-2698
홈페이지 www.philokalia.co.kr
e-mail   editions@orthodox.or.kr

ISBN 978-89-92941-33-4   04230
ISBN 978-89-92941-32-7   04230 (세트)

정가 15,000원

The Publication of this book was made possible through the generous donation of the Missionary Association "St. Cosmas of Aitolia" in Thessalonica, Greece. Ιεραποστολικός Σύνδεσμος "Άγιος Κοσμάς ο Αιτωλός", Θεσσαλονίκη - Ελλάδα.

이 책의 한국어판 저작권은 ΙΕΡΟΝ ΗΣΥΧΑΣΤΗΡΙΟΝ "ΕΥΑΓΓΕΛΙΣΤΗΣ ΙΩΑΝΝΗΣ Ο ΘΕΟΛΟΓΟΣ"와 독점계약한 정교회출판사에 있습니다. 저작권법에 의해 한국 내에서 보호를 받는 저작물이므로 무단 전재 및 무단 복제를 금합니다.

파이시오스 수도사
영적인 대화

I

―――――・―・・―――――

가정의 삶

파이시오스 수도사 지음 / 앙겔리키 박 옮김

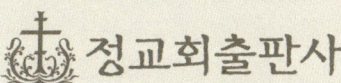

저자소개 06
추천의 글 08
머리말 10

서론 : 인생의 두 갈림길에 선 젊은이들 19

1부 가정을 지키기 위하여
  1장 조화로운 가정에 대하여 39
  2장 인내로 지켜지는 가정 48

2부 부모와 부모의 책임
  1장 출산 63
  2장 가정교육에 대한 어머니의 역할 74
  3장 자식 양육에 대한 부모의 책임 86

3부 아이들과 그들의 의무
  1장 아이들, 그들의 기쁨과 어려움들 113
  2장 부모에 대한 자식들의 존경심과 사랑 123

4부 영성 생활
  1장 가정에서의 영성 생활 135
  2장 일과 영성 생활 154
  3장 일상생활에 있어서의 금욕 167

5부 삶에서의 시험들
1장 "불과 물속을 지나가게 하셨습니다."   175
2장 병   192
3장 장애는 하느님의 축복   215
4장 영적인 법   226

6부 죽음과 죽음 후의 삶
1장 죽음에 대한 대처   233
2장 "여러분은 희망을 가지지 못하는
     다른 사람들처럼 슬퍼해서는 안 됩니다."   244
3장 죽음 후의 삶   252

파이시오스 수도사

1924년 7월 25일
카파도키아 파라사에서 출생
본명은 아르세니오스 에즈네피디스

  수도사가 되기 전까지 그리스의 코니차에서 거주했고 26세에 아토스 성산에서 수도사가 되었다. 그 후, 코니차의 스토미오스 수도원, 이집트의 시나이 등지에서 머물다가 다시 아토스 성산으로 돌아왔고, 데살로니키의 수로티에 신학자 성 요한 복음사도 수도원을 건립하고 28년간을 영적으로 인도하였고, 1994년 7월 12일 이 수도원에서 세상을 떠났다.

  초야에서 살았으며, 자신의 전부를 하느님께 바쳤다. 비록 교육을 많이 받은 사람이 아니었지만 학자와 교수를 비롯한 고등교육을 받은 사람들과 특히 청년들이 영적 조언을 얻기 위해 순례자가 되어 그의 가난한 켈리를 방문하였다.

  15년 동안 날마다 하루 종일 사람들의 고통과 시련을 받아들였고, 고통과 아픔에 시달리던 사람들에게 하늘로부터 오는 위안을 전해 주었다. 사랑과 기도와 겸손과 영성체와 금식과 매일의 영적 투쟁으로 생활했기에, 거룩한 영혼은 거룩한 사랑으로 흘러넘쳤고, 거룩한 모습은 하느님의 은총을 빛나게 하였다.

[저서]
카파도키아인 성 아르세니오스
아토스 성산의 수도사들

추천의 글

공식적인 자료에 따르면, 2000년대 한국의 1000명당 이혼 건수는 2.72로 1950년대(0.20)에 비해 무려 13배 이상 증가했습니다. 또 1996년부터 매년 아시아 최고 수준을 기록하고 있습니다. 이런 안타까운 현상은 우리나라의 가족 관계가 전례 없는 위기를 겪고 있다는 것을 명확히 보여줍니다.

과연 무엇이 원인일까요? 이 문제에 대해 물질적인 차원에서 접근하지는 않으려고 합니다. 겉으로 드러나는 것과 달리 이 문제는 경제적 어려움에 기인하지 않기 때문입니다. 더 잘사는 나라에서 이혼이 더 많이 일어나는 것이 바로 그 근거입니다. 우리가 잘 알다시피 예전에는 더 적은 것으로 어렵게 생활하였어도 가정이 쉽게 무너지지는 않았습니다. 바로 삶의 기초를 영적인 가치와 이상에 두었기 때문입니다.

진정한 사랑이 없다면, 결혼이 '우리'가 아닌 '나'와 '너' 개개인에 기초를 두고 있다면, 사탄이 심어준 '나의 것'이나 '너의 것'이라는 생각이 가족들 사이를 지배하고 있다면, 결혼 생활은 유효기간을 가질 수밖에 없습니다. 이러한 결혼 생활은 가족 관계를 돕는 것이 아니라 오히려 파괴하게 됩니다. 이렇게 되면 안타깝게도 우리 사회에서는 이혼 가정이 예외적인 경우로 취급받는 것이 아니라 사회를 지배하는 하나의 유행처럼 여겨질 것입니다.

정교회출판사는, 『가정의 삶』의 발간이 오늘날 가정의 위기를 극복하는 데 기여할 수 있기를 간절히 바랍니다. 이 책에는 아토스 성산의 거룩한 파이시오스 수도사의 여러 말씀이 담겨 있습니다. 파이시오스 수도사는 사람들이 겪는 많은 문제가 과거의 건강하지 않았던 가정생활의 경험에서 기인하는 것을 보면서 마음 아파했습니다. 그리하여 수도원에서 쉴 새 없는 기도로, 가정 문제로 힘들어하는 사람들에게 쓴 정성 어린 편지로, 방문자들에게 베푼 가르침으로, 또 수도 공간에서 내려와 도시 여러 곳을 방문하면서, 그들이 다시 가정의 행복과 평온을 찾을 수 있도록 애썼습니다.

『가정의 삶』은 모든 이들에게 유익할 것입니다. 결혼한 이들은 현재의 문제를 극복하는 데 필요한 도움을 얻을 수 있을 것이며, 아직 결혼하지 않은 이들, 특히 젊은이들은 필요한 많은 것들을 배워 올바르게 결혼을 준비함으로써 미래에 꾸리게 될 가정에서 위기를 겪지 않게 될 것입니다.

이 책이 올바른 그리스도인 가정이 늘어나는 데 기여하기를 열망하며 한국의 독자 여러분께 바칩니다.

정교회 한국대교구
+암브로시오스 조성암 대주교

머 리 말

　이 책은 파이시오스 수도사가 생전에 들려주었던 이야기들을 담고 있다. 주로 가정에 대한 주제들, 가정에서의 문제로 인해 사람이 겪게 되는 시험에 관한 것이다. 수도사는 자신이 받았던 편지 가운데 상당수가 가정에 문제가 있는 사람들로부터 온 것이라고 말하곤 하였다. 그는 이러한 문제들이 사람들이 하느님으로부터 멀어지고 자신을 지나치게 사랑하게 되면서 발생한다고 역설했다. "이전의 삶은 더 조용하였고 사람들에겐 인내심이 많았습니다. 그러나 오늘날엔 모든 사람들이 쉽게 화를 냅니다. 누구의 말도 듣지 않습니다. 그 후 자동적으로 이혼의 수순을 밟습니다."라고 말하곤 하였다.

　파이시오스 수도사는 어려서부터 능동적으로 교회의 대가족인 하느님께로 귀의하였고 더 이상 작은 가정인 혈연으로 이어지는 가정에 속하지 않는다는 것을 느끼곤 하였다. 그는 거룩한 사랑을 갖게 되었고 하느님의 자식이 되었다. 그래서 모든 사람들을 자신의 형제자매처럼 느꼈고 "그리스도 예수의 지극한 사랑으로"[1] 모든 사람을 사랑하였다. 그는 "나는 나이 지긋한 어르신을 볼 땐 나의 아버지로, 허리 구부정한 할머니를 볼 땐 나의 어머니로, 어린 아이를 볼 땐 나의 조카로 생각하고 봅니다. 나는 모든 사람들을 사랑합니다. 이 사람들에 대하여 기뻐하고, 저 사람들에 대하여 마음 아파합니다. 이것이 무엇인지 아십니까?"라고 말하곤 하였다. 이렇게 수도사는 사람 각자에 대하여 그들의 아이,

---

[1] 필립비 1:8.

형제, 아버지, 할아버지가 되었던 것이다. 그리하여 진정한 이 사랑은, 좋은 길로 나아가기 위해 방향을 바꾸는 사람, 하느님의 말씀을 받아들이는 사람, 하느님의 말씀에 따라 살려고 노력하는 사람을 특히 도와주었다. 교회의 한 일원으로서 이렇게 가정에 문제를 가진 사람들에 대해 아픔을 가지고 기도를 한 것뿐만 아니라, 수도사로 살고 있었음에도 불구하고 사람들이 요청했을 때 가정에서의 삶에 대한 특별한 대화를 나누며 그들을 도와주었다.

그는 "유혹의 불"에, 그리고 병이라는 혹독한 시련에 시험을 당하면서도 (이 병은 1947년부터 그가 이 세상을 떠나던 1994년까지 여러 가지 형태로 그와 함께 하였다.) 마음 아파하는 사람들과 함께 마음 아파하였고 병자들에 대해 아픈 마음으로 기도를 하였다. 자신의 건강에 대해서는 단지 혼자서 화장실을 다닐 수 있을 만큼만, 그를 방문하는 순례자들을 도울 수 있을 만큼만 보살폈을 뿐이다. 그가 자신의 건강에 대해 신경을 쓰지 않는 것이 하느님을 감동시켜, 다른 환자들의 건강을 위해 그가 하는 기도를 들어주실 것이라고 믿었다. 환자들에게는 치료를 위해 인간적으로 할 수 있는 가능한 것들을 하되, 인간적으로 불가능한 것은 하느님께 맡길 것을 권고하였다. 동시에 환자들이 그들의 병을 하느님에 대한 희망을 가지고 대처하기까지, 이 세상에서 우리 모두는 "나그네들이며 잠시 머물고 있다."[2]는 사실과 그러므로 우리는 영원한 삶을 준비해야 한다는 사실을 잊지 않도록 그들의 믿음을 강화시켰다.

카산드라의 니코디모스 대주교의 축복과 함께 발간되는 이 책은 특별한 서문과 총 6부의 본문으로 구성되어 있다. 본문의 많은 주제들은 성 요한 복음사도 수도원의 원장 및 수녀들이 수도

---

[2] '사랑하는 형제들, 낯선 땅에서 나그네 생활을 하고 있는 여러분에게 권고합니다. 영혼을 거슬러 싸움을 벌이는 육체적인 욕정을 멀리하십시오.'(1 베드로 2:11).

사와 나누었던 대화 속에서 나온 것이다. 수도사의 권고와 신념에 따라 우리에게 영적 도움을 요청하는 사람들을 영적 사제에게 중재함에도 불구하고, 사람들은 자주 수도원장이나 나이 든 수녀와 대화를 나누며 어떤 문제에 대한 아픔을 표현하고 충고를 요청한다. 이에 대해 우리가 적절한 답을 주었는지 확인하고자 때때로 수도사에게 도움을 요청하였고, 그는 어느 것이 하느님의 말씀에 따른 대처였는지 각 경우에 따라 얘기해주곤 하였다. 수도사가 이렇게 했던 것은 우리가 사람들을 위해 아픈 마음으로 기도하도록 하기 위해서였다. 또 수도사들의 경우와 같은 영적인 기회들이 없던 상황에서도 거룩한 삶을 살았던 가장들과 어머니들로부터 좋은 본보기를 이끌어내곤 하였다. 이렇게 해서 우리가 더 착실하게 투쟁하도록 인도하였다. 이 주제들 가운데 일부는 수도사의 서신들에서 발췌한 부분들로 채워졌다. 이는 성직자와 경건한 일반인들이 우리에게 준 것들이다.

인생의 여정에 대해 고심하는 젊은이들을 돕기 위해, 이 책의 서문에서는 "인생의 두 갈림길에 선 젊은이들"이라는 주제를 다루고 있다. 여기서 그는 교회가 특징지은 두 길인 결혼 생활과 수도 생활이 모두 축복 받은 것이라고 강조하고 있다. 젊은이들은 외부의 영향을 받지 않고 그들의 적성과 힘, 성실함의 정도에 따라 하느님에 대한 신뢰를 가지고 두 길 중에 한 길을 선택해야 한다. 젊은이들이 따르는 길에서 그들의 발전에 대한 기본적인 전제는 순결하고 영적으로 사는 삶이다.

총 6부로 구성된 이 책의 1부에서는 가정의 기본인 부부 사이의 거룩한 사랑과 존경심에 대해 다룬다. 가정에서 일어나는 어려운 일들에 인내가 기도와 동반될 때, 파산 지경에 있는 가정을 구할 수 있다.

2부에서는 첫 번째로 올바른 가정교육에 대한 부모의 의무와 책임에 대해 언급하면서 자식에 대한 부모의 '묵묵한 충고', 즉 모범의 중요성을 역설하고 있다. 특히 어머니의 역할이 중요함을 전하고 있다. 두 번째로 자식에 대한 애정과 사랑은 자식의 자연스러운 성장에 대한 기본적인 전제임을 강조하고 있다.

3부에서는 아이들이 유아기부터 성년이 되는 과정 중에 겪는 기쁨과 어려움들에 대하여, 부모에 대한 자식들의 의무에 대하여 언급한다. 어린 나이 때뿐만 아니라 성숙한 나이에도 부모를 존경과 사랑으로 섬기는 것은 그들에게 하느님의 축복을 보장한다.

4부에서는 가정 안에서의 영적인 삶에 대한 간단하고 실제적인 충고들을 전해주고 있다. 이 덕분에 아이들과 부모들은 집, 학교, 직장 등 어디에 있든 날마다 성경 말씀에 따라 사는 데 도움을 받게 된다.

5부에서는 첫째로, 사람들이 인생에서 겪는 여러 가지 시험에 대하여 이야기하며 이 시험들을 인내로뿐만 아니라 하느님에 대한 찬양으로 대처하는 사람들에게 하느님께서 얼마만큼의 위로와 힘을 주시는지 설명하고 있다. 둘째로 병과 심신 장애, 중상모략은 인생의 깊은 의미를 깨달은 사람에 대한 축복이라는 것을 강조하고 있다. 사람이 겪는 고통으로 죄를 갚거나 하늘나라의 상을 저축하게 된다는 것을 그 주요한 이유로 설명하고 있다.

마지막으로 6부에서는 죽음에 대한 사전 준비와 옳은 대처에 관해 다루고 있다. 수도사는 사랑하는 사람들을 잃은 이들에게 진정한 위로가 무엇인지 명확히 제시하였고, 고인들을 위해 행하는 추도식과 기도, 적선이 얼마나 도움이 되는지 강조하였다. 또한 미래의 심판에 대한 묘사와 영생에 대한 묘사가 간결하고 생생하게 표현되고 있다.

이 책의 주제들은, 의식적으로 교회의 일원이 되기를 원하기까지, 가정이라는 작은 사회 속에서 영적인 삶이 주는 평화와 마음의 안정을 가지고 기쁨을 느끼기를 원하기까지, 한편으론 더 많은 열성으로 속세에서 성실한 투쟁을 계속하는 사람들을 도울 수 있고 다른 한편으론 하느님으로부터 멀리 떨어져서 고생을 하는 사람들의 의식을 깨울 수 있다. 동시에 결혼 생활에서 하느님의 모든 계명을 지키는 것은 절대적이며, 이 계명들은 "무거운 짐"이 아님[3]을 강조하고 있다. 부부 각자가 자신이 원하는 것을 조금씩 양보하고 순종한다면 강요받는다고 느끼지 않을 것이다. 사랑에 의해 하기 때문이며, 마음속에 달콤한 위로를 느끼기 때문이다.

요즘의 현대 사회에 적용되는 "느슨한 법"에 익숙해진 사람은 아마도 수도사가 제시하는 몇 가지 주제들을 지나치고 적용하기 힘든 것으로 간주할 것이다. 그러나 성경을 기초로 비평한다면 그가 말하는 이야기들이 정확한 표현임을 확인하게 될 것이다. 수도사는 항상 그리스도의 말씀을 통한 완전성을 목표로 삼고 있었다. 그렇지만 하느님께서 불 밝혀 주시는 사목으로 인간적인 나약함에 대해 관용을 보이고 있고, 예전의 삶을 예시로 들어가며, 하느님은 살아계시며 "모든 사람 안에서 모든 일을 이루어 주시는 분"(I 고린토 12:6)이라는 것을 현대인이 이해하도록 노력하였다. 하느님께서는 다른 세상의 삶에서 우리들이 한 것에 대하여 보상을 하시는 것뿐만 아니라 자애로우신 아버지로서 이 세상에서의 삶까지도 보살피는 분이심을 설명하고 있다. 그렇지만 사람은 그가 하는 작은 투쟁으로 선한 의도를 보여야 한다. 수고를 좀 할 것이지만 많은 보상을 받을 것이다.

이 책의 원고를 읽어준 분들께 감사드리며, 많은 존경심을 가지고 수도사의 폭 넓은 사고에 도움을 준 분들께 감사를 드린다.

수도사의 이야기들이 가정을 돕기를 기원한다. 오늘날의 가정

---

[3] '하느님의 계명을 지키는 것이 곧 하느님을 사랑하는 일입니다. 그리고 하느님의 계명은 무거운 짐이 아닙니다.' (I 요한 5:3)

은 하느님의 계명을 망각하거나 경멸하고 있기에 곤혹을 치르고 있다. 부모들과 자식들이 이 세상에서부터 천국적인 삶을 살게 되기까지, 교회 안에서 가정이 진정한 목적지를 찾을 수 있기를 바란다.

2002년 9월 16일
에피미아 성인 축일에

필로테이 수녀원장과 협력자들

자식을 낳고 혈통을 이어주는 부모는
할 수 있는 한 자식들을 영적인 갱생으로 이끌어야 합니다.
부모들은 자식들을 위해 스스로가
할 수 없는 것을 선생들에게 맡길 것입니다.
그래서 우리 교회는 "부모와 선생"에 대하여 기도합니다.
사람들의 영적인 갱생을 위해 일을 하고
아이들의 교육에 있어
더 긍정적으로 돕는 영적 사제들도 있습니다.

인생의 두 갈림길에 선 젊은이들

결혼 생활과 수도 생활 모두 하느님으로부터의 축복입니다.

- 수도사님, 젊은이들이 수도 생활이 결혼 생활보다 더 고귀하냐고 물을 때 어떻게 대답해야 하나요?
- 우선 인간의 목적이 무엇인지 또 인생의 의미가 무엇인지 젊은이들이 깨닫게 해야 합니다. 또한 교회가 특징지은 이 두 가지 길 모두가 축복 받은 길이라는 것을 설명해 주어야 합니다. 하느님의 말씀에 따라 살면, 이 두 가지 삶 모두 사람들을 천국으로 인도할 수 있기 때문입니다. 두 사람이 성지 순례를 하러 떠난다고 가정하여 봅시다. 한 사람은 국도를 따라 버스를 타고 가고, 다른 사람은 좁은 길을 따라 걸어서 갑니다. 하지만 이 두 사람 모두 같은 목적을 가지고 있습니다. 하느님께서는 첫 번째 사람의 행동에 대하여 기뻐하시며, 두 번째 사람의 행동에 대하여 감탄하십니다. 나쁜 것은 두 번째 사람이 첫 번째 사람을 비난하거나 첫 번째 사람이 두 번째 사람을 비난하는 것입니다.

수도를 생각하는 젊은이들이 수도사의 사명이 아주 크다는 것을 알려고 하는 것은 좋은 일입니다. 수도사의 사명이란, 수도를 하며 천사와 닮아가는 것입니다. 그리스도께서 사두가이파 사람들에게 다른 세상 즉, 하늘나라에서 우리는 천사처럼 살게 될 것이라고 말씀하셨습니다. 그래서 아주 성실하고 착실한 일부 젊은이들은 수도사가 되어 이 세상에서부터 천사와 같은 삶을 시작합니다.

그렇지만 사람들이 단지 수도사가 되었다고 해서 구원받게 될 것이라고 생각하지 않기를 바랍니다. 사람들 각자는 자신이 선택한 삶을 거룩하게 만들었는지 아닌지의 여부에 따라 하느님께 이유를 설명 드리게 될 것입니다. 모든 곳에 성실함과 착실함이 필요합니다. 하느님께서는 진보하는 사람들을 만드시거나 진보하지 않는 사람들을 만드시지 않지만, 성실하지 못한 사람은 어떠한 종류의 삶을 산다 할지라도 진보하지 못할 것입니다. 그러나 성실한 사람은 어느 곳에 있다 할지라도 성실하게 살아가게 되는데, 거룩한 은총이 그와 함께 하기 때문입니다. 높은 덕망을 갖추고 살아가면서 거룩하게 되는 기혼자들도 있습니다. 한 가장이 하느님을 사랑하여 거룩한 사랑에 의해 이끌어진다면, 영적으로 많이 진보할 수 있게 됩니다. 그래서 그의 자식들에게 선과 덕을 갖추게 하여 자식들이 좋은 가정을 꾸려 나아가게 합니다. 그리하여 가장은 하느님으로부터 두 배의 보상을 받을 것입니다.

그래서 젊은이들 각자는 자신이 선택하는 삶이 거룩해지기까지, 스트레스 없이 착실하게 분투하려는 목적을 가져야 합니다. 결혼하기를 원하십니까? 결혼하십시오. 그러나 좋은 가장이 되도록 노력하고, 거룩하게 살려고 노력하십시오. 수도사가 되기를 원하십니까? 수도사가 되십시오. 그러나 좋은 수도사가 되려고 노력하십시오. 자신의 힘과 능력을 측정하여 무엇을 할 수 있는지 생각하고 그러고 나서 힘과 능력에 따라 두 길 중에 한 길을 선택하여 나아가십시오. 예를 들어 한 여성이 수녀가 될 만한 힘이 없으면, 겸손한 마음으로 하느님께 "하느님, 저는 수녀로서 살아갈 수 있는 힘이 없습니다. 제가 좋은 가정을 이루어 영적으로 살 수 있도록 저를 도와줄 사람을 보내주십시오."라고 말하게 하십시오. 그러면 하느님께서 이 여성을 그대로 내버려 두지 않으실 것입니다. 이 여성이 결혼하여 좋은 가정을 이루면서 성경 말씀에 따라 살면, 하느님께서는 이 여성으로부터 다른 것을 더 바라지 않으실 것입니다.

하느님께서 젊은이들로부터 원하시는 것은 많지 않습니다. 그러나 어떤 젊은이들은 수도사의 길을 선택하면서 성실하게 노력하며, 하느님께 더 많은 것을 바치고 있습니다. 그들은 두 배의 화관을 받게 될 것입니다. 다시 말해서 어떤 사람이 결혼하는 것이 더 좋지만, 성실함과 착실함에 의해 모든 것을 희생해 가면서 수도사의 삶을 추구하는 경우, 이것은 하느님을 매우 감동시킵니다. 다만 수도사가 되고자 하는 동기가 매우 순수해야 함을 염두에 두어야 합니다. 오만에 의해 수도사의 삶을 추구해서는 안 됩니다. 순수한 마음으로 시작할 때, 그 후부터 수도사가 겪을 모든 어려움과 문제들을 하느님께서 해결하여 주실 것입니다.

앞으로의 진로에 대한 젊은이들의 불안

- *수도사님, 앞으로의 진로에 대한 젊은이들의 불안은 불신에서 오는 것입니까?*

- 항상 그런 것은 아닙니다. 자리를 어떻게 더 잘 잡을 것인가에 관심이 있고 하느님 가까이에 있는 것에 관심이 있는 젊은이들은 앞으로의 진로에 대해 자주 걱정합니다. 이것은 정신적으로 건강하다는 것을 나타냅니다. 젊은이가 진로에 대해 생각하지 않고 걱정하지 않는 것은 그가 무관심하다는 것을 나타냅니다. 결과적으로 이러한 부류의 사람은 무관심한 사람이며 진보하지 않는 사람입니다. 단지 젊은이가 하는 걱정이 정도를 벗어나지 않도록 주의하는 것이 필요한데, 젊은이가 하는 걱정을 악마가 바꾸어 놓아 그를 초조하게 만들고 정신을 계속 혼란스럽게 만들 것이기 때문입니다.

젊은이들은 마음의 평온을 갖기 위해서, 자신들을 하느님께 믿음으로써 맡겨야 합니다. 선하신 하느님께서는 인자한 아버지로서 인간의 힘으로 우리가 할 수 없는 것을 행하시기 때문입니다. 젊은이들이 따를 삶에 대해 서둘러서 경솔한 결정을 하지 않는 것이 필요합니다. 걱정을 많이 하면서 모든 문제들을 동시에 해결하려고 노력하는 학생들을 나는 알고 있습니다. 결국 학생들은 혼돈에 빠져 학업을 중단하게 됩니다. 예를 들어 한 학생이 대학교를 끝마쳐야 하는데, 진로에 대해 지나치게 걱정한 나머지 대학교 졸업도 늦어지고, 더 큰 혼란을 일으키는 경우가 발생합니다. 모든 일이 한꺼번에 이루어질 수는 없으며, 모든 문제들이 한꺼번에 해결되는 경우도 없습니다. 마음속에 있는 것을 올바르게 정리하여 차례를 만들어야 합니다. 우선 대학교를 졸업할 수 있도록 애쓰고, 그 후 직장을 잡아 일을 시작합니다. 그리하면 이제는 -남학생들의 경우는 군복무를 마친 후- 성숙해져 있을 것이므로, 결혼하려고 결정하였으면 하느님의 도움으로 좋은 가정을 꾸리고, 수도사가 되려고 결정하였으면 선택한 수도원으로 가는 것이 좋습니다.

그래서 위와 같은 걱정거리를 가지고 있는 대학생들이 진로를 결정하기엔 아직 정신적으로 미성숙한 만큼, 우선은 공부를 계속하고 어느 정도 성숙한 다음에 그때 필요한 것들과 마음을 편하게 하는 것을 하라고 나는 권합니다. 좋은 의욕이 있으면, 하느님께서 도와주시어 어떤 삶을 택해야 하는지가 점점 뚜렷해 질 것입니다. 즉 결혼을 하여 살거나 수도원에 가서 수도사가 되어 마음의 평온을 느낄 것입니다.

젊은이들이 적성에 맞는 길을 선택하도록 돕기

사람들 각자는 나름대로의 적성이 있습니다. 선하신 하느님께서는 인간을 자유롭게 행동하도록 만드셨습니다. 하느님께서는 고귀하시기에 인간의 자유를 존중하시며, 인간 각자가 편안함을 느끼는 길을 선택하도록 하셨습니다. 군대에서 하는 식의 명령으로 모든 사람들을 같은 줄에 놓지 않으십니다. 그래서 젊은이들은 하느님께서 주시는 자유라는 영적인 공간 속에 자신을 자유롭게 놓아두는 것이 좋습니다. 주변 사람들이 어떤 길을 택하였는가 알아보고 비교하는 것, 이것은 도움이 되지 않습니다. 이 주제, 즉 장래에 대한 선택에 대해선 아무에게서도 영향을 받아서는 안 됩니다.

또한 부모들과 영적 사제들, 교육자들은 젊은이들에게 영향을 끼치지 않고 그들의 적성을 질식시키지 않으면서, 그들이 자신에게 어울리는 삶과 적성에 맞는 길을 선택할 수 있도록 도와주어야 합니다. 젊은이들이 따를 삶에 대한 결정은 젊은이들의 것이어야 합니다. 우리 모두는 단순히 우리들의 의사를 표명하는 것으로 족합니다. 우리가 가진 유일한 권한은 젊은이들이 그들의 길을 찾을 수 있도록 도와주는 것입니다.

때때로 위의 주제에 대하여 고심하는 젊은이들과 대화를 나눌 때, 나는 그들의 저울추가 어디로 기울고 있는지 알고 있지만, 젊은이들에게 영향을 주지 않기 위해 그것을 말하지 않습니다. 단지 내가 하고자 노력하는 것은, 내가 할 수 있는 것으로서, 젊은이들이 옳은 길을 찾아서 마음의 평온을 가질 수 있도록 돕는 일입니다. 다시 말해서 젊은이들이 하느님 가까이 있으면서 이 세상에서도 기쁜 마음으로 살고 다른 세상에서 더 기쁜 마음으로 살 수 있도록, 젊은이들에게 좋은 것, 즉 거룩한 것을 심어주기 위해, 해로운 것이 젊은이들을 안락하게 만드는 것을 없애주고자 노력합니다. 내가 알고 있는 한 젊은이가 어떤 삶을 선택할지라도 정말 나는 기뻐할 것이며 그의 영혼의 구원에 대하여 항상 같은 관심을 가질 것입니다. 단지 그가 그리스도 가까이에, 즉 우리들의 교회 안에 있는 것으로 충분합니다. 그리고 나 스스로를 그의 형처럼 느낄 것인데, 사람이 교회에서 세례로 다시 태어나기 때문에 교회를 어머니라 부르며 우리 모두는 형제자매들이 되기 때문입니다.

물론 수도사의 삶을 따르는 젊은이들에 대하여 나는 특별히 만족을 느낍니다. 왜냐하면 그들은 정말 지혜롭기 때문이며, 지혜로운 이유는 이 세상을 미끼로 가지고 있는 악마의 갈고리로부터 벗어날 수 있기 때문입니다. 그렇지만 모든 사람들을 같은 틀 속에 집어넣을 수는 없습니다. 수도사의 길이 더할 나위 없이 좋은 길이라 할지라도, 그리스도께서는 수도사의 삶을 계명으로 부여하지 않으셨습니다. 모든 사람들에게 무거운 짐을 부여하기를 원치 않으셨던 것입니다. 그래서 한 젊은이가 어떻게 구원받을 것인지에 대해 그리스도께 물었을 때, 그리스도께서는 "계명을 지켜라."[4]라고 말씀하셨습니다. 그리고 젊은이가 계명을 다 지켰다며 그리스도께 "그런데 아직도 무엇을 더 해야 되겠습니까?"[5]라고 묻자, 그리스도께서는 "네가 완전한 사람이 되려거든 가서 너의 재산을 다 팔아 가난한 사람들에게 나누어 주어라. 그러면 하늘에서 보화를 얻게 될 것이다. 그러니 내가 시키는 대로 하고 나서 나를 따라 오너라."[6]라고 대답하셨습니다. 다시 말해서 그리스도께서는 성실하고 충실하고 근면하고 신중한 사람을 보셨을 때, 완전성에 대하여 말씀하시곤 하셨습니다. 사람들에게 어려운 일을 하도록 강요하지 않으셨습니다. 수도주의에 대하여조차 말씀

---

[4] 마태오 19:17.
[5] 마태오 19:20.
[6] 마르코 10:21 참조.

하시지 않았는데, 아마도 많은 사람들이 무분별하게 수도사가 되려고 달려가 결국 나쁜 결과를 초래하게 되었을 것이기 때문입니다. 단지 불꽃만 튀게 하셨으며 적당한 시기가 왔을 때 수도주의가 나타나게 하셨습니다.

이렇게 우리들 역시 다른 사람들을 강요할 권한이 없습니다. 본인들이 원한다면, 그들 혼자서 자신들을 강요하는 것이 바람직합니다. 우리는 우리들 자신을 위해서만 강요할 권한이 있는데, 이 역시 분별력 있게 해야 합니다. 나는 지금까지 어떤 젊은이에게도 결혼을 하라거나 수도사가 되라고 말한 적이 없습니다. 누군가가 내게 묻는다면, "마음에 안정을 주는 것을 하게나. 자네가 그리스도 곁에 있는 것만으로 족하다네."라고 말합니다. 누군가가 세속에서 마음의 안정을 찾을 수가 없다고 하면, 그때 그가 갈 길을 찾도록 돕기 위해, 수도에 대하여 말합니다.

삶의 길을 선택하고 결정하기

세월이 빠르게 흐릅니다. 젊은이는 우물쭈물하면서 갈림길에서 오랫동안 머물지 않는 것이 좋습니다. 적성과 착실함의 정도에 따라 교회에서 말하는 두 길 중의 한 길을 선택하여, 그리스도께 믿음을 갖고 앞으로 나아가는 것이 좋습니다. 부활에 대한 기쁨을 느끼기를 원한다면, 그리스도께서 겪으신 수난에 참여하십시오. 두 삶의 길에 역시 어려움과 괴로움들이 있습니다. 그러나 하느님 곁에 머물면, 온화하신 그리스도께서 이 어려움과 괴로움들을 달콤하게 만들어 주십니다.

30세가 지나면, 삶의 길을 결정하기가 어려워지기 시작합니다. 세월이 흐르면 흐를수록 더 어렵게 됩니다. 청년들은 어떠한 종류의 삶을 살지라도 자신의 삶에 쉽게 적응합니다. 하지만 나이가 들면, 모든 것들을 논리적으로 판단하게 됩니다. 이미 성격이 형성되어 있어 견해를 바꾸는 것이 어렵게 됩니다. 다시 말해서 이것은 굳어진 콘크리트와 같습니다. 결혼의 길이든 수도의 길이든 어린 나이에 삶의 길을 선택하는 사람들은 늙어서까지 어린이와 같은 순수함을 가지고 있어 다른 이와 쉽게 친밀해집니다. 나는 어릴 적에 결혼한 한 부부를 알게 되었습니다. 남편이 말하는 방법으로 부인도 말했으며, 남편이 하는 것을 부인도 하였습니다. 그들은 어려서 결혼을 했기 때문에, 서로가 상대방이 말하는 방법과 행동 처신에 익숙해져 있었던 것뿐만 아니라, 더 쉽게 친밀해져 있었습니다.

결혼을 자꾸 뒤로 미루는 사람은 세월이 흐른 다음 배우자를 찾기 시작하지만, 좋은 짝을 찾을 수가 없다는 것은 증명된 사실입니다. 청년이었을 때는 본인이 선택할 수 있었지만, 나이가 들면 남들이 그를 선택하게 됩니다. 그래서 결혼에 관하여 가끔 좀 미친 것처럼 하는 것도 필요하다고 나는 말합니다. 모든 것들이 바라는 것처럼 다 자신에게 올 수는 없는 것이므로, 중요하지 않은 몇 가지는 눈 감는 것이 좋습니다. 한번은 비가 와서 급류가 흐르기 시작하였습니다. 미친 사람과 분별력이 있는 사람이 이 급류를 뛰어 넘어 맞은편으로 건너가려고 하였습니다. 분별력이 있는 사람은 '비가 그치면, 물이 줄어들테니 그때 건너가야지.'라고 생각했지만 미친 사람은 비가 그치기를 기다리지 않았습니다. 그는 껑충 뛰어 급류를 넘어 갔습니다. 옷이 좀 젖었지만, 그가 원하는 곳에 갈 수 있었습니다. 비는 그치기는 고사하고, 계속해서 더 많이 내렸습니다. 급류가 더 심해져 위험했기 때문에, 분별력이 있는 사람은 결국 맞은편으로 건너 갈 수 없었습니다.

일부 사람들에게 오만함과 이기심이 많이 있습니다. 그래서 하느님도 그들을 돕지 않으십니다. 수년 동안 어떤 사람들이 칼리비[7]에 와서 내게 "수도사님, 하느님께서 저로부터 무엇을 원하십니까?"라고 묻습니다. 하느님께서 그들로부터 필요한 그 무엇이 있는 줄 착각하고 있습니다. 그들은 수도사도 되지 않았고 결혼도 하지 않았습니다. 자신들이 보석으로 만들어진 것처럼 착각해서는 콘크리트에 쓰이는 재료가 될까 무서워합니다. 다른 사람들은 내게 묻습니다. "수도사님, 제가 어떻게 하면 좋을까요? 수도사가 되는 것이 좋을까요? 아니면 결혼을 하는 것이 좋을까요? 제가 어느 길로 갈 운명인지 말씀하여 주십시오." "자네, 무엇을 원하는가?" "둘 다 원합니다." 그들은 둘 다 원합니다. 내가 생각하는 것, 예를 들어 결혼하는 것이 좋을 것이라고 말하면 그들은 결혼을 하고서, 결혼 생활에서 마음의 안정을 찾지 못하고 내게 와서 "제게 결혼을 하라고 말씀하셔서 결혼을 하였습니다. 그래서 지금 저는 고생을 하고 있습니다."라고 말할 것입니다.

- *수도사님, 어떻게 이런 일이 생길 수 있나요?*

- 한 청년이 결혼하는 것을 더 선호한다고 가정하여 봅시다. 그러나 이 청년은 수도사의 길도 생각하고 있습니다. 젊은이가 좋은 가정을 이룰 때까지, 부주의로 야기된 문제들을 영적으로 대처하지 않는다면, 악마는 생각으로써 이 젊은이와 싸울 것입니다. 악마는 젊은이에게 '너는 수도사가 될 운명이었다. 그러나 결혼을 하였으니, 네가 고생을 하는 것은 당연하다.'라고 생각하게 할 것입니다. 그러면서 이 젊은이를 한 시간도 마음 편하게 놓아두지 않을 것입니다.

일부 사람들은 무엇을 요구해야 하는지조차 모릅니다. 예를 들어 몇 해 전에 한 여성이 이곳에 와서 내게 물었습니다. "수도사님, 제가 어느 길을 가야 하는지 저는 결정할 수가 없습니다. 결

---

7 아토스 성산의 수도원은 매우 독특한 구조로 이루어져 있다. 칼리비, 스키티, 수도원이 유기적인 집합체를 이루는데, 칼리비들은 스키티에 속하고, 스키티는 수도원에 속한다. 칼리비는 가장 작은 단위로, 수도사 각자의 방과 아주 작은 성당을 뜻한다. 하지만 구분이 엄격히 적용되는 것은 아니고, 실제로는 켈리와 칼리비를 구분하지 않고 사용하고 있다. 켈리는 그 다음 단위로, 규모가 칼리비보다 크다. 켈리는 수도사가 거처하는 작은 방을 의미하기도 하지만 수도사가 자신의 방과 함께 매우 작은 성당을 가지고 있는 곳을 의미하기도 한다. 때로는 스승과 그 제자 수도사들이 함께 사는 곳을 의미할 때도 있다.

혼하고 싶지만, 수녀가 되는 길도 생각하고 있습니다. 제가 무엇을 해야 하나요?" "어느 길이 더 많이 마음의 평온을 주는지 알아보고, 그 길을 따르십시오." "저는 모르겠습니다. 그러나 저는 결혼하는 것이 더 좋을 것이라고 가끔씩 생각합니다. 수도사님, 죄송하지만 제가 갈 길을 말씀하여 주십시오." "결혼하는 것이 더 좋을 것이라고 당신이 믿으니, 결혼을 하는 것이 더 좋습니다. 그러면 하느님께서 당신을 도와주실 것입니다." "수도사님, 수도사님의 축복을 받아 결혼을 하겠습니다." 이 여성이 오늘 내게 와서 말했습니다. "수도사님, 저는 배에서 일하는 기관사와 결혼하였습니다. 그는 좋은 사람입니다. 하느님께 감사를 드린다고 말하지 않을 수 없습니다. 그렇지만 많은 고통이 따릅니다. 일 년에 6개월은 같이 살고 6개월은 떨어져 살아야 하므로 고통스럽습니다. 그는 일 년의 반을 여행합니다." "지난번에 내게 결혼도 하고 싶고 수녀도 되고 싶다고 하지 않았습니까? 지금 당신은 두 길을 걷고 있습니다. 당신에게 이 두 기회를 주신 하느님께 왜 감사드리지 않습니까?"

- 수도사님, *하지만 오늘날 우리들은 어려운 시대에 살고 있기 때문에, 일부 젊은이들은 결혼하여 가정을 갖는 것을 주저합니다.*

- 아닙니다. 올바른 대처가 아닙니다. 그리스도께 믿음을 가지면, 무서워할 것이 아무 것도 없습니다. 박해를 당하던 시절은 어렵지 않았습니까? 그 시절에 그리스도인들이 가정을 꾸미고 사는 것을 멈추었습니까? 부인과 자식들과 함께 순교한 성인들이 얼마나 많습니까?

학업과 앞으로의 진로

- 수도사님, 많은 학생들이 인생에서 어떤 길을 선택해야 하는지 결정하지 못할 때, 학업에 어려움을 겪고 있습니다. 학생들이

이에 대해 계속 신경을 써서 공부에 전념할 수가 없습니다.

- 한 학생이 위와 같은 문제를 갖고 있을 때, 나는 학생에게 "오늘날 커다란 냉장고가 있다는 것을 알고 있지 않은가? 그러니 학업이 끝날 때까지 위의 문제를 이 냉장고에 넣어 두게나. 자네를 골몰하게 하는 이 문제들을 버리라고 말하는 것이 아닐세. 학업이 끝날 때까지 이것들을 냉장고에 보관하게나. 지금 자네가 학업에 신경 쓰지 않는 동안, 자네의 친구들은 먼저 자리를 잡고 마음의 평온함을 느낄 것이네. 그리하여 그들은 자네가 자리를 잡도록 자네를 위해 기도를 할 것이네."라고 말합니다. 이처럼 학업 중에 있는 학생들은 특히 조심하는 것이 필요합니다. 악마가 여러 가지 문제들을 일으켜 주의를 정신없이 흩뜨려놓기 때문입니다.

- *수도사님, 저는 한 여학생에게 "결혼할 생각이면, 학업을 계속하지 마세요."라고 말했습니다.*

- 그래서 결혼할 때까지 무엇을 하란 말입니까? 사탕을 팔란 말입니까? 학업을 계속하거나 기술을 배우는 것이 더 좋습니다. 살아가다보면 배운 것이 필요할 날이 올 수도 있기 때문입니다. 언젠가 한 여학생이 내게 말했습니다. "저는 수녀가 되기를 생각하고 있습니다. 그러나 계속해서 생각이 바뀝니다." "학생은 몇 학년이지?" "고등학교 2학년입니다. 하지만 학업을 계속하고 싶지 않습니다." "학업을 계속하고 싶지 않다고? 그러면 나는 학생에게 염소들과 염소들을 지키는 개, 휴식 시간에 갖고 놀 피리를 사주라고 학생 아버님께 말할 거야. 목동이 될 수 있도록 말야. 이렇게 하는 것이 마음에 드는가? 학업을 계속하거나 기술을 배우도록 하게." "수도사님, 그러면 제가 수녀가 될 것인지 아니면 결혼을 할 것인지 결정할 때까지 초 예비 수녀로서 겸손을 배우면서 수도원에 머물면 어떨까요?" "부모님이 말씀하시는 것을 기꺼이 받아들이면, 학생은 집에서도 겸손에 대해 배울 수 있네. 먼저

고등학교를 졸업하고, 대학에 들어가 공부하고 대학을 끝마칠 때쯤, 무엇을 할 것인지 다시 함께 생각하도록 하지." "수도사님, 그러나 제가 결정을 내리는 데 있어 5년은 너무 길지 않나요?" "5년 이란 세월이 짧지는 않지. 그러나 학생이 아직 앞길을 결정하지 않았는데, 무엇을 할 수 있단 말인가?" "아직 결정하지 않은 것이 제 잘못이란 말씀이신가요?" "아니네. 학생이 잘못했다는 것이 아니라, 지금으로선 결혼하는 것이나 수녀가 되는 것 그 어느 쪽으로도 저울추가 기울지 않았다는 것이네."

이런 경우에는 학생들이 쓸데없이 시간을 낭비하지 않고 신중히 생각할 수 있도록 학생들을 도와주어야 합니다. 학업을 계속하는 기간 동안 할 수 있는 한 영적으로 살면서 필수적인 대학을 빨리 끝내는 것이 좋습니다. 그리하면 하느님께서 도와주실 것입니다. 결혼의 길이나 수도의 길에 대해 쉽게 열광할 필요도 쉽게 실망할 필요도 없도록, 학업 기간 동안 좋은 영적 사제를 찾아 도움을 받도록 하는 것이 좋습니다. 학업을 끝낼 때까지 잘 견디면 학업을 마쳤을 때 정신적으로도 더 성숙해 있을 것이므로, 두 가지 길에 대하여 그들이 가지고 있을 더 많은 가능성으로 올바른 결정을 내릴 수 있을 것이고, 하느님께 감사를 드리면서 학생들이 생각하는 것을 더 잘 할 수 있을 것입니다. 오늘날과 같은 시대에서는 성숙하면 성숙할수록 더 도움이 됩니다. 잘못된 결정 때문에 무슨 일들이 일어나는지 아십니까? 특별히 무언가에 열광하여 섣부른 결정을 내리지 않도록 많은 주의를 기울여야만 합니다.

- 수도사님, 영적인 공부와 기도를 선호하기 때문에, 공부할 마음이 없는 학생들이 있습니다.

- 바람직하지 않습니다. 공부를 소홀히 하지 않기를 바랍니다. 학교 공부를 하면서 동시에 교부들의 책 가운데 활력을 주는 것을 읽는 것이 좋습니다. 그리고 영적으로 깨어있는 상태를 유지

하기 위해 기도를 하거나 절을 하며 기도를 하는 것이 좋습니다. 공부할 것이 많으면, 잠시 쉬는 시간에 기도를 하거나 성가를 부를 수 있습니다. 무엇인가 나중에 해야 할 것을 지금 당장 하기를 원하면, 그것조차 제대로 할 수 없을 것인데, 공부를 해야 한다는 강박 때문에 학업에 지장이 생겨 결국 아무 것도 제대로 할 수 없게 되기 때문입니다. 그러나 공부를 열심히 하면 대학을 빨리 마칠 수 있고 원하는 것을 할 수 있을 것입니다. 폐병 전문 요양원에 입원해 있었을 때 나는, 며칠 간 기도 매듭을 가지고 하는 기도를 하지 못했고, 절을 하면서 하는 기도도 하지 못했으며 금식도 하지 못했습니다. 내게 주는 것만을 먹었습니다. 그러면서 '의사들이 나를 도와 내 건강이 좋아질 수 있도록, 나도 의사들을 좀 돕기 위해 먹자. 그러고 나서 내가 원하는 것을 해야지.'라고 생각했습니다.

내게 오는 학생들은 부모님이 공부에 대해 너무 강요한다고 불평을 합니다. 나까지 학생들을 강요한다면, 아무도 그들을 도울 수 없게 됩니다. 나는 그저 학생들이 공부를 멀리 해서는 안 된다는 것을 일깨워주려고, 공부를 하지 않아 훗날 고생을 겪은 사람들의 이야기를 들려줍니다. 또한 공부를 하여 훗날 잘 된 경우도 들려줍니다. 이런 예시 가운데 하나가 기억납니다. 어느 도시에 이웃에 살고 있던 두 학생이 있었습니다. 한 학생은 매우 영리하여 초등학교 때부터 중학교 때까지 공부를 적게 하면서도 우수한 성적을 받았습니다. 다른 학생은 머리가 그다지 영리하지는 않았지만 공부에 전념하였습니다. 결국 영리한 학생은 친구들을 잘못 사귀어 고등학교 1학년을 마치자마자 학교를 그만두게 되었고, 어느 회사의 청소부로 일을 해야 했습니다. 그런데다가 결혼을 하여 두 아이가 있었기 때문에, 경제적인 어려움을 겪었습니다. 후자의 학생은 법대를 졸업한 다음, 유럽으로 유학을 가서 경영학을 공부했습니다. 어느 날 전자의 사람이 일하는 직장에 새 책임자가 부임하게 되었는데, 이 책임자는 공부를 많이 한 사람이라는 이야기가 퍼졌습니다. 새로 온 책임자는 다름 아닌 이웃에 살고 있던 동창생이었습니다. 청소부는 그를 보자마자, 그가 누구인지 곧 알아보았습니다. 청소부는 매우 실망하여 두세 번 자살을 기도하였습니다. 누군가가 청소부에게 아토스 성산에 있는 나를 찾아가보라고 권했습니다. 나를 찾아온 청소부는 자신의 삶에 대해 이야기 하면서 다음과 같이 말했습니다. "그가 나의 상사라니 어떻게 이렇게 될 수 있습니까?" 그때 나는 정색하며 말했습니다. "자네, 자네는 상사보다 더 높은 위치에 있을 수 있었다네. 그리하여 자네와 자식들이 잘 지낼 수 있었을 것이고, 다른 사람들을 위해 덕을 베풀 수도 있었을 것이네. 자네가 원인이 되어 가족들을 고생 시키는 것도 모자라서, 가정을 파탄내고 자식들을 고아 신세로 만들려고 자살을 시도하다니 말이 되는가? 자네가 이러한 상황에 부딪치게 된 것은 자네 머리 탓이기 때문에, 나는 자네가 불쌍하지 않네. 그렇지만 자식들이 불쌍하네. 이를 깨닫겠는가? 자네, 조금만 참고 기다리게. 하느님의 도움으로 상사가 자네를 배려해주고 좋은 처우를 제공해 줄 것이라고 믿네. 자네를 더 좋은 자리에 배치할 수도 있겠지. 그런데도 마음의 안정을 찾을 수 없으면, 다른 일자리를 찾아보게나. 자식들이 거리로 나가 구걸하도록 내버려 두지 말게." 이렇게 해서 그는 자제하게 되었습니다.

그래서 학생들이 학업 기간 동안 공부를 열심히 하면 시험에 통과하여 빨리 학업을 마칠 수 있을 것이며, 그 후에 걱정거리도 줄어들 것이라고 나는 말합니다. 대학을 다니면서 제 때에 공부를 끝마치지 못하는 학생들이 대학 졸업장을 받고서 취직이 되면, 이 사람 저 사람에게 폐를 끼쳐 직장에서도 문제를 일으키게 됩니다.

　- 수도사님, 한 대학생이 재학 중에 좋은 여성을 알게 되었다

면, 학업 기간 중에 가정을 꾸리는 것이 유익합니까?

- 좋은 여성을 알게 되었다고 해도 학업에 부담이 될 것이라고 생각합니다. 가장 좋은 여성을 찾아 결혼한다 할지라도, 아내와 자식들에겐 고난이 될 것입니다. 부담감 없이 학업을 마치기 위해, 온 힘을 다하여 공부에 신경을 쓴 다음 결혼에 대해 신경을 쓰는 것이 더 좋습니다. 힘과 노력이 이곳저곳으로 분산된다면, 정신적으로나 육체적으로 기진맥진할 것이기 때문입니다.

영성 생활은 올바른 진로 선택에 대한 기본적인 전제

- 수도사님, 수도사님께 수녀가 되기를 생각한다고 말했던 여대생이 제게 왔었습니다. 어느 남학생이 그 여학생에게, 왜 영화를 보러 가지 않고 남학생들과 만나지 않느냐고 물었다고 합니다. 이 여학생은 남학생에게 뭐라고 대답했어야 합니까?

- 그녀는 "우리 친오빠라 할지라도 내게 그런 말을 한 적이 한 번도 없는데, 네가 무슨 자격으로 이래라 저래라 하니?"라고 말했어야 합니다.

- 며칠이 지난 후 이 남학생은 대학교 밖에서 이 여학생을 만나 (여학생은 이 남학생을 보지 못했음) 그녀의 어깨를 잡았습니다. 그녀는 인사만 하고 학교 안으로 들어 갔습니다.

- 이 역시 잘 한 행동이 아닙니다. 이 경우 반항을 했어야만 합니다. 위와 같이 행동함으로써 남학생의 의견에 동의한다는 인상을 줄 수 있기 때문입니다. 이로써 남학생은 같은 행동을 다시 하게 될 수 있습니다. 이 여학생의 나이는 좀 어려운 나이로서 남학생들과 어울리고 교제하는 것이 도움이 되지 않습니다. 남학생들을 돕는다는 이유로 그들과 말을 나누는 것이 필요하지 않습니다. 만약 좋은 사람을 알게 되어 결혼하기로 결정하는 경우라면, 그녀는 부모에게 이를 말해야 합니다. 부모는 이 두 사람이

좋은 가정을 꾸려 나갈 수 있을지 없을지 숙고할 것입니다. 그러나 인생의 어느 길을 가야 하는지 아직 결정하지 않은 상황에서 남학생들과 어울리는 것은 그녀에게 도움이 되지 않는데, 이유 없이 골치만 아프게 되며 마음의 평온을 잃기 때문입니다. 위와 같은 경우에 골몰하는 가엾은 학생들은 매우 골치를 앓으며 계속하여 마음의 혼란을 일으킵니다. 다시 말해서 마음을 가라앉히지 못합니다. 그리하여 그들의 얼굴은 험상궂게 되며 눈은 살기에 차 있게 됩니다.

남녀 사이에 마음이 끌리는 것은 인간의 본성입니다. 그러나 이 여학생에게 지금은 위와 같은 것을 생각할 시기가 아니라고 말하십시오. 학업에 열중하라고 하십시오. 어려서부터 남녀 관계에 신경을 쓰는 학생들은 적당한 시기가 오기 전에 다른 길로 나아가므로, 제 시기가 왔을 때는 이미 추가 다른 곳으로 기울어 있어 만족을 느낄 수 없습니다. 왜냐하면 적당한 시기가 오지 않았던 시절에 이미 만족을 느꼈기 때문입니다. 그렇지만 조심성 있는 학생들은 적당한 시기가 올 때까지 마음의 평온을 가지고 있으므로, 때가 오면 더 많은 기쁨을 느낍니다. 정결하게 살아온 몇몇 어머니들은 귀찮은 일들이 많이 산재해 있는데도 불구하고 마음에 얼마나 많은 평온을 갖고 있습니까?

젊은이들에게 결혼 전에 할 수 있는 만큼 영적으로 살도록 노력하라고, 두 배나 좋은 건강을 주는 순결을 지키는 데 신경을 쓰라고 나는 강조합니다. 사람이 어떠한 삶의 길을 가더라도 영성 생활은 기본입니다. 이 사회는 영글기 시작하는 밀이 있는 밭에 돼지들이 들어가 어지럽게 망쳐 놓은 것과 같습니다. 그리하여 지금은 잡초, 진흙과 밀들이 얽히고설켜 구분할 수 없게 되었으며, 가장자리에 쓰러져 있지 않은 밀들이 드문드문 있는 것처럼 보입니다.

사람이 젊었을 때 영성 생활을 추구하면 추구하는 만큼, 나중에 어떠한 인생의 길을 선택하게 되더라도 모든 것들이 더 쉬워질 것입니다. 이것은 전투 전에 무장을 하고 사전에 준비를 많이 하는 만큼, 주위에 총탄이 날아들거나 폭격이 있을 때 더 쉽게 전투에 임할 수 있게 되는 것과 같습니다. 그러므로 적당한 시기가 올 때까지, 즉 수녀가 되거나 좋은 어머니가 되기를 결정하기까지 순결한 삶이 절대적으로 필요합니다. 그래서 할 수 있는 만큼 학업에 정진하도록 노력하는 것이 좋습니다. 보는 것과 듣는 것에 주의하고 나쁜 생각들을 떨쳐 버릴 때, 훗날 버릴 것들이 적어집니다. 또 한 젊은이가 좋은 여성을 만나면 선한 생각을 하도록 노력하고 이 여성을 살아있는 성인처럼 간주해야 합니다. 반대로 옳은 길에서 빗나간 여성을 보면, 비참한 상황에 있는 자신의 여동생을 보듯이 그 여성에 대해 연민의 정을 느껴야 합니다. 왜냐하면 우리 모두는 아담의 후손들이기 때문입니다.

 - *수도사님, 그러나 오늘날 대학들과 그 외 많은 다른 곳들에 젊은이를 향한 많은 유혹들이 산재해 있습니다.*

 - 영적인 분위기 속에서 행동하고 도움을 받기 위해, 영적인 학생들과 어울리는 것이 좋습니다. 실제 상황보다 문제들을 더 어렵게 만들지 맙시다. 자신들의 적은 노력과 하느님의 큰 도움으로 순결하게 살며 학업에 정진하는 대학생들을 나는 많이 알고 있습니다.

1부

가정을 지키기 위하여

"부부는 항상 일심동체가 될 수 있도록
또 자애로우신 그리스도께서
부부 사이에 머무실 수 있도록,
할 수 있는 만큼
사랑이라는 덕을 계발하십시오."

1장

조화로운 가정에 대하여

가정생활의 원만한 시작

- 수도사님, 결혼 생활을 하기로 결정한 젊은이가 가정을 올바르게 꾸려나가기 위해 어떻게 시작해야 하는지 제게 물었습니다.

- 사람 각자는 다른 사람들과는 다른 고유의 방식으로 평온을 유지하게 되므로, 우선 자신의 마음에 평온함을 주는 여성을 찾아야 합니다. 부유하고 아름다운 여성을 찾지 말고, 우선적으로 소박하고 겸손한 여성을 찾아야 합니다. 다시 말해서 외적인 아름다움을 볼 것이 아니라, 내적인 아름다움을 보는 데 주의를 더 기울여야 합니다. 한 여성이 여성적인 성격을 필요한 만큼 많이 갖고 있지 않더라도 용기를 겸비한 긍정적인 성격을 갖고 있다면, 남성이 처해 있는 상황을 곧 이해하고 남성의 걱정거리가 되지 않는 데 도움을 줍니다. 더욱이 하느님에 대한 경외심이 있고 겸손함을 갖추었다면, 손과 손을 잡고서 사회의 험난한 세파를 잘 헤쳐 나아갈 수 있습니다.

젊은이가 어떠한 여성을 결혼상대로 신중하게 생각한다면, 먼저 자신의 부모에게 이 일을 알린 뒤 부모와 함께 그 여성의 집에 가서 그녀의 부모와 대화를 나누고, 그리고 그 여성과도 대화를 나누는 것이 좋다고 생각합니다. 결혼을 약속했다면, 약혼 기간(약혼 기간은 짧은 것이 좋음) 동안 약혼녀를 자신의 여동생을 대하듯 존중하는 것이 좋습니다. 두 사람이 결혼 전까지 순결을 지키려고 착실하게 노력한다면, 결혼성사에서 사제가 결혼 화관을 씌울 때 하느님의 은총을 풍성하게 받을 것입니다. 요한 크리소스톰 성인이 말씀하시는 것처럼, 결혼 화관은 육체적 쾌락에 대한 승리를 상징하기 때문입니다.

그리고 부부는 항상 일심동체가 될 수 있도록, 또 자애로우신 그리스도께서 부부 사이에 머무실 수 있도록 할 수 있는 만큼 사랑이라는 덕을 계발하는 것이 좋습니다. 물론 처음에 서로가 서로를 잘 알기까지 그리고 모든 것이 정리될 때까지 어떠한 어려움들이 있을 수 있습니다. 모든 시작은 이러합니다. 그저께 나는 새끼 새 한 마리를 보았습니다. 이 가엾은 새는 먹이를 구하려고 나와서 땅에서부터 한 뼘 떨어진 공간을 간신히 날았습니다. 먹이를 부리로 쉽게 잡는 방법을 몰랐는지, 벌레를 잡는 데 한 시간이 걸렸습니다. 나는 이 새를 보면서, 언제나 시작이 어렵다는 것을 생각하였습니다. 대학생이 졸업을 하고 일하기 시작할 때, 처음에 어려움을 겪습니다. 수도원에서 예비 수도사 역시 처음에 어려움을 겪습니다. 젊은이가 결혼 생활을 시작할 때, 처음에 역시 어려움에 부딪치게 됩니다.

- 수도사님, *아내가 남편보다 나이가 많으면 문제가 되나요?*
- 아내가 남편보다 두세 살 더 많거나 다섯 살이 더 많기 때문에 결혼하지 말아야 한다는 규칙은 교회에 없습니다. 그러므로 결혼할 수 있습니다.

성격 차이 속에 숨어 있는 하느님의 조화

어느 날 누군가가 칼리비에 와서 자신의 아내와 의견이 일치하지 않아 무척 괴롭다고 말했습니다. 그렇지만 나는 그들 사이에 중대한 무엇인가가 빠져있다는 것을 발견했습니다. 이 사람과 아내 모두 배가 나와서, 서로가 서로에게 접근할 수 없었던 것입니다. 이런 경우 배를 들어가게 하는 것이 필요합니다. 다시 말해서 대패질이 필요합니다. 반반하게 깎이지 않은 판자 두 개를 구하십시오. 하나는 이곳에 쐐기가 박혀 있고, 다른 판자는 다른 곳에 쐐기가 박혀 있습니다. 이 두 판자를 붙이려고 하면, 그 사이에 공간이 생기게 됩니다. 그러나 두 판자에 대패질을 좀 하면, 곧 두 판자는 붙게 됩니다.

어떤 남성들은 내게 말합니다. "제 아내와 의견이 일치하지 않습니다. 우리는 성격이 정 반대입니다. 어떻게 하느님이 이렇게 이상한 상황을 주실 수 있습니까? 영적인 삶을 위해 부부가 닮아가도록 하느님께서 몇 가지를 선처하실 수 없었습니까?" 그러면 나는 이렇게 대답합니다. "성격의 차이 속에 하느님의 조화가 감추어져 있음을 깨닫지 못하는가? 성격의 차이는 조화를 낳는다네. 부부가 같은 성격을 갖고 있었다면, 얼마나 위험했겠는가? 예를 들어 당신들 둘이 쉽게 화를 냈다면, 무슨 일이 일어났을 것인지 상상해 보게나. 아마도 집을 부수었을 것이네. 또는 당신들 둘이 온순했다면, 아무 것도 하지 않았을 것이네. 당신들이 수전노였다면, 닮은 두 사람 모두 지옥으로 갔을 것이네. 혹은 당신들이 낭비벽이 심하였다면, 어떻게 가정을 꾸려 나갈 수 있었겠는가? 가정을 파괴할 것이며, 아이들이 밖에 나가서 구걸하게 만들었을 것이네. 심술궂은 수전노는 심술궂은 수전노와 어울린다네. 그렇지 않은가? 그래서 날마다 치고 박고할 것이네. 그래서 어떤 일이 생기는가? 하느님께서는 심술궂은 사람이 도움을 받도록 하기 위해, 좋은 사람과 결혼하도록 선처하신다네. 왜냐하면 심술궂은 사람이 어려서 선한 일을 하고 싶은 마음이 있었을지라도, 도움 받을 만한 처지가 못 되었기 때문이라네."

부부 사이의 세세한 성격 차이는 조화로운 가정을 이루는 데 도움을 줍니다. 서로가 서로를 보완해주기 때문입니다. 차는 앞으로 나아가기 위해 가속 페달이 필요할 뿐만 아니라, 멈추기 위해 브레이크도 필요합니다. 차에 브레이크만 있었다면, 차는 움직이지 않았을 것입니다. 반대로 가속 페달만 있었다면, 멈출 수 없었을 것입니다. 한 부부에게 내가 무슨 말을 한 줄 아십니까? "당신들은 닮았기 때문에 잘 맞지 않습니다."라고 했습니다. 두 사람 모두 감수성이 예민했습니다. 그래서 집에 무슨 일이 일어나면, 한 사람은 어찌할 바를 몰라 "어이구! 이게 웬일이야!"라고 말합니다. 다른 사람 역시 "어머나! 어떻게 이런 일이 일어나는 거야?"라고 말합니다. 다시 말해서 서로서로 더 많이 실망하도록 부추깁니다. 상대방에게 용기를 주면서 "진정해. 우리에게 생긴 문제가 그렇게 심각한 것은 아니야."라고 말할 수 없습니다. 이런 경우를 나는 여러 부부에게서 보았습니다.

또한 자녀들의 교육 문제에 있어 부부가 성격이 다르다면, 자녀들을 더 많이 도울 수 있습니다. 부부 사이에 한 사람이 브레이크를 좀 걸면, 다른 사람은 "아이들을 그냥 내버려 두세요."라고 말합니다. 부부 둘 다 아이들을 강요하면, 자식들이 좋은 길로 나아갈 수 없습니다. 그렇다고 부부 둘 다 아이들이 원하는 대로 내버려 둔다면, 역시 아이들이 좋은 길로 나아갈 수 없습니다. 그러나 한 사람은 조이고 다른 사람은 자유롭게 놓아둔다면 아이들은 균형을 갖게 됩니다.

다시 말해서 모든 것이 필요하다는 것을 나는 말하고 싶습니다. 물론 정도를 벗어나서는 안 됩니다. 부부 각자가 나름대로의 방법으로 서로를 돕는 것이 좋습니다. 만약 아주 단 것을 먹는다면, 그 다음엔 달지 않은 것을 먹고 싶어 합니다. 포도를 많이 먹으면 단맛을 없애기 위해 짠 것을 조금 먹고 싶어 합니다. 나물이 매우 쓰면, 먹을 수 없습니다. 하지만 약간 신 것이 도움이 되는 것처럼, 약간 쓴 것 역시 도움이 됩니다. 그러나 심술궂은 사람이 "모든 사람들이 나처럼 심술궂게 되십시오."라고 말하고, 잔인한 사람이 "모든 사람들이 나처럼 잔인하게 되십시오."라고 말하고, 수전노가 "모든 사람들이 나처럼 수전노가 되십시오."라고 말한다면, 함께 일을 할 수가 없습니다.

부부간의 존경심

하느님께서는 지혜를 가지고 모든 것을 조화롭게 하셨습니다. 남편에겐 남편에게 맞는 것을 주셨고, 아내에겐 아내에게 맞는 것을 주셨습니다. 남편이 어려운 일들을 헤쳐 나갈 수 있도록, 그리고 아내가 남편을 따를 수 있도록 하느님께서는 남편에게 용감성을 주셨습니다. 하느님께서 아내에게도 용감성을 주셨다면, 가정은 지탱될 수 없었을 것이기 때문입니다.

성경에서 "남편은 아내의 주인이 됩니다."[1]라고 말하고 있습니다. 다시 말해서 하느님께서는 남편이 아내의 주인이 되도록 만드셨습니다. 아내가 남편의 주인이 된다면, 이것은 하느님에 대한 모독입니다. 하느님께서는 먼저 아담을 만드셨고, 아담은 여인에 대하여 "드디어 나타났구나! 내 뼈에서 나온 뼈요, 내 살에서 나온 살이로구나. 지아비에게서 나왔으니 지어미라고 부르리라!"[2]라고 외쳤습니다. 성경에서 말하는 것으로서 아내는 남편을 두려워해야 합니다. 즉 남편을 존경해야 하며 남편은 아내를 사랑해야 합니다.[3] 사랑 안에 존경심이 있고 존경심 안에 사랑이

---

[1] 에페소 5:23.
[2] 창세기 2:23.

있습니다. 그리하여 사랑하는 것, 이것을 존경하며, 존경하는 것, 이것을 사랑합니다. 다시 말해 사랑과 존경이 각각 떨어져 있는 것이 아니고, 이 둘은 하나인 것입니다.

그러나 사람들은 하느님께서 하시는 이러한 조화로부터 떠나, 성경에서 말하는 것들을 이해하지 못합니다. 남편은 성경에서 말하는 것을 잘못 받아들여 아내에게 "당신은 나를 무서워해야 해."라고 말합니다. 남편을 무서워했다면, 어떻게 결혼할 수 있었단 말입니까? 몇몇 여인들은 "무슨 이유로 아내는 남편을 무서워해야 합니까? 이것을 인정할 수 없습니다. 이게 무슨 종교란 말입니까? 평등하지 않습니다."라고 말합니다. 그러나 성경에선 뭐라고 말합니까? "하느님을 경외하는 것이 지혜의 시작이요."[4]라고 합니다. 하느님에 대한 경외심은 하느님에 대한 존경심이고 하느님에 대한 경건함이며 영적인 수줍음입니다. 이 경외심은 두려움을 느끼게 만듭니다. 이것은 거룩한 그 무엇입니다.

남성들과 관련해서 여성들이 요구하는 평등은 어느 정도까지 일리가 있을 수 있습니다. 당연히 여성이나 남성이나 똑같은 영혼을 가지고 있습니다. 그러나 남편이 아내를 사랑하지 않고, 아내가 남편을 존경하지 않을 때, 가정에 문제가 야기됩니다. 예전에는 아내가 남편의 말에 반박하는 것을 매우 좋지 않게 여겼습니다. 나는 한 부부를 알게 된 적이 있는데, 남편은 키가 아주 작았고 부인은 키가 컸습니다. 말 위에 있던 115kg나 되는 밀을 그녀 혼자서 내리곤 하였습니다. 한번은 키가 큰 한 노동자가 그녀를 놀리러 갔습니다. 그녀는 성냥개비를 던지는 것처럼, 이 노동자를 붙잡아 내던져 버렸습니다. 그러나 그녀가 남편에게 어떤 순종을 하고 얼마나 그를 존경하였는지 여러분들이 보았으면 좋았을 것입니다. 이렇게 가정이 지켜집니다. 다른 방법으로 가정은 지켜지지 않습니다.

---
3 에페소 5:33 참조.
4 잠언 1:7 참조.

부부간의 사랑

- 수녀 원장님, 결혼하는 디미트리오스에게 기원 카드를 쓰셨습니까?
- 네, 수도사님, 썼습니다.
- 덧붙일 말이 있으니 카드를 좀 가져다주십시오. "그리스도와 성모님이 자네들과 함께 하기를 바라네. 자네, 마리아를 제외한 세상의 모든 사람들과 말다툼을 하기를 나는 기원하네. 그리고 마리아에게 역시 똑같은 기원을 하네." 그들이 이 말의 의미를 깨달을 수 있을지 두고 봅시다. 누군가 내게 "수도사님, 무엇이 부부를 더 많이 결합하게 만듭니까?"라고 묻기에, 나는 "감사하는 마음입니다."라고 대답했습니다. 서로가 서로에게 주는 것에 대하여 서로가 서로를 사랑합니다. 아내는 믿음을 가지고 남편에게 헌신하며 순종합니다. 그리고 남편은 아내에게 그녀를 보호할 수 있다는 확신을 줍니다. 아내는 집안의 귀부인이며 또한 큰 하녀입니다. 남편은 집안의 지도자이며 또한 짐꾼입니다.

서로가 서로를 위로하고 또 영적인 의무를 다 할 수 있도록, 부부 사이에 참사랑이 있어야 합니다. 조화를 이루며 살기 위해 삶의 초석으로서 사랑, 그 중에서도 가치 있는 사랑을 놓는 것이 필요합니다. 이 사랑은 거짓되고 속되고 육적인 것에 있는 것이 아니라 영적인 고결함과 희생 속에 있습니다. 부부 사이에 사랑인 희생이 있다면, 서로가 서로의 입장에서 생각하여 서로를 이해하며, 상대에 대하여 아픔을 느끼게 됩니다. 이렇게 아픈 마음으로 이웃을 대할 때 그리스도를 마음속에 모시게 될 것이며, 그리스도께서는 이 사람을 형언할 수 없는 환희로 채워 주실 것입니다.

사랑이 있다면, 어떠한 사정으로 서로가 멀리 떨어져 있을지라도 마음은 가까이에 있는데, 그리스도의 사랑은 거리와 무관하기 때문입니다. 그러나 부부 사이에 사랑이 없다면, 서로가 아무리 가까이에 있을지라도 실제로는 멀리 떨어져 있는 것입니다. 그래서 부부는 일생 동안 사랑을 지키며 서로가 서로를 위해 희생을 하도록 노력해야 합니다.

육체적인 사랑은 세속적으로 유리한 점과 좋은 환경이 있는 기간 동안만, 속된 사람들을 연결합니다. 유리한 점과 좋은 환경이 사라질 때, 육체적인 사랑은 부부를 헤어지게 만들며, 부부 또한 파멸로 인도됩니다. 그러나 영적이고 가치 있는 사랑이 있다면, 부부 중의 한 사람에게 있던 좋은 환경과 유리한 점이 사라질지라도, 부부를 헤어지지 않게 할 뿐만 아니라 그들을 더 결합하게 만듭니다. 단지 육체적인 사랑만 있는 경우에, 어느 날 남편이 다른 여인을 쳐다보았다는 것을 아내가 알게 되면, 부인은 남편에게 황산염을 던져 그의 눈을 멀게 만들 것입니다. 그러나 진정한 사랑이 있는 경우라면, 이런 남편에 대해 더 마음 아파하면서 그를 다시 옳은 길로 인도하려고 방법을 모색할 것입니다. 이렇게 해서 하느님의 은총이 오게 됩니다.

어느 그리스계 미국인 의사가 내 칼리비에 왔습니다. 나는 환하게 빛나고 있던 그의 얼굴을 보며 그의 삶에 대해 조심스럽게 물었는데, 그는 내게 이렇게 말했습니다. "수도사님, 저는 정교인입니다. 그러나 최근까지 금식을 하지 않았으며, 교회에 자주 가지 않았습니다. 어느 날 저녁, 제가 골몰하고 있던 한 일에 대해 하느님께 간구하고자 방에서 무릎을 꿇고 있었습니다. 그때 방은 그윽한 빛으로 가득 찼습니다. 저는 꽤 오랫동안 이 빛 이외에는 아무 것도 보지 못했으며, 형언할 수 없는 마음의 평온함을 느꼈습니다." 나는 그에 대해 감탄했는데, 이 사람이 하늘나라의 거룩한 빛을 볼 가치가 있다는 것을 느낄 수 있었기 때문입니다. 그래서 전에 무슨 일이 있었는지 이야기 해달라고 하였습니다. 그는 다음과 같이 말했습니다. "수도사님, 저는 기혼자로서 세 아이의 아빠입니다. 처음에 저희는 아무런 문제없이 잘 지냈습니다. 그러나 시간이 지나면서 제 아내는 아이들 양육에 대한 인내력이 줄어들었고, 친구들을 만나러 함께 밖으로 나가자고 요구했습니다. 저는 아내의 요구를 들어 주었습니다. 그렇지만 얼마 가지 않아 아내는 자기 혼자서만 친구들을 만나고 싶어 했습니다. 저는 그것을 역시 허락하였고 제가 아이들을 돌보았습니다. 그 후 아내는 저와 함께 휴가 가기를 원치 않았고, 자신 혼자 가겠다며 제게 돈을 요구했습니다. 계속해서 혼자 살 집을 구해 달라고 요구했습니다. 제가 이 요구 역시 받아들여 집을 사 주었으나, 아내는 자신의 남자 친구들을 그 집으로 불러 들였습니다. 이 기간 동안 아내가 아이들을 가엾게 여기도록, 저는 충고와 설득의 여러 가지 방법으로 아내를 도우려고 했으나, 아무 말도 듣지 않았습니다. 결국 아내는 많은 돈을 가지고 사라졌습니다. 저는 이곳 저곳에 물으며 아내를 찾아 나섰으나, 모두 헛수고였습니다. 저는 그녀의 흔적을 완전히 잃었습니다. 그러다 어느 날 제 아내가 이곳 그리스에 와서 소문이 좋지 않은 집에 살고 있다는 소식을 들었습니다. 저는 아내의 비참한 상황에 대한 괴로운 마음을 형언할 수가 없었습니다. 슬픔에 젖어 기도를 하려고 무릎을 꿇었습니다. '하느님, 제 아내의 영혼의 파멸을 막기 위해 제가 그녀를 찾을 수 있도록 하여주시고, 그녀를 위해 제가 온 힘을 다하여 모든 것을 할 수 있도록 도와주십시오. 저는 아내의 이러한 상황을 견딜 수가 없습니다.' 그때 하늘나라의 빛이 저를 비추어 제 마음은 평온으로 가득 차게 되었습니다." 나는 그에게 말했습니다. "자네, 하느님께서 자네의 인내와 관용, 사랑을 보시고서 이 방법으로 자네를 위로하셨네."

여러분! 미국에 있는 이 의사가 이러한 아내를 가지고서 어떠한 상태에서 살았으며, 어떻게 하느님으로부터 위안을 받았는지 들으셨습니까?

2장

인내로 지켜지는 가정

- 당신의 여동생은 잘 있습니까? 남편과는 어떻게 지내고 있습니까?

- *수도사님, 어렵게 지내고 있지만 필요할 때 인내를 하면서, 앞을 향해 나아가고 있다고 들었습니다.*

- 그렇습니다. 멍에에 묶인 두 소 중에 한 소가 힘이 없거나 게으를 때, 다른 한 소가 더 많은 힘으로 그 소를 잡아 당겨 써레질을 합니다. 어떤 면에 있어서 게으른 소를 힘이 있는 소가 잡아당기는 것입니다. 들으셨습니까? 속세에 있는 사람들도 그들 자신을 위해 일을 합니다. 여기에 있는 여러분은 귀족입니다. 네 명의 자녀를 둔 어머니가 있는데, 한 아이는 지적 장애가 있고 다른 아이는 정신병을 앓고 있으며, 또 다른 아이는 지중해성 빈혈증에 걸려 있고 마지막 아이는 한 밤 중에 귀가한다고 생각해 보십시오. 그리고 남편이 어떠한 부류의 사람인가에 따라 가엾은 이 여인에겐 다른 걱정거리가 더 있을 수 있습니다. 말하지 않고 참고 참다가 폭발할 직전에 있으면서도 걱정거리를 말할 곳이 없습니다. 가정에서 야기되는 문제들을 다른 사람들에게 말할 수

없기 때문입니다. 예를 들어 남편이 집을 떠나 아내에게 아이들 양육비조차 주지 않을 수 있습니다. 가엾은 여인은 돈이 없어 월세를 지불할 수 없고 집주인은 그녀를 내쫓으려 합니다. 그래서 그녀는 어느 곳에서라도 일을 해야 하며 위험에 닥치게 되었는데도 남편은 아내에게 "적어도 내가 이 위험으로부터 벗어날 수 있도록 기도를 해."라고 합니다. 또는 남편이 술고래로 일을 하지 않아 그녀는 계단 청소부로 일하는데, 남편은 술집만 전전합니다. 그리고 나서 술에 취해 한밤중에 돌아와 아내를 때리고 돈을 요구하거나, 아내가 일하고 있는 회사에 가서 돈을 받아 냅니다. 이것은 고난입니다.

나는 한 여인을 알고 있는데, 이 여인은 결혼하기 전 매우 좋은 사람이었으며 가족 중에서 가장 착하고 조용한 사람이었습니다. 하지만 못되고 심술궂은 성격을 가진 남편 때문에 어떠한 어려움을 겪었는지 모릅니다. 그녀의 가족은 속아서, 젊어서부터 건달이었던 주정뱅이와 그녀를 결혼시켰습니다. 남편은 그의 아버지가 술에 취해 있는 것을 봐왔기 때문에, 자신의 아버지와 같은 습관을 갖게 되었습니다. 이 가엾은 여인은 잡일을 하면서 생활비를 마련하기에 여념이 없는데, 남편은 그녀를 때리고 칼로 위협합니다. 그는 "너를 잡아 죽일 거야."라고 수없이 말하곤 하였습니다. 그리하여 그녀는 남편이 자신을 죽일 거라는 공포 속에서 고난을 겪고 있습니다. 그들에겐 네 명의 아이들이 있습니다. 친정 사람들은 남편과 이혼하라고 말하는 상황에 달했지만, 그녀는 "조금 더 참을 것입니다."라고 말하며 참고 있습니다. 여러분은 이것을 이해할 수 있겠습니까? 그녀는 교부들에 관한 책을 읽은 적도 없고 간략한 성인전을 읽은 적도 없습니다. 그러나 참고 있습니다. 한번 나는 그녀에게 "당신의 자식들은 이러한 상황에 대하여 뭐라고 말하지 않습니까?"라고 물었습니다. 그녀는 "아이들이 열다섯, 열여섯 살이므로 아직 어립니다. 더 자라서 군대를 다녀온 후, 자식들이 제 남편이 하는 짓을 못하게 할 것입니다."라고 대답하였습니다. 다시 말해서 자식들이 군대에 갈 때까지, 그녀는 남편으로부터 매를 맞을 것입니다.

사람을 품위 있게 만드는 인내

- *수도사님, 상대방이 신경질이 나있을 때, 어떻게 대처해야 합니까?*
- 참아야 합니다.
- *참을 수 없으면, 어떻게 해야 합니까?*
- 가서 인내를 사십시오. 슈퍼마켓에서 팝니다. 들어보십시오. 상대방이 신경질이 많이 나있을 땐, 무슨 말을 하더라도 듣지 않습니다. 차라리 그 순간에는 아무 말도 하지 않고 기도를 하는 것이 더 좋습니다. 기도로써 상대는 흥분을 가라앉히고 진정하게 되며, 그러고 나서 대화를 나눌 수 있습니다. 어부들 또한 바다가 잔잔하지 않으면, 고기를 잡으러 가지 않습니다. 날씨가 좋아지기를 참고 기다립니다.
- *수도사님, 조바심의 원인은 어디에 있습니까?*
- 마음속에 평온이 없기 때문입니다. 하느님께서는 인간의 구원을 인내에 두셨습니다. 성경에서 "끝까지 참는 사람은 구원을 받을 것이다."[1]라고 말합니다. 그래서 사람들이 인내를 훈련하도록 하느님께서는 어려움들을 주시고, 여러 가지 시험들을 주십니다.

인내는 사랑으로부터 시작됩니다. 상대방의 행동을 보면서 참기 위한 방법은 상대방에 대해 아픔을 느끼는 것입니다. 인내로 가정이 지켜지는 것을 나는 봅니다. 야생 동물과 같았던 사람들이 양처럼 순한 사람들이 되는 것을 보았습니다. 하느님에 대한

---

[1] 마태오 10:22.

믿음으로 모든 것들이 영적으로 순조롭게 풀립니다. 내가 스토미오스 수도원에 있었을 때, 코니차에서 얼굴이 환하게 빛나고 있던 한 여인을 만난 적이 있습니다. 그녀에겐 다섯 명의 자식들이 있었습니다. 그녀가 누구인지 나는 나중에야 생각났습니다. 그녀의 남편은 내가 일했던 목공소의 주인과 함께 일을 하곤 했던 목수였습니다. 목수가 이 집 저 집으로 일하러 다닐 때, 집주인들이 그에게 "요한! 이것을 이렇게 하면 어떨까?"라고 말하면, 그는 몹시 화를 냈습니다. 그는 "번데기 앞에서 주름 잡냐?"라고 말하며, 연장들을 팽개치면서 떠나곤 하였습니다. 남의 집에 가서 자신의 일을 포기하고 모든 연장들을 부수어 버리는 것으로 보아 자신의 집에서 어떻게 했을지 상상이 갑니다. 이 여인은 목수 요한의 아내였던 것입니다. 우리 같으면 이런 사람과 하루도 살 수 없었을 텐데, 이 여인은 남편과 오랫동안 살고 있었습니다. 그녀는 날마다 고난으로 살아갔지만, 모든 것을 선하게 대처해 나가고 참았습니다. 나는 여인의 상황을 알고 있었기 때문에, 그녀를 만났을 때 이렇게 물었습니다. "요한은 어떻게 지냅니까? 일을 합니까?" "일을 하기도 하고 좀 놀기도 합니다." "당신은 어떻게 지내십니까?" "수도사님, 매우 잘 지내고 있습니다." 물론 이 대답은 그녀의 마음에서 우러나오는 대답이었습니다. 그녀는 남편이 부수어 버리는 연장들의 값을 생각하지 않았으며, 가정을 꾸려나가기 위해 자신이 일해야 하는 것에 대해서도 전혀 문제 삼지 않았습니다. 그녀가 얼마나 많은 참을성과 박애, 고귀함으로 상황을 극복해 나아갔는지 엿볼 수 있습니다. 남편을 전혀 비난하지 않았습니다. 그래서 하느님께서는 그녀를 어여삐 여기시어 그녀의 얼굴이 빛나게 하셨습니다. 그녀는 다섯 명의 자녀들을 키웠는데, 그들은 매우 착했습니다. 자녀들 역시 옳은 길로 가도록 할 수 있었습니다.

- *수도사님, 어떻게 그녀의 남편을 옹호할 수 있었습니까?*

- 좋은 생각으로 대처하였기 때문입니다. 그녀는 "그는 제 남편이므로, 이런 말 저런 말을 할 수도 있습니다. 제가 그의 위치에 있었다면, 저 역시 똑같이 했을 것입니다."라고 말했습니다. 성경에서 말하는 것을 실천하였으므로, 하느님께서는 그녀에게 은총을 보내주셨습니다. 이렇게 속세의 사람들이 인내하여 하느님께서 그들을 어여삐 여기신다면, 영적인 삶에 관하여 모든 조건을 갖추고 모든 가능성을 가지고 있는 우리 수도사들은 얼마나 더 많이 인내해야겠습니까?

내가 알고 있는 것으로 가정뿐만 아니라 사회에도 큰 문제들이 있습니다. 이것들은 하찮은 것에서 유발됩니다. 가정에서 한 사람은 상대방에게 겸손해야 하며, 상대방이 가지고 있는 선과 덕을 닮으려고 노력하면서 상대방에게 있는 성격상의 이상한 점들을 받아들일 수 있어야 합니다. 이것을 대처할 수 있는 방법 중 하나는 그리스도께서는 죄가 없으신 분임에도 불구하고 우리의 죄 때문에 희생되셨고, 세계의 수억의 사람들, 즉 우리들에 대하여 참고 견디며 받아들이셨다는 것을 생각하는 것입니다. 우리가 다른 사람들의 성격상의 이상한 점들에 의해 괴로움을 당할 때, 이는 오히려 영적으로는 우리에게 유익한 것입니다. 선하신 하느님께서는 사람이 그가 가진 장점과 재능으로 다른 사람을 도와주도록 하셨으며, 약점으로 다른 사람 앞에서 겸손해지도록 선처하셨습니다. 왜냐하면 사람 각자가 각자의 재능을 가지고 있는 만큼 몇 가지 약점을 가지고 있어, 약점을 없앨 수 있도록 노력해야 하기 때문입니다.

믿음이 있는 아내

- 수도사님, 한 여인의 남편이 그녀와 헤어지면서 자식을 데려갔으며 현재는 두 여인과 관계를 갖고 있습니다. 이 여인은 제게

어떻게 해야 하는지 물었습니다.

　- 할 수 있는 한 참고 기도를 하면서 관대하게 처신하라고 말하십시오. 그리고 결혼이 무산되지 않도록 기다리라고 말하십시오. 도움이 될 만한 경우를 들려드리겠습니다. 한 남자가 아내를 경멸하면서 학대하였습니다. 그렇지만 그 아내는, 젊은 나이로 이 세상을 떠날 때까지 인내와 선한 행동으로 대처해 나갔습니다. 시간이 지나 그녀의 무덤을 이장했을 때 무덤으로부터 향기가 나왔는데, 거기에 있던 사람들은 이를 모두 의아하게 여겼습니다. 하지만 우리는, 이 여인이 살아있을 때 모든 것에 인내로 대처했기 때문에, 다른 세상에서 인정을 받게 되었다는 것을 깨달을 수 있습니다.

　다른 경우가 또 있습니다. 교회와 관계가 없던 한 청년이 영적으로 살고 있던 한 여성에게 호감을 느꼈습니다. 청년은 이 여성이 자신에게 호감을 가질 수 있도록 영적으로 살려고 노력하였고 교회를 다니기 시작하였으며, 결국 그들은 결혼을 하였습니다. 그러나 결혼 후 세월이 흘러 남편은 다시 그가 원하는 대로 살기 시작했습니다. 대학교에 다니는 아들과 고등학교와 중학교에 다니는 두 딸이 있었는데도, 가장은 방탕한 삶을 계속했습니다. 그는 사업을 크게 하여 돈을 많이 벌었는데, 그보다 더 많은 돈을 방탕한 생활로 낭비했습니다. 가엾은 부인은 돈을 절약하고 자식들에게 충고를 하면서 가정을 지켜 나갔습니다. 자식들이 아버지의 행동을 보고 미워하여 정신적인 상처를 입지 않도록 또 자식들이 나쁜 길로 빠지지 않도록, 그녀는 남편을 비난하지 않았습니다. 남편이 늦게 돌아오면 아이들에게는 아빠가 할 일이 많다고 말하며 남편을 쉽게 변호하였습니다. 그러나 남편이 한낮에 정부를 집에 데리고 오면, 어떻게 변명을 했겠습니까? 하느님조차 무서워하지 않는 이 남편은 무엇을 했겠습니까? 그는 아내에게 전화하여 자신의 정부 한 명을 데려갈 것이니, 자신이 좋아하는 음식을 준비하라고 말하곤 하였습니다. 이 가엾은 어머니는, 아이들이 아버지에 대해 나쁜 생각을 하지 않도록 하기 위해 남편과 그의 정부를 환대했습니다. 그러면서 남편의 정부를 자신의 친구로 소개하고, 아이들에게는 아버지가 어머니의 친구 집에 가서 손님을 모셔 온 것이라고 설명했습니다. 불행하게도 남편이 행동을 조심하지 않고 집안에서도 품행이 좋지 않았기 때문에, 어머니는 자식들이 아버지의 추한 모습을 보게 될까 걱정했습니다. 그래서 어머니는 자식들에게 공부를 하라면서 방으로 들여보내곤 하였습니다. 이런 일이 매일 점심마다 계속되었는데, 규칙적으로 정부를 바꾸어 가면서 집으로 데려오는 것이었습니다. 마침내 자식들이 어머니에게 "엄마, 엄마는 친구들이 얼마나 많이 있나요?"라고 묻는 상황에 달하였습니다. 어머니는 "옛날부터 알고 지내는 친구들이 꽤 많이 있단다."라고 말하곤 했습니다. 그런 중에 남편은 가엾은 아내를 노예보다도 더 천하게 여겨 아내에게 매우 무지하게 행동하였습니다. 집안 망신을 시키는 이 두 사람을 날마다 대접하고 아이들이 좋은 생각을 할 수 있도록 계속 노력하는 이 어머니를 한번 생각해 보십시오. 그런데다가 "참자"는 말로 위로를 받을 수 있을 만한, 그 끝을 알 수 있는 일도 아니었습니다. 이런 상황이 꽤 오랫동안 계속되었습니다. 이 처량한 남편은 악마에게 많은 권한을 주었으므로, 기가 막힐 악마의 영향을 받아들이게 되는 것은 당연하였습니다. 자신을 통제할 수 없었기에, 잘 되지 않는 모든 것들을 남의 탓으로 여겼습니다. 어느 날 그는 육적인 욕망에 취해 차를 급하게 몰다가 차선을 넘어 낭떠러지로 떨어졌습니다. 차는 박살이 났고 그는 중상을 입었습니다. 사람들은 그를 병원으로 옮겼고, 오랫동안 입원 치료를 받게 한 뒤, 불구가 된 그를 집으로 데려왔습니다. 어떤 정부도 그에게 접근하지 않았는데, 이제 돈도 없을 뿐만 아니라 그의 얼굴이 기형이 되었기 때문입니다. 그러나 그녀는 착한 아내로서 또 좋은 어머니로서 남편이 자신에게 했던 옳지 않은 행동들을 아무 것도 그에게 상기시키지 않으면서, 정성을 다해 그를 간호했습니다. 마침내 아내의 이러한 행동이 그를 감동시켜 그는 영적으로 변화하였습니다. 자신의 행동에 대해 진정으로 후회하였고, 고백성사를 하기 위해 사제의 방문을 요청하여 고백하였으며 평온한 마음을 가지고 몇 년간 그리스도인으로 살다가 이 세상을 떠났습니다. 그가 이 세상을 떠난 후 자식들이 사업을 대신하였고 가정을 보살폈습니다. 헌신적인 어머니의 좋은 본보기가 있었기 때문에, 자식들은 서로 사랑하며 살았습니다. 이 어머니는 영웅이었습니다. 그녀는 자신의 가정을 지키기 위해, 자식들에게 상처를 주지 않기 위해, 이 피나는 고통을 참아내어 가정을 올바르게 이끌어 나갔으며, 남편도 옳은 길로 가게 하였고, 자신 앞으로는 하늘나라의 상을 저축하였습니다. 하느님께서는 이 여인을 천국의 가장 좋은 자리에 놓으실 것입니다.

이혼한 가정의 아이들

- 수도사님, 한 가장에게 나쁜 점이 있을 때, 자신의 잘못이라는 것을 알면서 고백과 그 외의 대처들을 합니다. 그렇지만 아직 악마의 영향 아래에 있기에 자신의 부인에게 "여보, 나는 당신과 아이들을 고생시키는데, 더 이상 당신과 아이들이 고생하지 않기 위해, 내가 집을 떠나 멀리서 돈을 보내는 것이 좋겠소."라고 말합니다. 이때 부인은 어떻게 해야 합니까?

- 남편이 정말 그렇게 느낀다면, 이는 아주 양심적인 모습이므로 부인은 참아야 합니다. 그러나 남편의 말을 쉽게 믿기에 앞서 그 내막을 깊이 볼 수 있어야 합니다. 남편이 다른 여자와 관계를 갖고 있어 나가기를 원하는 것임에도, 가끔 점잖은 척하며 "당신과 아이들을 고생시키지 않기 위해 떠나고 싶어."라고 말할

수도 있기 때문입니다.

　사회적인 상황으로 보아 오늘날 결혼은 결혼의 의미를 잃었습니다. 별 이유 없이 가정이 파괴됩니다. 언젠가 칼리비에 완전히 넋 나간 사람이 왔었습니다. 그는 한 여인과 두 아이를 가졌지만, 다른 여인과 결혼하여 자식 하나를 낳은 후 이혼 하였습니다. 그리고 나서, 이혼한 다른 여인과 또 결혼을 하였는데, 이 여인에겐 세 명의 아이들이 있었습니다. 두 아이는 그녀가 전 남편과 낳은 아이들이었고, 한 아이는 정부와 낳은 아이였습니다. 그는 이 여인과 두 아이를 더 낳았습니다. 나는 그에게 "자제하게나. 이 아이들은 몇 명의 어머니들과 몇 명의 아버지들로부터 태어났단 말인가?"라고 물었습니다.

　이렇게 해서 가엾은 아이들이 망가지게 됩니다. 감정이 예민한 아이들은 이 상황이 주는 괴로움에서 벗어날 수 없어 우울해하다가 자살을 하기도 합니다. 어떤 아이들은 괴로움을 잊기 위해 술을 마시며, 또 다른 아이들은 마약에 손을 댑니다. 올 여름에, 마약을 사용했던 얼마나 많은 청년들이 칼리비에 들렀는지 아십니까? 불쌍한 이 청년들은 대부분 이혼한 가정 출신이었습니다. 27세라는 청청한 나이에 도움을 요청해야 하는 상황에 처하다니 가슴 아픈 일입니다. 이혼한 가정의 청년들은 멀리서 알아볼 수 있습니다. 칼리비 밖에 젤리들이 있습니다. 이 청년들이 이곳에 올 때, 젤리를 다 먹기도 전에 어린 아이처럼 나에게 포옹하며 인사하려고 달려옵니다. 그들에겐 사랑과 다정함이 결핍되어 있습니다. 이 가엾은 청년들은 부모가 있든 없든 그들에겐 마찬가지입니다. 아버지가 집에 오거나 또는 집에서 떠나거나, 집에 있든 없든 그들에겐 똑같습니다.

부부 사이의 책임의 원인과 정당함

한번은 칼리비에 어떤 남자가 와서, 아내와 문제를 겪고 있다고 하였습니다. 그들은 헤어지기로 하였고, 서로가 서로를 보고 싶어 하지 않았습니다. 둘 다 초등학교 선생이었으며 그들 사이엔 아이가 둘 있었습니다. 그들은 집에서 식사를 한 적이 없었습니다. 수업이 끝난 후, 부부는 각자 다른 음식점에 가서 식사를 하고, 자식들에게는 샌드위치 같은 것을 사다 주었습니다. 불쌍한 자식들은 부모가 집으로 돌아올 때, 밖에서 사온 음식이나 좀 있을까하는 기대로 부모의 주머니와 가방을 열어보곤 하였습니다. 그들은 매우 고통스러운 나날을 보냈습니다. 가장은 내게 말했습니다. "수도사님, 제가 무엇을 할 수 있겠습니까? 저는 큰 십자가를 짊어지고 있습니다. 그것도 매우 큰 십자가입니다. 매일 집에서 큰 소리가 끊이지 않고 있습니다." "자, 누가 무거운 십자가를 지고 있는지 좀 보기로 하세. 모든 것을 처음부터 따져보세. 결혼하였을 때, 당신들 둘은 지금처럼 다투고 싸웠는가?" "수도사님, 아닙니다. 결혼 후 8년간은 깨가 쏟아졌습니다. 저는 제 아내를 하느님보다 더 사랑했습니다. 그 후 제 아내는 마음이 변해 불평을 하고 까다로운 사람이 되었습니다." 하느님보다 자신의 아내를 더 사랑했다니 그럴 수가 있습니까? 나는 그에게 말했습니다. "여보게, 자네의 아내를 하느님보다 더 사랑했다고? 지금 이 상황에 부딪친 원인이 아내가 잘못했기 때문인가, 자네가 잘못했기 때문인가? 자네 때문에 하느님께서 아내로부터 은총을 거두어 가셨다네. 그래서 지금 자네는 무엇을 할 생각인가?" "아마도 헤어질 것입니다." "자네, 혹시 다른 여자가 있는 게 아닌가?" "네, 다른 여자를 염두에 두고 있습니다." "자네, 잘못의 원인이 자네에게 있다는 것을 깨닫지 못했는가? 자네는 하느님보다 아내를 더 사랑하였으므로, 먼저 하느님께 용서를 빌게나. 그리고 나서 아내에게 용서를 빌게나. '가정에 이러한 상황이 벌어지고 자식들이 고통을 받는 원인이 내 자신이므로 나를 용서하시오.'라고 부인에게 말하게나. 그러고 나서 고백성사를 하러 가게나. 그리고 하느님을 하느님으로서 사랑하고 아내를 아내로서 사랑한다면, 모든 것이 잘 풀리게 될 것이라네." 나의 말은 그에게 충격적이었습니다. 그는 울기 시작하며 내가 한 말을 실천하겠다고 약속했습니다. 얼마 후 그는 기쁜 표정으로 다시 내게 와서 "수도사님, 제 가정을 지켜 주셔서 정말 감사합니다. 제 아내와 아이들 모두가 잘 있습니다."라고 말했습니다. 보십니까? 가장이 잘못의 원인이었는데도, 가장은 스스로가 매우 무거운 십자가를 메고 있다고 생각하다니 이럴 수가 있습니까?

이곳을 찾아 와 남편들에 대해 불평하는 여인들이 옳다고 여러분도 그녀들을 결코 정당화하지 마십시오. 나는 남편들을 정당화하지 않을 뿐만 아니라 부인들도 정당화하지 않고, 대신 그들이 생각하도록 만듭니다. 예를 들어 한 여인이 이렇게 말한다고 가정해 봅시다. "제 남편은 술을 마시고 밤늦게 집에 돌아와 욕을 합니다." 나는 그녀에게 말합니다. "잘 들어 보십시오. 남편이 술에 취해서 밤중에 돌아오면, 남편을 정성스럽게 대하십시오. '왜 늦었나요? 지금 시간이 몇 시인데 이제 돌아왔나요? 이제 습관을 바꾸세요. 이게 무슨 꼴이에요. 이런 일이 하루 이틀이 아니니 제가 얼마나 참아야 하나요?'라고 불평하면서 언짢은 표정을 지으면, 악마는 당신의 남편에게 다음과 같은 생각이 들도록 할 것입니다. '바보 같은 여인과 살고 있다니 너, 미쳤니? 왜 다른 여인을 만나 놀러 다니지 않느냐?'라고 말입니다. 즉, 당신이 옳을 수도 있지만, 악마는 당신의 남편이 다른 곳에 정신을 쏟도록 할 것입니다. 그러나 남편이 하는 것에 대하여 불평하지 않고, 당신이 정성으로 남편을 보살피고 좀 참고 기도를 하면, 남편은 무엇이 옳고 그른지 깨닫게 될 것이며, 자신의 행동의 실상을 파악하면서 행동을 고칠 것입니다." 그 다음에 남편이 내게 와서 말합니다. "제 아내가 불평하며 소리를 칩니다." 나는 그에게 말합니다. "자네, 가엾은 아내와 자식들이 가슴 졸이며 밤늦게까지 자네를 기다리고 있네. 그런데 자네는 술에 취해 집으로 돌아와 욕을 하기 시작하네. 이것은 부끄러운 일이네. 자네는 가족을 못 살게 굴려고 결혼했는가?"

부부 둘 다 옳을 수 있는 경우도 있습니다. 무슨 일이 있었는지 잘 들어보십시오. 어떤 가난한 사람이 돈이 조금 밖에 없었는데, 자식 딸린 과부가 그를 찾아오자 가지고 있던 돈을 과부에게 주었습니다. 그러자 이 광경을 본 그의 아내가, '당신도 자식이 있는데, 왜 과부에게 돈을 주었나요?'라고 불평을 하였습니다. 그는 '당신은 당신을 보살필 남편이 있지만, 이 불쌍한 과부는 남편이 없잖아. 누가 이 과부를 보살핀단 말이야?'라고 말하였습니다. 다시 말해서 그와 그의 아내 두 사람 모두 옳았습니다.

부부 중에 한 사람이 영적으로 산다면, 영적으로 사는 사람이 옳다 할지라도 어떤 면에서 보면 옳지 않습니다. 영적인 사람으로서 부당함에 대해서도 또한 영적으로 대처해야 하기 때문입니다. 다시 말해서 모든 문제들을 거룩한 정의로 대처해야 하며 무엇이 상대방을 안심시키는지를 생각해야 합니다. 왜냐하면 영적으로 약한 사람이 잘못을 저지른다면, 어떤 면에 있어서 그의 죄는 더 가벼운 반면, 영적으로 더 좋은 상황에 있는 사람이 상대를 이해하는 것을 보이지 않는다면, 그는 더 큰 잘못을 저지르게 되는 것이기 때문입니다. 영적인 사람들조차 문제들을 세속적으로 대처해 나가고 속된 법, 즉 인간의 법으로 대처해 나간다면, 그 다음은 어떻게 되겠습니까? 계속해서 법원에 들락날락 거리게 될 것입니다. 그래서 사람들은 또 고통을 당하게 됩니다.

2부

부모와 부모의 책임

"자식과 피를 나눈 부모는 할 수 있는 한
자식들이 영적으로 갱생할 수 있도록
도와주어야 합니다."

1장

출산

임신하는 것의 어려움

아이를 가질 수 없는 일부 여인들의 경우에 영적인 법[1]이 적용됩니다. 왜냐하면 적당한 시기에 가정을 갖지 않았기 때문입니다. "이 사람은 이렇고 저 사람은 저렇다."라고 고르기 시작하면서, 한 사람에게 약속을 하고 동시에 다른 사람을 찾습니다. 그리고 나서 약속한 사람에게 "아니오."라고 말하여 거절당한 사람은 결혼하기 전에 거절당한 것을 축복이라고 생각하지 못하고 자살을 하려고 합니다. 이런 여성이 무슨 가정을 꾸려 나가겠습니까? 또 어떤 여성들은 결혼 전에 옳지 않은 삶을 살았기 때문에 아이를 낳을 수가 없고, 다른 여성들은 음식으로부터 나쁜 영향을 받아 아이를 가질 수 없습니다. 많은 음식에 해로운 호르몬과 약이 많이 포함되어 있습니다.

결혼하자마자 아이를 가지려는 부부들이 있는데, 아이를 갖는 것이 좀 늦어지면 걱정하기 시작합니다. 그러나 걱정과 스트레스

---

[1] "영적인 법"에 대해서는 이 책의 5부 4장을 참조.

로 가득 차 있는데, 어떻게 아이를 가질 수 있단 말입니까? 걱정과 스트레스를 쫓아내고 영적인 차례들을 지키면서 착실하게 살면, 그때 아이를 가질 수 있을 것입니다.

몇몇 경우에 하느님께서는 부부에게 아이를 주시는 것을 의도적으로 지체하십니다. 인간의 구원에 대한 하느님의 영구적인 계획이 실현되도록 하기 위해, 두 경우, 즉 예수님을 낳으신 성모의 부모 요아킴 성인과 안나 성인의 경우와 즈가리야와 엘리사벳의 경우에 하느님께서는 그들의 인생 늘그막에 자식을 주셨습니다.

부부는 그들의 삶에서 항상 하느님의 뜻을 받아들일 준비가 되어 있어야 합니다. 하느님께 자기 자신을 맡기는 사람을 하느님께서는 그냥 내버려 두시지 않습니다. 우리가 아무 것도 하지 않음에도 불구하고, 하느님께서 우리들을 위해 얼마나 많은 것을 하십니까? 얼마나 많은 사랑과 너그러움으로 우리들에게 모든 것을 주십니까? 하느님께서 하실 수 없는 것이 있습니까? 한 부부에게 다섯 아이들이 있었습니다. 그렇지만 자식들이 모두 성장하고 결혼을 하여 부부의 곁을 떠나, 결국 부부만 남게 되었습니다. 그러자 부부는 그들의 늘그막에 그들 곁에 자식을 두려고 자식 하나를 더 낳기로 결정하였습니다. 부인이 아이를 갖기에 인간의 힘으로 불가능한 연령이었음에도 불구하고, 하느님께 큰 믿음을 갖고 있었으므로 부부는 아들을 낳을 수 있었습니다. 그래서 그들의 늘그막까지 막내아들을 데리고 있었고, 아들이 성장하자 그 또한 결혼을 시켰습니다.

자식을 낳는 것에 대한 문제는 인간에 의해 좌우되는 것뿐만 아니라 하느님에 의해서도 좌우됩니다. 아이를 갖는 데 어려움을 겪는 부부가 겸손을 잃지 않는 것을 하느님께서 보실 때, 하느님께서는 그들이 한 아이뿐만 아니라 여러 아이들을 가질 수 있도록 하실 수 있습니다. 그렇지만 고집을 부리고 자기만을 생각하는 부부를 하느님께서 보시면서, 부부가 원하는 것을 이루어지게 하시면, 그들은 고집과 이기주의 속에서 마음의 안정을 찾을 것입니다. 부부는 하느님께 깨끗하게 바쳐야만 합니다. "우리 하느님, 당신은 우리가 잘 되도록 보살펴 주십니다. '아버지의 뜻이 하늘에서와 같이 땅에서도 이루어지게 하소서.'"2라고 말하십시오. 그때 부부가 간구하는 것이 이루어질 것입니다. 왜냐하면 "아버지의 뜻이 하늘에서와 같이 땅에서도 이루어지게 하소서."라고 말할 때 그리고 우리 자신을 하느님께 믿음을 갖고 맡길 때, 그때 하느님의 뜻이 되기 때문입니다. 그러나 우리들은 "아버지의 뜻이 하늘에서와 같이 땅에서도 이루어지게 하소서."라고 하면서 한편으로 우리 자신들의 뜻을 고집하고 있습니다. 그때 하느님이 과연 무엇을 하실 수 있겠습니까?

불임의 경우들

- *수도사님, 어떤 부부들이 매우 영적으로 살고 있음에도 불구하고, 아이를 가질 수 없습니다.*

- 하느님께서는 많은 사람들에게 자식을 주지 않으시는데, 그 이유는 그들이 이 세상의 아이들을 자기 아이들처럼 사랑하도록 하기 위해서이며, 또 이 아이들의 영적인 재생을 돕기 위해서입니다. 어떤 사람은 자식이 없었으나 그가 집 밖으로 나갈 때, 동네의 모든 아이들이 그의 곁으로 달려와 많은 사랑을 갖고 그를 둘러싸곤 하였습니다. 아이들은 그가 직장에 가도록 내버려 두지 않았습니다. 하느님께서는 그에게 친자식을 주지 않으셨지만, 동네의 모든 아이들이 그를 아버지처럼 사랑하도록 축복을 주셨습니다. 그리하여 그가 할 수 있는 방법으로 또 영적으로 이 아이들을 돕도록 하셨음을 엿볼 수 있습니다. 하느님께서 하시는 일

---

2 마태오 6:10.

은 인간의 머리로 간파할 수가 없습니다.

　다른 경우로 고아를 돕기 위해, 하느님께서는 자식을 주시지 않습니다. 나는 언젠가 변호사로 일하는 선한 그리스도인을 알게 된 적이 있습니다. 한번은 그가 사는 도시를 지나게 되어 그를 방문했는데, 그의 친절함은 내가 그의 집에서 하루를 머물게 만들었습니다. 나는 덕과 선에 있어 역시 그를 닮은 그의 부인도 알게 되었습니다. 또한 부인으로부터 남편의 영적인 삶에 대해 들었고, 남편으로부터는 부인의 영적인 상태에 대해 들었습니다. 후에는, 이 부부를 알거나 이들에게서 도움을 받은 많은 그리스도인들로부터 이 부부에 대하여 들었습니다. 하느님의 사람인 그는 변호사라는 직업을 성실하게 수행해 나갔습니다. 누군가가 사기꾼이라는 것을 알면, 사건을 담당하지 않았을 뿐만 아니라 사기꾼이 제정신을 차리도록 엄하게 꾸짖었습니다. 과실이 있는 사람이 자신의 과실에 대해 후회하는 것을 보면, 사건을 절충하려고 노력하거나 형을 줄여주려고 노력하였습니다. 부당함을 당한 가난한 사람을 보면 돈을 전혀 받지 않았으며, 재판에서 정당함을 증명하려고 노력하였습니다. 아주 검소하게 살았기에 그가 버는 적은 돈으로도 가족들과 충분히 살 수 있었고, 또 이 돈으로 어려운 가정들을 돌보았습니다. 믿음 있는 이 변호사의 집은, 도시라는 사하라 사막 속의 진정한 영적 오아시스였습니다. 비탄에 잠긴 사람들, 가난한 사람들, 실업자들, 가정에 문제가 있는 사람들이 그곳에 모여들었고, 그는 선한 아버지처럼 그들을 후원하였습니다. 그는 여러 곳에 아는 사람들이 있었고, 곤란한 일이나 병으로 고통 받는 누군가를 돕기 위해 아는 사람들에게 전화를 걸었습니다. 그럴 때마다 거절하는 이는 단 한 명도 없었는데, 모든 이들이 그를 사랑하고 존중하기 때문이었습니다. 이와 같은 방법으로 그의 부인 역시 일을 하였습니다. 그녀는 가난한 아이들이나 공부에 어려움을 겪는 학생들을 도와주었습니다. 학생들은 그녀를 어머니처럼 대하였습니다. 그렇지만 한 순간 이 부인은 내게 불평 하나를 털어 놓았습니다. 그녀는 내게 말했습니다. "수도사님, 제가 결혼했을 때, 좋은 어머니가 되려고 교사라는 직업을 그만두었습니다. 그리스도께서 제게 20명이나 되는 자식을 주신다 할지라도 전혀 문제가 되지 않았을 것이기에 아이들을 주시도록 간구했지만, 불행하게도 한 명의 자식도 주지 않으셨습니다." 나는 부인에게 이렇게 말했습니다. "당신은 500명보다 더 많은 아이들을 가지고 있으면서 아직 불평을 하고 있습니까? 그리스도께서 당신의 선한 목적을 보셨으므로 이것에 대해 보답을 받을 것입니다. 그렇게 많은 아이들의 영적인 재생을 위해 당신이 돕고 있는 지금, 당신은 다른 많은 어머니들보다 더 좋은 어머니가 되어 있고, 많은 자식을 가지고 있는 모든 어머니들을 능가하였습니다. 영적인 재생으로 아이들에게 영원한 삶이 보장되기 때문에, 당신은 더 큰 보상을 받을 것입니다." 그런 중에 한 소녀를 양녀로 삼아 그들의 재산을 양녀 앞으로 이전하였습니다. 양녀는 양부모의 말년을 돌보았습니다. 집에서 모든 예식을 진행하였기에 그들의 집이 수도원과 다름없었지만, 부모가 세상을 떠났을 때 그녀는 수도원으로 갔습니다. 그들의 생전에는, 만과와 석후 소과에 하느님 품 안에서 살고 있는 사람들이 참석하였으며, 부부와 양녀는 심야 예배와 조과 예배를 드렸습니다. 축복 받은 이 사람들은 비탄에 잠긴 사람들을 영적으로 도와주었습니다. 하느님께서 이 사람들의 영혼을 편히 쉬게 하여 주시기를 바랍니다.

그래서 많은 자식을 가진 사람으로 가장 훌륭하고 좋은 사람은, 자신이 영적으로 다시 태어나서, 이 세상의 어린이들이 천국에 들어갈 수 있도록 어린이들의 영적 재생을 돕는 사람이라고 나는 말합니다.

- *수도사님, 자식을 낳을 수 없는 몇몇 사람들이 양자를 가지려고 생각합니다.*

- 네, 양자를 가지는 것이 더 좋습니다. 자식을 낳으려고 끈질기게 요구해서는 안 됩니다. 사람이 원하는 것이 항상 하느님의 뜻인 것은 아닙니다.

- *수도사님, 양부모는 양자에게 언젠가 양자라는 사실을 말해야 합니까?*

- 양자가 어느 나이가 되면, 그에게 사실을 말하는 것이 좋습니다. 그러나 중요한 것은 양자를 많이 사랑하고 올바르게 사랑하는 것입니다. 친부모와 살고 있는 아이들이 다른 사람들을 더 많이 사랑하는 경우가 있습니다. 이는 바로 부모들에게 사랑이 없기 때문입니다.

대가족

하느님께서는 자식을 많이 가진 사람들을 특별히 사랑하시고 보호하십니다. 대가족의 부모가 올바른 가정교육을 시키는 이상, 그들의 아이들이 정상적으로 자랄 수 있는 기회들이 많이 주어집니다. 한 아이가 다른 아이를 돕습니다. 장녀가 어머니를 돕고 두 번째 아이가 그의 어린 동생을 돌봅니다. 대가족은 서로서로 주는 것이 있고, 희생과 사랑의 분위기 속에 살고 있습니다. 또 동생이 형을 사랑하고 존경합니다. 이것은 자식이 많은 가정에 자연스럽게 있는 일입니다.

그래서 한 두 명의 아이들을 가진 가정일 경우, 부모는 아이들을 어떻게 키울 것인가에 대해 고심하고 주의해야 합니다. 대부분의 부모들은 아이들에게 아무런 모자람이 없도록 신경을 씁니다. 그리하여 아이들은 원하는 모든 것을 가지고 있어 오히려 자신을 망치게 됩니다. 모든 것을 가지고 있는 무남독녀를 보십시오. 이 무남독녀는 제 시간에 음식을 가져오고 자신의 방을 청소하고 그 외의 일들을 하는 가정부를 가지고 있습니다. 가정부는 자신을 헌신하는 일을 하기 때문에, 돈을 벌 수 있을 뿐만 아니라 행동 처신에 대하여 배우기도 합니다. 반대로 이 무남독녀는 아무런 희생을 하지 않고, 멍청이로 교양 없이 머물게 됩니다. 나는 젊은이들에게 배우자를 대가족에서 찾을 것을 권합니다. 왜냐하면 경제적인 어려움을 겪으면서 자란 사람은 부모를 어떻게 도울 것인가를 생각하며 희생을 습관화했기 때문입니다. 이는 모자람 없이 자란 사람들에게서는 발견하기 어려운 덕목입니다.

또한 자식이 많은 부모들은 관대한 마음을 가지고 있습니다. 내가 기억하는 것으로 그리스가 2차 세계 대전 때 독일의 통치하에 있었을 때, 우리 동네에 부모 친척이 없던 고아가 있었습니다. 그런데 어느 날, 자식이 열 명 있는 한 가난한 가장이 이 고아를 불쌍히 여겨 집에 데려가서는 자신의 자녀들과 함께 키웠습니다. 그가 그 후에 하느님으로부터 어떤 축복을 받았는지 아십니까? 이런 착한 가장을 하느님께서 도우시지 않고 내버려 두셨겠습니까?

자식을 많이 가진 사람은 처음에 어려움을 겪을 수 있지만, 하느님께서는 그를 내버려 두시지 않습니다. 나는 여러분들에게 한 경우에 대하여 말하고자 합니다. 여섯 명의 자식을 가진 한 가장이, 하느님께서 도와주셔서 집주인이 월세로 사는 자신들을 내쫓지 말도록 기도하여 줄 것을 내게 부탁하였습니다. 불행하게도 많은 집주인들이 집을 어지럽히는 개 다섯 마리나 고양이들을 가진 두 명뿐인 가정에는 세를 주면서, 아이가 많은 가정에는 집을 망가뜨리지 않기 위함이라고 빙자하며 세 주기를 꺼려합니다. 앞서 말한 이 가장은, 집주인들이 자신의 가족을 쫓아내거나 세를 주지 않는 것에 근심하며, 아이들을 데리고 거처를 옮기는 것에 지쳐 있었습니다. 그는 가정을 위해 열심히 일하였으며, 생활에 필요한 것들을 마련했지만 세를 얻기 위해 집주인과 가격협상을 벌이려 하지는 않았습니다. 단지 이사로 고생하는 일이 없게, 집주인들이 몇 년간 그의 가족이 머물게 하는 것에 만족하였습니다. 이 이야기를 들었을 때 나는 마음이 아파 그에게 이렇게 말했습니다. "자네, 걱정하지 말게. 하느님께서 자네의 아이들을 역시 생각하고 계시다네. 이 분은 자네 아이들에게 가장 중요한 것, 즉 영혼을 주시는 창조주이시며, 자네 부부는 창조주와 협동하는 사람들로서 아이들에게 살과 뼈를 준다네. 그러므로 하느님께서는 자네들보다 아이들에 대하여 더 많은 관심을 가지고 계시다네." 두 세 달이 지나지 않아 그는 만족스러운 얼굴로 다시 내게 와서 말했습니다. "하느님께 감사를 드립니다. 하느님이 집을 마련하게 하셨을 뿐만 아니라, 여윳돈까지 가질 수 있게 해주셨습니다." 나는 무슨 일이 있었는지 그에게 물었고, 그는 다음과 같은 사실을 말해주었습니다. "한 날은 고향으로 가기 위해 터미널에서 시외버스를 기다리고 있었는데, 복권을 파는 사람이 제게 다가와 복권을 사라고 하였습니다. 저는 그리스도인으로서 복권 같은 것을 사지 않기로 마음먹었기에, 원치 않는다고 하였습니다. 그런데 그자가 떠나는 것을 보았을 때 혹시 이 사람이 경제적으로 어려움을 겪진 않을까 생각되었고, 그를 불러 복권은 사지 않은 채 복권 한 장 값을 주려고 하였습니다. 그러나 정직한 이 사람은 돈을 받기를 원치 않았습니다. 그래서 저는 또 괴로웠습니다. 저는 그를 돕고 싶었기에, 이렇게 말했습니다. '내게 한 장을 주시오. 아마도 내게 필요할지 모르겠소.' 이렇게 해서 복권 파는 사람의 마음이 편하도록 저는 복권 한 장을 샀으며, 제 원칙을 지키지 못한 것에 대해선 제가 좀 괴로워하기로 했습니다. 그런데 이게 무슨 일인지, 이 복권이 당첨되어 집을 살 수 있었으며, 아이들을 키울 수 있는 돈도 남게 되었습니다. 또한 복권 파는 자가 어디에 사는지도 알아냈고, 이 사람의 손에 돈을 쥐어주면 받지 않을 것을 알고 있었기에, 가서 소리 없이 그의 집 앞에 꽤 많은 돈이 든 봉투를 남겨 놓고 왔습니다." 보십니까? 하느님께서 착실하고 성실하게 살아가려는 사람들에게 베푸시는 사랑은 매우 놀랍습니다.

임신 중절이라는 엄청난 죄

- *수도사님, 40세 된 여인이 있는데, 그녀의 자식들은 이미 다 자랐고 그녀는 지금 임신 3개월입니다. 남편은 임신 중절을 하지 않으면 이혼할 것이라고 위협합니다.*

- 임신 중절을 하면, 그들의 자식들이 아프거나 사고를 당할 것입니다. 오늘날 부모들은 임신 중절로 자식들을 죽이므로, 하느님의 축복을 받을 수 없습니다.

- *수도사님, 해마다 이 지구상에서 5천만 건의 임신 중절이 있고, 임신 중절에 의해 20만 명의 여인들이 죽는다는 것을 읽은 적이 있습니다.*[3]

- 아이들을 죽입니다. 인구가 늘어나면 먹을 것이 없고 사람들이 살 수 없다고들 하기 때문입니다. 경작되지 않은 땅과 숲들이 그렇게도 많이 있습니다. 현대의 기술로 이런 숲을 개간하고 올리브 농장을 만들어 토지가 없는 사람들에게 나눠주고 경작하게 할 수 있습니다. 나무들이 잘리는 것과 나무들을 자름으로 인해 숨 쉬는 데 필요한 산소가 줄어드는 것은 문제가 되지 않습니다. 그 장소에 다시 나무들이 들어서게 될 것이기 때문입니다. 미국에서는 밀을 태워 버리고 이곳 그리스에서는 과일 등을 쓰레기장에 버립니다. 반면에 저기 아프리카에서는 사람들이 굶주림으로 죽어 갑니다. 심한 가뭄으로, 에티오피아에서 사람들이 굶어 죽어갔을 때의 일입니다. 내가 알고 있는 선주가 이와 같은 경우들을 도왔으므로, 나는 그 선주에게 쓰레기장에 버려진 과일들을

---

[3] 1989년에 있던 대화.

배에 싣고 에티오피아에 가져가라고 말했습니다. 그러나 그들에겐 더 이상 쓸모없는 것이었음에도 선주에게 과일들을 주지 않았습니다.

하루에도 얼마나 많은 태아들이 죽어가고 있는지 모릅니다. 임신 중절은 큰 죄입니다. 이것은 살인이며 그것도 매우 큰 살인입니다. 잉태되는 순간부터 삶이 시작된다는 것을 부모들은 깨달아야만 합니다.

어느 날 밤 하느님께서는 제게 이 주제에 대한 계시를 내리셔서 환영을 보게 하셨습니다. 부활절 후 3일째 되는 날 밤이었습니다. 내게 습관이 되어 있는 것이고 또한 잠들기 전 하는 것으로서 정신적으로 육체적으로 앓고 있는 모든 사람들을 위해 빈 통조림통 두 개에 초 두 개를 켜놓고 있었습니다. 이 가운데엔 살아있는 사람들뿐만 아니라 이 세상을 떠난 사람들도 포함하고 있습니다. 한밤중에 기도를 하고 있던 곳에서 나는 담이 있는 커다란 밭을 보았는데, 이 밭에 밀이 뿌려져 있었고 새싹이 나오기 시작하였습니다. 나는 이 밭의 바깥에 서 있으면서, 이 세상을 떠난 사람들을 위해 촛불을 켜서 담 위에 초들을 고정시키고 있었습니다. 왼쪽에 메마른 장소가 있었는데 이곳은 바위와 절벽으로 꽉 차있었고, 심금을 울리는 수많은 비통한 소리들과 강한 고함으로 계속 진동하고 있었습니다. 아무리 무정한 사람이라도 이 소리들을 들었다면, 충격을 받지 않을 수 없을 정도였습니다. 나는 비통한 소리들에 의해 고통을 받으면서, 이 소리들이 어디로부터 오는지 또 내가 본 이 환영들이 무엇을 의미하는지 자문하고 있었는데, 다음과 같이 말하는 소리가 들려 왔습니다. "아직 이삭 없이 심어져 있는 밀이 있는 밭은 부활할 죽은 영혼들이 있는 묘지이다. 비통한 목소리로 전율하는 장소에는 임신 중절로 죽은 어린이들의 영혼이 있다." 이 환영에서 어린이들의 영혼에 대해 겪은 쓰라린 아픔으로 나는 제정신으로 돌아올 수가 없었습니다. 매우 피곤했지만, 쉬기 위해 누울 수조차 없었습니다.

  - 수도사님, 임신 중절에 대한 법이 없어지기까지, 무엇인가를 할 수 있을까요?

  - 할 수 있습니다. 그러나 아이들을 적게 낳는 결과에 대하여 사람들이 깨닫게 되기까지, 나라와 교회 등에서 손을 쓰는 것이 필요합니다. 사제들은 임신 중절에 대한 법이 복음경에서 말하는 계명에 반한다는 것을 사람들에게 설명해야 합니다. 의사들 역시 그들의 입장에서 임신 중절을 하는 여인에게 닥치는 위험에 대해 얘기해야 합니다.

  어떤 사람이 복음경에 있는 한 계명을 어길 때, 계명을 어기는 그 사람만 책임을 지게 됩니다. 그러나 복음경에서 말하는 계명들에 반대되는 무엇인가가 나라의 법으로 실현될 때, 그때는 국민들이 깨닫도록 하기 위해, 하느님의 화가 나라 전체에 오게 됩니다.

2장

가정교육에 대한 어머니의 역할

어머니의 사랑

- 수도사님, 사람은 사랑으로 자라며 성숙해진다고 말씀하신 적이 있습니다.

- 누군가가 다른 사람을 사랑하는 것만으로 충분하지 않습니다. 자신보다 그를 더 사랑해야만 합니다. 어머니는 자신보다 자식들을 더 사랑합니다. 자식들을 먹이기 위해 어머니는 먹지 않고 있지만, 자식들보다 더 큰 만족을 느낍니다. 아이들은 양식으로 성장하지만, 어머니는 영적으로 성장합니다. 아이들은 물질적인 맛을 보지만, 어머니는 영적인 환희를 느낍니다.

한 미혼 여성이 결혼하기 전, 아침 열 시까지 잘 수 있고, 아침 식사를 어머니가 준비해 주기를 기대할 수 있습니다. 이 여성은 일을 하는 데 지루함을 느낍니다. 모든 것이 준비되어 있기를 원하고, 모든 사람들이 그녀를 돌보기를 원합니다. 어머니로부터 요구하고 아버지로부터 요구하여 그녀는 안일한 생활을 합니다. 천성적으로 사랑을 타고 났음에도 이 사랑이 자라지 않습니다.

계속해서 부모 형제들로부터 도움과 필요한 것들을 받아들이기 때문입니다. 그렇지만 이 여성이 어머니가 되는 순간부터 사랑이 계속하여 작동하기 때문에, 압력을 가하면 가하는 만큼 충전되는 오토바이와 같게 됩니다. 결혼 전엔 좀 더러운 것을 만지면, 질색하여 손을 닦으려고 향기가 나는 비누를 사용했습니다. 결혼 후 아기가 똥을 싸서 치워야 할 때, 질색하지 않습니다. 결혼 전에 이 여성을 깨우면, 방해가 되었으므로 소리를 지르곤 하였습니다. 그러나 결혼 후 아이가 울 때, 밤을 새우면서도 어려움을 느끼지 않습니다. 아이를 돌보면서 기쁨을 느낍니다. 그 이유가 무엇이겠습니까? 바로 어린이처럼 행동하던 것을 멈추었기 때문이며, 어머니가 되어 진정한 사랑인 희생이 왔기 때문입니다.

어머니는 아버지가 그러는 것보다 더 많이 자식들을 사랑하고 희생하는데, 아버지에겐 희생할 수 있는 기회들이 많이 주어지지 않기 때문입니다. 어머니는 아이들로 인해 힘든 경우를 더 많이 겪지만, 동시에 아이들로부터 힘을 얻습니다. 아이들에게 끊임없이 주므로, 계속 힘을 얻습니다. 아버지는 아이들과 그렇게 많은 고통을 겪지 않으므로, 힘도 얻지 못합니다. 그래서 아버지의 사랑은 어머니의 사랑만 못합니다.

얼마나 많은 어머니들이 울면서 내게 찾아와 기도를 요청하는지 아십니까? "수도사님, 제 자식을 위해 기도해 주십시오." 어떠한 걱정들이 있는지 모릅니다. 반면 "제 자식이 품행이 좋지 않습니다. 그 아이를 위해 기도해 주십시오."라고 말하는 아버지는 더 적습니다. 오늘 가엾은 한 어머니가 간절한 마음으로, 여덟 자식 모두를 축복 받게 하려고 그들을 떠밀어 줄을 서게 했습니다. 아버지인 경우 이런 일을 어렵게 느낍니다. 러시아는 어머니들에 의해 지켜졌습니다. 하느님의 은총이 없을 때, 아버지의 포옹은 무미건조합니다. 그러나 어머니의 포옹은 하느님의 은총이 없을지라도 우유를 갖고 있습니다. 다시 말해서 천성적인 사랑을 갖고 있습니다. 아이는 아버지를 사랑하며 존경합니다. 그러나 어머니의 애정과 다정함에 의해 아이가 아버지에게 하는 사랑이 더욱 커집니다.

불임에 대한 가치 있는 대처

불임으로 아이를 갖지 못하는 부인이 이 문제를 영적으로 대처하지 않으면, 고통을 겪게 됩니다. 한번은 자식이 없는 한 여성과 대화를 나누었는데, 얼마나 힘이 들었는지 모릅니다. 그녀의 남편은 직장에서 높은 직책을 맡고 있었습니다. 그녀는 결혼 지참금으로 받은 여러 집들을 세놓았고, 남편과 함께 큰 집에 살고 있었습니다. 시장에 가서 장을 보는 일이 따분했고 음식을 만드는 것이 귀찮았을 뿐만 아니라, 음식도 만들 줄 몰랐습니다. 필요할 때 음식점에 주문하면, 음식을 배달해 주었으니 말입니다. 그녀에게 없는 것이란 없었습니다. 그러나 고통에 시달렸는데, 아무 것도 그녀를 만족시킬 수 없었기 때문입니다. 하루 종일 집에 머물렀고, 여러 가지에서 불쾌감을 느꼈으며, 이것저것에 싫증이 나 있었습니다. 그 후 쓸데없는 생각들이 그녀를 질식 시켜, 그녀는 약을 먹어야 했습니다. 남편은 아내와 함께 있기 위해 직장의 일을 집으로 가져왔습니다. 그녀는 시간을 보내기 위해, 남편 옆에 붙어 앉아 있었습니다. 가엾은 남편은 아내에 대해 싫증이 났지만, 또한 그의 일을 해야만 했습니다. 내가 그녀를 만났을 때, 나는 이렇게 말했습니다. "하루 종일 집에 앉아 무위하게 지내지 마십시오. 병원에 가서 병을 앓고 있는 사람들을 방문하십시오." "수도사님, 제가 어디를 가야 합니까? 제겐 이것이 어렵게만 보입니다." "그러면 다음을 하십시오. 여섯 시에 기도서를 읽고 아홉 시에 기도서를 읽고, 절을 하면서 기도를 하십시오." "할 수 없습니다." "그러면 성인전에 전념하십시오." 나는 거룩하게 된 여인들의 생애를 담은 책들에서 그녀가 무엇인가 도움을 받기를 희망하며, 그 책들을 읽기를 권했습니다. 나는 그녀가 정신 병원에 입원하는 것을 막기 위해 그녀를 제자리로 돌려놓는 것이 겁이 났습니다. 그녀는 완전히 무용지물이 되어 있었습니다. 튼튼한 기계였음에도 불구하고, 기름이 얼어 작동하지 못하는 기계가 되어 있었습니다.

위에서 언급한 모든 것들을 통해, 천성적으로 타고나는 사랑이 출구를 찾지 못할 때, 여성의 마음은 쓸모가 없게 된다는 것을 나는 말하고 싶습니다. 대 여섯 명 또는 여덟 명의 자식들을 가진 매우 가난한 어머니가 만족스런 삶을 사는 것을 엿볼 수 있습니다. 이 어머니는 용감하고 대담합니다. 그 이유가 무엇이겠습니까? 바로 인생의 목적을 찾았기 때문입니다. 한 경우가 내게 인상적이었습니다. 내가 알고 있는 사람에게 두 자매가 있었습니다. 한 명이 어려서 결혼을 하여 많은 자식들을 갖게 되었습니다. 그녀는 희생하는 삶을 살았습니다. 또한 바느질을 하여 어려운 사람들에게 자선을 하였습니다. 며칠 전에 이 여성이 내게 와서 "지금은 손주들까지 있습니다."라고 말했는데, 그녀의 마음이 들떠 있었습니다. 다른 자매는 결혼을 하지 않았고 영적으로 계발하지도 않았으며, 무사태평하게 지냈습니다. 그녀에 대해선 말하지 않는 것이 더 좋습니다. 무용지물이 되어 있었고, 사는 것 자체에도 싫증이 나 있었습니다. 연로한 어머니가 자신을 돌봐주기를 기다렸고, 불평불만을 터트렸습니다. 무슨 일이 일어나는지 보십니까? 그녀의 마음속에 변화란 없었는데, 어머니가 되지 않았고 어려운 사람들을 도울 수 있는 천성적 사랑조차 적절하게 이용하지 않았기 때문입니다.

그래서 여성에게 있어 희생은 절대적이라고 나는 말합니다. 남성은 사랑을 계발하지 않아도, 커다란 해를 입지 않습니다. 그렇지만 여성은 가지고 있는 사랑을 올바르게 이끌지 않으면, 부속

품이 덜컹덜컹 흔들리며 돌아가는 기계와 같아서 다른 사람들을 역시 덜컹덜컹하게 만듭니다.

어머니의 인내력

- 수도사님, 넥타리오스 성인은 수녀들에게 보내는 서신에서 수녀들이 여인이라는 사실을 잊지 말고 남 성인들이 아닌 여 성인들을 닮도록 노력하라고 하셨습니다. 왜 이렇게 얘기하십니까? 혹시 여성들이 인내력이 없기 때문입니까?

- 어떤 여성들을 말합니까? 여성들이 인내력이 없다고요? 나는 인내력이 있는 여성들에 대하여 겁을 먹었습니다. 여성들에겐 많은 인내력이 있습니다. 여성은 육체적으로는 나약하고 남성보다 힘이 적을 수는 있습니다. 그러나 한 여성이 그녀가 가지고 있는 사랑으로 일을 한다면, 남성의 힘을 능가할 만한 인내력을 발휘합니다. 남성은 육체적인 힘이 있는 반면, 여성이 가진 사랑을 갖고 있지 못합니다. 내 칼리비에 새끼들과 함께 온 한 고양이를 나는 유심히 보았습니다. 어미 고양이는 마른 채로 배가 쑥 들어가 있었습니다. 어느 날은 아주 큰 사냥개 한 마리가 왔습니다. 쿠르디스라는 이름을 가진 수컷 고양이는 개를 보자 곧 도망갔는데, 어미 고양이는 일어나서 등을 구부리더니 사나워져 개에게 덤벼들 자세를 취하고 있었습니다. 나는 그러한 용기가 어디서 오는지 주목하였습니다. 그것은 어미 고양이에게 새끼들이 있기 때문이었습니다.

어머니는 아프고 지칩니다. 그러나 아픔도 피곤함도 느끼지 못합니다. 자식들을 사랑하고 가정을 사랑하기 때문에 자신을 강요하지만, 모든 것들을 기쁜 마음으로 합니다. 어머니보다 계속 누워있는 사람이 피곤을 더 많이 느낍니다. 내가 기억하는 것으로서 우리들이 어렸을 적에 우리 어머니는 집에서 아주 멀리 떨어진 샘으로부터 물을 날라야 했습니다. 식사를 준비하고 빵을 만들고 옷을 빨아야 했으며 밭으로 일하러 가야 했습니다. 다시 말해서 모든 일들을 했으며, 게다가 그녀를 정신없게 만드는 자식들, 우리들이 서로 싸울 때, 정당함도 가려야 했습니다. 그렇지만 어머니는 "이것은 나의 임무이다. 한탄하지 말고 모든 것을 해야만 하는 것이 나의 의무이다."라고 말하곤 하였습니다. 어머니는 이러한 말을 좋은 의미로서 말하곤 하였습니다. 가정과 자식들을 사랑했으며 일 때문에 피곤을 느끼지 않았습니다. 어머니는 마음에서 우러나오는 기쁨을 가지고 모든 일을 기꺼이 하였습니다.

시간이 흐르는 만큼 어머니는 가정을 더욱 사랑하게 마련입니다. 나이를 먹음에도 불구하고 손주들을 키우기 위해 더 많은 희생을 합니다. 그리고 힘이 점점 없어짐에도 불구하고 기꺼이 손주들을 돌보기 때문에, 남성보다 용기가 많을 뿐만 아니라, 자신이 젊은 시절에 가지고 있던 용기보다 더 많은 용기를 가지게 됩니다.

- *수도사님, 병과 관련하여 부인은 남편보다 더 침착합니까?*
- 무슨 일이 생기는지 아십니까? 어머니는 자식들이 겪는 병을 곁에서 돌보고 대처해온 경험이 많이 있습니다. 열이 몇 도까지 올라갔고 내려갔는지를 기억합니다. 여러 가지 현상들을 보았기 때문에, 자식이 아플 때 질식한 것인지 기절한 것인지를 알고, 뺨을 한두 대 때림으로써 아이가 제정신으로 되돌아온다는 것을 압니다. 하지만 아버지는 이러한 경우들을 돌보지 않았기에 경험이 전혀 없습니다. 그래서 가끔 아이가 열이 있거나 조금 창백한 것을 보면, 진정을 하지 못하고 "아이가 죽어 가고 있어. 지금 어떻게 하면 좋을까? 얼른 뛰어 가서 의사를 불러와."라고 말하기 시작합니다.

임신과 모유 수유

자식 양육은 임신부터 시작됩니다. 임신한 어머니가 짜증을 내거나 괴로워하면, 배 속에 있는 태아는 동요하게 됩니다. 그러나 어머니가 기도를 하면서 영적으로 살면, 태아는 축복을 받게 됩니다. 그래서 여인이 임신 중일 때, 기도를 하고 복음경을 읽고 성가를 부르고 스트레스가 없어야 할 뿐만 아니라, 주위 사람들 역시 그녀가 걱정하지 않도록 주의해야 합니다. 그렇게 된다면 태어날 아이는 축복 받은 아이일 것이며 어려서도 커서도 부모는 이 아이와 문제가 없을 것입니다.

또한 아이가 태어났을 때, 할 수 있는 한 어머니의 젖을 먹여야 합니다. 어머니의 젖은 아이들에게 건강을 줍니다. 모유를 먹음으로써 유아들은 영양분을 공급받을 뿐만 아니라, 사랑, 애정, 위안, 안전까지도 느끼게 되고, 이로 인해 유아들은 건강한 성격을 형성하게 됩니다. 젖을 먹이는 것은 어머니에게도 도움이 됩니다. 어머니들이 아이들에게 젖을 먹이지 않는다면, 체질에 이상이 생겨 유방을 제거해야 하는 상황에 닥칠 수도 있습니다.

예전에 이웃 여인이 몸이 약해 젖을 줄 수 없는 경우, 한 어머니는 이웃 여인의 자식에게까지 젖을 먹일 수 있었습니다. 지금 많은 어머니들이 자신의 자식에게조차 젖을 주는 일을 지루해 합니다. 게을러서 아기에게 젖을 먹이지 않는 어머니는 아기에게 게으름을 또한 전달합니다. 예전에는 분유통에 아이를 안고 있는 어머니가 그려져 있었습니다. 지금은 꽃 같은 것을 들고 있는 한 어머니가 그려져 있습니다. 어머니들이 아이들에게 젖을 먹이지 않으므로, 아이들은 위로를 받지 못하고 자랍니다. 누가 아이들에게 사랑과 애정을 주겠습니까? 젖소의 우유가 들어 있는 통이 아이들에게 사랑과 애정을 주겠습니까? 찬 젖병에 있는 우유를 마시므로, 아이들의 마음이 역시 차가워집니다. 그 후 자라서 음식점에 있는 술병에서 위안을 받으려고 합니다. 스트레스를 잊기 위해 마시다 나중에 알코올 중독자가 됩니다. 아이들이 애정을 받지 못하면, 그들이 다른 이들에게 줄 애정이 없게 됩니다. 그리하여 엎친 데 덮친 격으로 나쁜 것은 다른 나쁜 것을 낳고, 파멸은 다른 파멸을 낳게 됩니다. 그 후 어머니들이 내게 와서 "수도사님, 기도하여 주십시오. 제 자식을 잃어 가고 있습니다."라고 말합니다.

직업을 가진 어머니

- 수도사님, 아내가 직업을 가지는 것이 옳습니까?
- 남편은 뭐라고 합니까?
- *아내의 마음을 편하게 하는 것을 하라고 말합니다.*
- 대학을 졸업한 여성이 결혼 전에 직업을 갖게 되면, 어머니가 되었을 때 아이들에게 전념하기 위해 일을 그만두기가 좀 어려워집니다. 대학을 졸업하지 않은 여성은 단순한 일을 하므로, 하던 일을 그만두기가 더 쉬워집니다.
- *수도사님, 아이들이 없으면, 일이 여성을 돕는다고 믿습니다.*
- 다시 말해서 아이들이 없으면, 어떠한 경우에도 직업적으로 일을 해야 한단 말입니까? 주변에 할 수 있는 일이 그리도 많이 산재하여 있습니다. 물론 아이들이 있으면, 집에 머무는 것이 가장 좋습니다. 그렇지 않으면 아이들이 어떻게 도움을 받을 수 있겠습니까?
- *수도사님, 많은 여인들이 경제적으로 어렵기 때문에, 살림을 꾸려나가기 위해 일을 해야만 한다고 말합니다.*
- 경제적으로 어려운 것은 당연합니다. 텔레비전, 비디오, 자동차 등을 원하기 때문입니다. 그래서 일을 해야만 하고, 아이들에게 소홀하게 되고 그리하여 아이들이 나쁜 길로 가게 되는 결과를 낳게 됩니다. 가장만 일하고 적은 것에 만족하면 문제가 없을

것입니다. 돈이 부족하다는 것을 핑계로 부부가 일을 함으로써 가정은 흩어지게 되며 가정의 근본적인 의미를 잃게 됩니다. 이런 상황에서 아이들이 무엇을 할 수 있겠습니까? 더 검소하게 살았다면, 여성들은 더 편안했을 것이며 아이들도 기쁨을 느꼈을 것입니다. 한 사람이 일곱 개 언어를 알고 있었는데, 그의 아내는 네 개의 언어를 배우려고 안간힘을 썼습니다. 경제적으로 어려움이 없도록 그녀는 다른 아이들에게 과외 공부를 가르쳤습니다. 그들의 자식들은 잘 태어났으나 멍청이들이 되었습니다. 그러고 나서 해결 방법을 찾으려고 하였습니다. 그래서 자신을 필요로 하는 아이들에게 더 많이 전념할 수 있도록 삶을 더 검소하게 하라고 나는 어머니들에게 말합니다. 집에 머물면서 일에 전념하고 아이들과 피곤해 하면서 일에 묻혀 있는 어머니들이 직업을 가진 어머니들보다 더 좋습니다. 어머니가 집에 있을 때, 아이들을 돌볼 수 있고 여러 가지 일들을 조절할 수 있으므로, 많은 걱정거리를 피할 수 있습니다.

오늘날 아이들은 어머니가 하루 종일 밖에서 일하며 아이들을 다른 여인에게 맡기기 때문에, 어머니의 사랑에 만족하지 못하고 모국어조차 제대로 배우지 못합니다. 이런 아이들보다 유아원의 아이들이 훨씬 잘 지냅니다. 유아원엔 아이들을 보살피면서 사랑을 주는 선생님들이 있기 때문입니다. 결과적으로 어떻게 되겠습니까? 어머니가 있으면서도 어머니가 없는, 즉 직업을 가진 어머니의 아이들은 많은 유모를 갖게 됩니다.

어머니의 가사와 영성 생활

― *수도사님, 기도할 시간을 갖기 위해 주부는 어떻게 일을 조절할 수 있습니까? 다시 말해 일과 기도 사이에 어떤 조절이 있어야 합니까?*

- 보통 주부들은 일에 있어 측정을 하지 못합니다. 계속해서 일을 벌이려고 합니다. 열성이 많아 영혼을 위해 매우 좋은 일을 할 수 있음에도 불구하고, 하찮은 것들에 마음을 소비합니다. 아름다운 무늬, 선 등이 그려져 있는 유리잔이 있다고 가정해 봅시다. 유리잔에 선이 없어도 유리잔으로서의 역할을 했을 것입니다. 그러나 주부들은 상점에 가서 "아니요. 거기까지 선이 있는 잔들을 원합니다. 아니요. 이렇게 된 것은 싫습니다. 아니요. 저렇게 된 것은 싫습니다."라고 말하기 시작합니다. 그리고 꽃무늬 있는 잔을 발견하면, 심장이 뛰기 시작합니다. 주부는 이렇게 힘을 소비합니다. 이와 같은 것에 신경을 쓰는 남성은 드물 것입니다. 예를 들어 남성들은 책상 램프가 갈색이든 검은색이든 신경을 쓰지 않습니다. 그러나 주부는 아름다운 것을 원하고 이것에 만족하며, 마음의 한 부분을 다른 것에 두고, 마음의 다른 부분을 또 다른 것에 둡니다. 그러니 그리스도에 대하여 무엇이 남겠습니까? 단지 기도하는 시간에 피로하여 하품만 할 뿐입니다. 여성의 마음이 세속적인 아름다운 것들로부터 멀어지면 멀어질수록 그리스도께 더 가까워질 수 있습니다. 그리하여 마음이 그리스도께 향해 있을 때, 큰 힘이 생기게 됩니다. 요 근래에, 마음을 전적으로 그리스도께 바친 한 여인을 보았습니다. 다정한 불길이 그녀의 마음속에서 타오르는 것을 엿볼 수 있습니다. 그녀는 모든 것들을 좋은 의욕과 관심을 가지고 진행해 나갑니다. 그녀는 전혀 교회와 관계를 갖지 않고 살았지만, 의욕이 있었기에 한 순간 그녀의 마음속에 불꽃이 튀었습니다. 금으로 된 것들, 장신구들 등 모든 것을 버렸으며, 지금은 검소하게 살고 있습니다. 또 열심히 노력하며 영적인 일을 하고 있습니다. 그녀가 어떠한 희생으로 일을 하는지 알고 계십니까? 성인들을 부러워했습니다. 그래서 기도 매듭을 가지고 기도를 많이 하고, 금식도 자주 하며, 시편을 많이 읽습니다. 이것은 굉장한 일입니다. 이 여인은

지금 자신이 하는 영적인 수련으로 양육되고 있습니다.

― *수도사님, 한 어머니가 제게 "육체적으로 허약하여 매우 피곤함을 느낍니다. 일을 할 만한 시간적인 여유도 없고, 기도할 시간도 없습니다."라고 말했습니다.*

― 기도할 시간을 가질 수 있도록 삶을 간소화해야 합니다. 소박하게 사는 한 어머니는 많이 발전할 수 있습니다. 한 어머니가 자녀들이 많기 때문에, 간소하게 살면서 열심히 일한다면, "피곤합니다."라고 말하는 것이 이해가 됩니다. 그러나 외부인들에게 잘 정돈된 집을 보여주려고 시간을 낭비한다면, 대체 무슨 말을 할 수 있겠습니까? 어떤 어머니들은 집의 모든 것들을 정돈된 상태로 유지하기 위해, 숨 막힐 정도로 아이들을 꼼짝 못하게 하며, 의자 하나를 옮기거나 베개 하나를 옮기는 것도 내버려두지 않습니다. 아이들에게 군대와 같은 복종을 강요하여, 아이들이 정상적으로 태어났음에도 불구하고 불행하게도 멍청이로 자라게 됩니다. 제 정신이 있는 어떤 사람이 아이들이 많은 집에 모든 것들이 정돈된 상태로 있는 것을 본다면, 아이들이 멍청이거나 또는 어머니가 지독하여 아이들에게 군대와 같은 복종을 강요하고 있다는 결론을 내릴 것입니다. 아이들의 마음속에 공포가 도사려 있기 때문에, 복종을 하게 됩니다. 나는 언젠가 아이들이 많은 집에 방문한 적이 있습니다. 모든 것들이 제자리에 있어야 한다는 속된 사고방식을 깨뜨리는 짓궂은 장난으로 아이들이 나에게 얼마나 많은 기쁨을 주었는지 모릅니다. 모든 것들이 제자리에 있어야 한다는 생각은 가장 큰 무질서이며, 현대인을 매우 피곤하게 합니다.

예전에는 어머니들이 도움을 받을 만한 영적인 책들이 없었습니다. 지금은 성인들에 관한 책들이 많고 번역도 되어 있지만, 불행하게도 더 많은 어머니들이 경제적인 문제들을 극복하기 위해 어리석은 일에 신경을 쓰거나 일을 합니다.

어머니는 생명이 없는 물건이나 가사 일에 세세하게 신경 쓰는 것보다 아이들의 양육에 신경을 쓰는 것이 더 좋습니다. 그리스도에 대해 얘기하거나, 성인들의 생애에 대해 아이들에게 들려주는 것이 좋습니다. 동시에 자신이 영적으로 진보할 수 있도록 자신의 영혼을 정결하게 하는 데에도 신경을 쓰는 것이 좋습니다. 어머니의 영성 생활은 소리 없이 자식들의 영혼에도 도움을 줄 것입니다. 이렇게 해서 자식들은 즐거운 마음으로 살 것이며, 어머니는 그녀의 마음속에 그리스도가 자리 잡고 있을 것이기에 행복하게 될 것입니다. 어머니가 "기도문"을 읽을 시간조차 없다면, 어떻게 자식들이 거룩해지겠습니까?

- *수도사님, 자식이 많은 어머니가 해야 할 일이 많이 있을 때, 어떻게 해야 합니까?*

- 집안일을 하면서 동시에 기도를 할 수 없습니까? 내 모친은 기도하는 방법을 내게 가르쳐 주었습니다. 어린 시절, 나와 형제들이 짓궂은 장난을 하곤 하였을 때, 모친이 화를 내려고 하면서 "주 예수 그리스도여, 저를 불쌍히 여기소서."라고 말하는 것을 듣곤 하였습니다. 빵을 굽기 위해 오븐에 빵 반죽을 넣으면서, "그리스도와 지극히 거룩하신 분의 이름으로"라고 말하곤 하였습니다. 또 반죽을 하거나 음식을 만들면서도 계속 기도하였습니다. 그래서 본인 자신이 하느님의 축복을 받았고, 그녀가 만들었던 빵과 음식 역시 축복을 받았으며, 이것을 먹었던 사람들도 하느님의 축복을 받았습니다. 얼마나 많은 어머니들이 축복받은 삶을 살았으며, 그들의 자식들 역시 축복을 받게 되었는지 모릅니다.

어머니의 경건함은 큰 의미가 있습니다. 어머니가 겸손한 태도로 하느님에 대해 경외심을 가지면, 집안의 모든 일들이 정상적으로 풀려 나갑니다. 그 어디로부터도 받는 도움이 없음에도 얼굴이 빛나는 젊은 어머니들을 나를 알고 있습니다. 아이들을 보면서, 이 아이들의 어머니들이 어떠한 영적인 상태에 있는지 나는 알게 됩니다.

3장

자식 양육에 대한 부모의 책임

부모가 자식을 하느님께 맡기는 믿음

우리가 잘 알다시피, 창조주는 하느님이십니다. 그러면서 또한 하느님께서는 아담과 하와에게도 축복을 통해 함께 창조자가 되는 은총을 내려주셨습니다. 계속해서 조부모, 부모들도 하느님께 큰 축복을 받았는데, 그 이유는 후손들에게 혈육을 주기 때문입니다.

하느님께서는 어떤 면에 있어서 아이들을 돌보셔야 할 의무가 있으십니다. 어린 아이가 세례를 받을 때, 하느님께서는 어린 아이를 보호하시기 위해 수호천사를 보내주시며, 그리하여 아이는 하느님, 수호천사 그리고 부모로부터 보호받습니다. 수호천사는 계속해서 아이 가까이 머물며 아이를 돕습니다. 아이가 자라는 만큼, 부모는 책임으로부터 더 멀어지게 됩니다. 부모가 이 세상을 떠난다면, 하느님께서는 위에서 그리고 가까이에서 아이를 보호하시고, 수호천사 역시 가까이에서 언제나 아이를 보호할 것입니다.

자식들이 어릴 때, 부모는 영적으로 자식들을 도와야 하는데, 그때의 자식들의 단점은 작은 것이어서 쉽게 없앨 수 있기 때문입니다. 이것은 신선한 감자와 같아서, 신선한 감자 껍질을 좀 긁으면 쉽게 벗겨지는 것과 같은 경우입니다. 그렇지만 오래된 감자는 칼로 껍질을 벗겨야 하며, 약간 검은 부분이 있으면 더 두껍게 껍질을 벗겨야 합니다. 아이들이 어려서부터 도움을 받아 그리스도로 마음을 채우면, 영원히 그리스도와 함께 있게 될 것입니다. 그리하여 아이들이 자라서 나이 때문이라든가 친구를 잘못 사귀어 좀 벗어났다 할지라도, 다시 제자리로 돌아오게 될 것입니다. 왜냐하면 하느님에 대한 경외심과 어린 시절 마음속을 채웠던 경건함이 사라지는 것은 결코 불가능하기 때문입니다.

또한 가장 어려운 나이인 사춘기에 자식에 대한 부모의 걱정은 더 커지며, 자식들이 대학 교육을 받고 결혼하기까지 걱정은 계속됩니다. 그때 부모는 자식들을 돕기 위해 할 수 있는 것은 하되, 자신들의 힘을 능가하여 할 수 없는 것은 전능하신 하느님께 맡기는 것이 좋습니다. 자식들을 하느님께 맡길 때, 하느님께서는 인간의 힘으로 할 수 없는 것들에 대하여 도와 주셔야 할 의무가 있습니다. 그러므로 아이들이 부모의 말을 듣지 않으면 하느님께 아이들을 맡기고, 자신은 여러 방법을 모색하여 아이들을 강요하지 않도록 해야 합니다. 어머니는 하느님께 다음과 같이 말하는 것이 좋습니다. "하느님, 아이들이 제 말을 듣지 않습니다. 저는 아무 것도 할 수 없습니다. 당신께서 아이들을 돌보아 주십시오."

그저께 철야 예배에는 내가 전부터 알고 있던 한 어머니가 참석했는데, 그녀의 믿음이 참 인상적이었습니다. 그녀가 내게 인사를 하러 왔습니다. 나는 그녀의 큰 아이들만이 함께 온 것을 보고 물었습니다. "어린 아이들은 어디에 있습니까?" "집에 있습니다, 수도사님. 이런 날 철야 예배에 참석하고 싶었기에, 남편과 저는 '우리는 어딘가로 놀러 가는 것이 아니라 철야 예배에 가는 거야. 그러므로 하느님께서 아이들을 보호할 천사를 보내주실 거야.'라고 이야기하며, 아이들을 집에 두고 왔습니다." 오늘날엔 이렇게 믿음이 강한 모습을 만나기가 매우 어렵습니다. 부모에 대한 자식들의 신뢰가 없는 것처럼 하느님에 대한 부모의 신뢰도 없기 때문입니다. 그리고 많은 부모들이 "왜 우리 자식이 나쁜 길로 갑니까? 우리들은 교회에 다닙니다."라고 말하는 것을 자주 들을 수 있습니다. 그리스도께서 드라이버로 아이들에게 나사를 조일 수 있도록 부모들이 그리스도께 드라이버를 드리지 않습니다. 부모들 자신들이 혼자서 모든 것을 하기를 원합니다. 자식들을 보호하시는 하느님이 계시고, 또 수호천사가 계속 자식들 가까이에서 보호하고 있음에도 불구하고, 부모들은 자신들이 병에 시달릴 때까지 걱정을 합니다. 믿음이 있는 사람들임에도 불구하고, 하느님과 수호천사가 존재하지 않는 것처럼 행동합니다. 그리하여 거룩한 중재를 방해하게 됩니다. 그렇지만 겸손한 마음으로 하느님으로부터 도움을 간구하면, 선하신 하느님께서 아이들을 보호하실 것입니다.

자식들의 영적 갱생

- *수도사님, 자식 교육에 대하여 부모만이 책임이 있습니까?*
- 주로 부모에게 책임이 있습니다. 아이들을 양육하는 방법에 따라 그들이 좋은 성직자가 되고 좋은 교육자 등이 되기 때문이며, 이 아이들이 자라서 그들의 차례가 되었을 때 그들의 자식들을 돕고 또 세상의 아이들을 도울 것이기 때문입니다. 특별히 자식 교육에 대하여 어머니는 아버지보다 더 많은 책임이 있습니다.

태아가 어머니의 배 속에 있는 기간에도 부모가 기도를 하고 영적으로 살면, 태아는 축복 받은 아기로 태어날 것입니다. 그리고 계속해서 이 아기를 영적으로 돕는다면, 아이는 축복 받은 사람으로 성장하여 교회에 종사하거나 존경받는 직업을 갖게 되거나 그 밖의 다른 일을 통하여 사회에 기여할 것입니다. 아이들이 자라서 옳은 사람들이 되기까지 그리고 다음 세대를 위해 약간의 이스트를 남겨 놓기까지, 우리 모두는 아이들을 도와야만 합니다. 왜냐하면 지금과 같은 상황에선 이스트까지 잃을 지경에 달하였기 때문입니다. 그리하여 이스트가 모두 없어진다면, 그 후엔 어떻게 되겠습니까?

자식을 낳고 혈통을 이어주는 부모는 할 수 있는 한 자식들을 영적인 갱생으로 이끌어야 합니다. 사람이 영적으로 갱생하지 않으면, 지옥으로 갈 수 있기 때문입니다. 부모는 자식을 위해 자신이 할 수 없는 것이 있을 경우, 선생에게 맡길 것입니다. 그래서 우리 교회는 부모와 선생에 대하여 기도를 합니다. 자식이 없는 영적 사제들은 아이들의 영적인 갱생을 위해 일하기 때문에 아이들의 교육에 더 긍정적인 도움을 줄 수 있습니다.

내가 말하고자 하는 것은 아이들이 이 세상에서 평온하게 살다가 천국으로 갈 때까지, 아이들의 갱생을 위해, 모든 사람들이 각자의 방법과 본보기로 아이들을 도와야 한다는 것입니다. 아이들이 영적인 사람들이 될 때, 법이 필요하지 않으며 아무 것도 필요하지 않습니다. "율법은 올바른 사람들을 위해서 제정된 것이 아니라는 것입니다."[1] 법은 법을 위반하는 사람들을 위해 필요합니다. 영적인 권위는 인간의 권위보다 높습니다.

---

[1] '여기서 알아 두어야 할 것은 율법이 올바른 사람들을 위해서 제정된 것이 아니라는 것입니다. 하느님의 율법을 어기는 자와 순종하지 않는 자, 불경건한 자와 하느님을 떠난 죄인, 신성을 모독하는 자와 거룩한 것을 속되게 하는 자, 아버니 어머니를 죽인 자와 사람을 죽인 자, 음행하는 자와 남색하는 자, 인신매매를 하는 자와 거짓말을 하는 자, 위증하는 자와 그 밖에 건전한 교설에 어긋나는 짓을 하는 자들을 다스리기 위해서 율법이 있는 것입니다.' (I 디모테오 1:9-10)

부모의 모범

- 수도사님, 자식이 순종하지 않고 반항하면 부모는 어떻게 해야 합니까?

- 자식이 순종하지 않고 불손하게 행동할 때는 무엇인가 원인이 있을 것입니다. 집 안에서나 밖에서 나쁜 장면들을 볼 수 있으며 좋지 않은 말들을 들을 수 있습니다. 어쨌든 영적인 주제에 있어서 좋은 본보기를 통해 아이들을 도와야지 무엇을 강요해서는 안 됩니다. 더욱이 많은 경우에 어머니는 남편에게 하는 모범과 순종, 존경심으로 아이들을 많이 돕습니다. 어떤 문제에 대해 남편과 의견이 다른 경우가 있다면, 악마가 이것을 이용하지 않도록, 자식들 앞에서 이를 결코 표현하지 말아야 합니다. 아버지에 대한 자식들의 생각을 결코 해쳐서는 안 됩니다. 남편이 잘못했다 하더라도 그를 변호해야 합니다. 예를 들어 남편이 좋지 않게 행동했다면, 자식들에게 "아버지께서 급한 일을 끝내시려고 밤을 새우셨기 때문에 피곤하시단다. 그리고 아버지가 이렇게 하시는 것은 너희들을 위해서란다."라고 말할 수 있습니다.

많은 부모들이 자식들 앞에서 싸워, 자식들에게 나쁜 본보기가 됩니다. 가엾은 아이들은 마음이 착잡해집니다. 그러고 나서 부모들은 자식들을 위로하기 위해 모든 호의를 베풀기 시작합니다. 아버지가 자식에게 다가가 감언이설로 "얘야, 무엇을 원하니? 내가 사줄게."라고 유혹합니다. 어머니 역시 자식에게 가서 감언이설로 유혹하여 결국 아이들은 버릇없게 자라게 되며, 나중에 그들이 요구하는 것을 부모가 들어줄 수 없으면 자살할 것이라고 부모를 협박합니다.

부모의 좋은 모범이 자식들에게 얼마나 많은 도움이 되는지 나는 봅니다. 오늘은 세 살과 네 살쯤 된 두 여자 아이가 아주 독실한 부모와 함께 이곳에 왔습니다. 나는 얼마나 반가웠는지 모릅니다. 아이들은 천사와 같았습니다. 그들은 앉아있었는데, 옷으로 무릎을 덮었습니다. 부끄러움을 탔으며 존경심이 있었습니다. 이것은 부모의 행동에서 오는 결과였습니다. 부모가 서로를 사랑하고 존경하고, 조심스럽게 행동하고 기도하는 것을 보며 아이들은 마음속에 이것들을 새겨둡니다. 그래서 부모가 자식들에게 남길 수 있는 가장 좋은 상속은 부모의 경건함을 전해주는 것이라고 나는 말합니다.

한 호주 여자 아이의 고귀함을 여러분들이 보았으면 좋았을 것입니다. 언젠가 우리는 호주의 캔버라에 있었습니다. 나는 거기에 온 마지막 사람들을 보고 곧 떠날 예정이었습니다. 그때 한 자동차가 와서 멈추었고, 부부와 어린 딸이 내렸습니다. 남편이 내게 다가왔습니다. "수도사님, 다행히 수도사님께서 떠나시기 전에 저희가 뵙게 되었습니다." "그러네. 우리는 곧 떠난다네." "저는 수도사님과 대화를 나누지 않아도 괜찮으니, 신경이 예민한 제 집사람이 마음에 안정을 찾도록 수도사님과 대화를 좀 나눌 수 있게 해 주십시오." 이 부인이 원하는 것을 들어주기 위해 우리는 한쪽으로 갔습니다. 어린 딸이 어머니에게로 달려갔습니다. 나는 어린이에게 말을 걸었습니다. "엄마가 올 것이란다. 이곳에 앉아라." "수도사님은 엄마가 있어요?" "없단다." 그러자 이 어린이 눈에 눈물이 글썽거렸습니다. 그리고는 내게 물었습니다. "우리 엄마를 수도사님께 드리기를 원하세요?" 그때 나 역시 물었습니다. "너는 할아버지가 있니?" "없어요." "할아버지가 있었으면 좋겠니?" "네." "네가 우리 집에 있고 싶니? 아니면 우리가 너희 집에 있는 게 좋겠니?" "수도사님이 원하시는 대로 하세요." 이 어린이에게 이런 고귀함이 있었습니다. 어린 아이가 자신의 어머니를 희생하려는 정신이 있었습니다. 이 어린이는 그의 부모를 본받았습니다. 아버지에게 많은 고귀함이 있었는데, 나는 그를 껴안아 얼굴에 키스를 하고 축하해주었습니다. 그에게 얼마나 많은 축복을 주었는지 모릅니다. 이러한 사람들은 마음이 가장 완고한 사람까지도 감동하게 만드는데, 그러니 하느님을 얼마나 감동시키겠습니까?

가정에서 애정과 사랑을 충만히 받아야하는 아이들

아이는 충만한 사랑과 애정, 올바른 인도를 필요로 합니다. 당신이 아이 곁에 앉아 아이의 문제를 같이 상의하고 쓰다듬어 주기를 원하며, 껴안아 주기를 원합니다. 어린 아이가 가끔 불안해하고 말썽을 부릴 때, 어머니가 아이를 품 안에 안고 쓰다듬어주며 키스를 하면, 아이는 안정을 찾고 조용해집니다. 어린 시절에 받는 애정과 사랑에 만족하면, 후에 아이는 인생에서 겪는 문제들을 대처해 나갈 힘을 갖게 됩니다.

그러나 오늘날 많은 아이들이 저녁에만 잠깐 부모를 보기 때문에, 사랑에 만족을 느끼지 못합니다. 교사나 의사의 직업을 가진 부모들은 직장에서 자신의 사랑을 다른 아이들에게 주면서 일을 하므로, 집에 돌아오면 자신의 아이들에게 줄 사랑이 없습니다. 부모는 피곤에 지쳐있습니다. 더 이상 힘이 없습니다. 한편으로 아버지는 소파에 누워 신문을 보며, 아이들에게 전혀 신경을 쓰지 않습니다. 그래서 아이가 아버지 곁으로 다가가는데도, 아버지는 대화를 나누거나 좀 쓰다듬어 주는 것은 고사하고 아이를 내쫓습니다. 다른 한편으로 어머니는 음식을 준비하므로 어머니조차 아이들에게 신경 쓸 여유가 없어, 가여운 아이들은 사랑이 모자란 상태에서 자라게 됩니다. 또 다른 경우로 군인들이 복종하지 않을 때 처벌하는 습관이 들어 있는 일부 장교들은, 집에서도 군대와 같은 복종을 강요하며 아이들을 무정하게 대하거나 하찮은 일에 매를 듭니다. 또 법에 종사하는 어떤 사람들은, 자식이 무언가를 망가뜨렸을 때 집에서도 재판을 합니다. 자식들에게 애정과 사랑을 가지고 행동하지 않으므로, 훗날 이 아이들 역시 정신적인 문제들을 갖게 됩니다.

부모 때문에 자식들이 겪는 시련

부모가 저지른 잘못에 대한 대가를 자식들이 받습니다. 어떤 부모들은 자식을 망쳐 놓습니다. 그러나 하느님께서는 부당하신 분이 아닙니다. 부모에 의해서나 다른 사람들에 의해 이 세상에서 부당하게 취급 받은 아이들에 대하여 하느님께서는 각별하고 특별한 사랑을 가지고 계십니다. 아이가 옳지 않은 길로 갈 때의 원인이 부모가 되는 경우, 아이에게 거룩한 도움을 받을 권한이 있기 때문에, 하느님께서는 아이를 그냥 내버려 두시지 않을 것입니다. 아이가 도움을 받도록 손을 쓰실 것입니다. 우리는 젊은 이들뿐만 아니라 나이 많은 사람들 역시 한 순간 갑자기 옳은 길로 전향하는 것을 봅니다. 한 경우가 생각납니다. 두 자식이 있는 한 가정에 아버지와 어머니, 딸이 하느님을 믿지 않았습니다. 아들은 애초에 마르크시즘에 빠졌습니다. 그러나 이것으로 안정을 찾지 못하여 힌두교로 갔습니다. 그곳에서 역시 안정을 찾지 못하고 아토스 성산으로 왔습니다. 그는 나의 칼리비에 자주 왔었고, 다른 켈리[2]들에도 가곤 하였습니다. 부모는 이 기간 동안 "나의 그리스도여, 나의 성모 마리아여, 우리 자식을 보호하소서."라고 기도를 하였습니다. 그는 한동안 아토스 성산에 머물렀으며, 그럭저럭 제정신으로 돌아온 후, 영적으로 힘을 얻고 집으로 돌아가서 (돌아간 이유는 그가 수도 생활 적격자가 아니었기 때문), 부모를 영적으로 도왔습니다. 이제 그의 아버지가 제일

---

[2] 켈리는 수도사가 개인적으로 사용하는 아주 작은 방이다. 수도원 안에 수도사가 살고 있는 아주 작은 방이 있을 수도 있고, 수도원에서 떨어진 곳에 켈리들이 있을 수도 있다. 켈리에 아주 작은 성당이 함께 있는 곳도 있다.

먼저 철야 예배에 참석하는 것을 나는 봅니다. 그는 교회에서 만 과가 진행되는 처음에 시편 한 편을 읽고, 집에서는 만과와 석후 소과, 성모님께 올리는 소기원 의식을 진행합니다. 하느님께서 어떻게 모든 것을 보살피셨는지 감탄할 일입니다. 악마가 나쁜 짓을 하려고 갔지만, 하느님께서 이쪽저쪽으로 체를 치시어 모든 사람들을 제자리에 놓으셨습니다.

- 수도사님, 딸은 어떻게 되었습니까?
- 딸 역시 천천히 생각을 하게 됩니다. 하느님께서 기회를 주실 것입니다.
- *수도사님, 나이가 들어서 영성 생활을 시작하는 일부 부모들은, 자식들이 어렸을 때 그리스도에 대한 교육을 시키지 못한 것에 대해 걱정을 합니다.*
- 진정으로 후회하며 자식들을 도와주시기를 하느님께 간구하면, 하느님께서는 그들을 위해 무언가를 하실 것입니다. 거칠고 성난 파도 속에서 아이들을 구하기 위해 구명대를 던지실 것입니다. 아이들을 도와줄 사람이 나타나지 않는다 할지라도, 옳은 곳으로 방향을 바꿀 때까지 그들을 이끄는 무엇인가를 볼 수 있을 것입니다. 이러한 부모들은 받아들일 자세는 되어 있었지만 어렸을 적 부모로부터 도움을 받지 못한 것이었기에, 거룩한 도움을 받을 권한이 있는 것입니다.
- *수도사님, 영적으로 사는 젊은이들이 무관심한 부모들로부터 때때로 많은 어려움을 겪고 있습니다.*
- 그래서 하느님께서는 고아들을 보살피시는 것처럼, 영적으로 살고 있는 부모를 가진 젊은이들보다 그러지 못한 젊은이들을 더 많이 보살피십니다.

아이들이 주위 환경으로부터 받는 영향

- *수도사님, 몇 살 때부터 아이들이 주위 환경으로부터 영향을 받습니까?*
- 아이들은 아기 때부터 부모를 모방합니다. 어른들이 하는 것을 보면서 모방하여, 그들의 비어있는 테이프에 모든 것을 녹음합니다. 즉 순수한 마음속에 새겨둡니다. 그래서 부모들은 정신적인 약점들을 고치려고 노력해야만 합니다. 만약 그렇지 않는다면, 부모들은 그들 부모로부터 유전적으로 물려받은 것과 상관없이, 자신들의 약점을 고치려고 노력하지 않은 것과 자기 자식에게 이 약점을 전달한 책임에 대하여, 하느님 앞에서 이유를 설명해야 할 것입니다.

- *수도사님, 형제들이 집에서 같은 교육을 받고 자라는데도, 가끔 서로가 전혀 닮지 않는 경우가 있습니다.*
- 아이는 외부 환경으로부터도 많은 영향을 받게 됩니다. 그러나 성장할 때 좋은 의욕이 있다면, 하느님께서는 이 아이가 받았던 부정적인 영향들을 깨닫고 이를 없애는 노력을 하도록, 아이에게 더 많은 은총을 주시며 인도하실 것입니다.

오늘날 이 세상에 악이 존재합니다. 아이들을 어려서부터 잘못된 길로 인도하고 있습니다. 아이들이 성년이 되기까지 나쁜 것에 대하여 아이들에게 브레이크를 걸어주기는 고사하고, 좋은 것으로부터 아이들을 떼어놓습니다. 그래서 가엾은 아이들이 죄에 빠져 괴로움을 당하고, 괴로움을 이겨내려고 하지만 이겨내는 방법을 모릅니다. 왜냐하면 쉬운 비탈길을 선택하면, 멈추기가 어렵기 때문입니다. 내 칼리비에 마약을 하는 스물다섯, 스물일곱 살의 청년들이 오는데, 이 가엾은 청년들은 도움을 요청합니다. 한번은 내가 청년 두 명을 옳은 길로 가도록 돕게 되었는데, 지금은 이 친구들이 도움을 받게 하려고 그들의 친구들을 데려오고, 친구의 친구들이 다른 친구들을 데려옵니다. 이들은 마음이 많이 쓰라리게 합니다. 그 가운데 한 가엾은 청년은 강한 마약을 사용하여 죽을 지경에 달해 있었습니다. 손과 치아는 형편없었습니다. 그는 친구들의 도움으로 갱생한 후 마약을 끊고, 다른 젊은이들을 도왔습니다. 그의 그런 친구들은 열다섯 명 정도였는데, 내게 오는 이들마다 "저는 제 친구(마약으로 죽을 뻔했던) 소개로 왔습니다."라고 말했습니다. 그들은 이 친구를 스승으로 대했습니다. 많은 젊은이들이 낭떠러지에 가서 마약 주사를 사용하고, 피를 팝니다. 이것은 자신을 망가뜨릴 뿐만 아니라 그들의 부모들을 망가뜨립니다. 그래서 아버지는 뇌출혈로, 어머니는 심장마비나 간장병으로 세상을 떠나는 것을 볼 수 있습니다.

형제간의 사랑

부모는 자식들 사이에 사랑을 길러주어야 합니다. 또 가장 나약한 아이를 격려하기를 원하면, 강한 아이의 공감을 얻어내면서 나약한 아이의 영역을 확보해주어야 합니다. 다시 말해서 나약한 아이도 가치가 있다는 것을 강한 아이가 깨달을 수 있도록 강한 아이를 도와야 합니다. 공정함은 하느님의 것이라서, 큰 자식과 작은 자식에게 똑같이 나누어 주어야 합니다. 서로 상처 주는 일 없이, 동생이 형에게 존경으로 형이 동생에게 사랑으로 대할 수 있도록 도와야 합니다. 이것을 구약의 신명기3에서 언급하고 있습니다. 예를 들어 큰 아이가 잘못의 원인이 되는 경우, 작은 아이 앞에서 큰 아이의 인격을 침해하지 않으면서, 작은 아이를 정당화 해주어야 합니다. 그러면서 큰 아이가 잘못을 깨달을 수 있도록, 큰 아이와는 따로 대화를 나누어야 합니다.

---

3 신명기 1:17 참조.

- 수도사님, 대부분의 형들에게 나타나는 동생에 대한 질투를 어떻게 대처해야 합니까?

- 질투는 약점입니다. 그렇지만 세 살짜리 아이가, 어머니가 갓 태어난 동생에게 젖 먹이는 것을 질투하는 경우, 이 아이의 질투는 어떤 면에서 정당합니다. 그 역시 얼마 전에 젖을 먹었기 때문입니다. 지금 어머니의 품 안에 있는 동생을 보면서 '얼마 전까지 엄마는 나를 품 안에 안고 있었어. 그런데 지금 엄마는 나를 찬밥으로 만들었어.'라고 생각합니다. 할머니가 있다면, 상황은 그런대로 괜찮습니다. 어린 아이가 네 살이 되면, 질투가 줄어들어야 합니다. 큰 아이가 여섯 살이 되면, 어머니는 큰 아이에게 "이제 너는 많이 컸단다. 어떤 어머니가 너처럼 그렇게 큰 자식을 가슴에 안고 있겠니?"라고 말해야 합니다. 어머니가 이런 방식으로 큰 아이를 도와준다면, 이유가 있는 경우를 제외하고, 어머니의 말을 기억할 것입니다. 계속해서 엄마의 치맛자락을 잡아당기기를 원한다면, 이것은 무엇인가 병적인 것입니다.

아이들에게 많은 영향을 미치는 친구 관계

- 수도사님, 한 젊은이가 어려서부터 영적으로 살았고 아주 착실했는데도 불구하고 완전히 빗나가는 상황에 달하게 되었는데, 왜 이런 일이 일어날 수 있습니까?

- 아무도 이것을 비난하지 않기를 바랍니다. 영향을 미치는 요인은 많습니다. 교회에 다니지 않고 부주의하게 사는 아이들이, 맑고 영적으로 살아가는 다른 아이들을 보고 비교를 느껴 그 아이들을 유인하고 싶어 합니다. 한번은 두 아이가 길을 가고 있었습니다. 한 순간 한 아이가 넘어져 흙탕물이 있는 구덩이에 빠지는 바람에 옷이 진흙 범벅이 되었습니다. 조금 더 앞으로 나아가자, 먼저 넘어졌던 아이는 친구는 깨끗하고 자신은 진흙 범벅이

된 것에 기분이 상해서, 친구도 진흙이 묻게 하려고 친구를 밀어 다른 구덩이에 빠지게 했습니다.

친구 관계는 아이들에게 많은 영향을 미칩니다. 어렸을 때 나에겐 천성적으로 사랑이 있었습니다. 짐승들을 데리고 길을 나서면서 동생들 중에 한 명을 짐승의 등 위에 올리고, 다른 동생을 내 어깨 위에 올려놓으려 신경 쓰곤 했습니다. 한번은 형이 새 한 마리를 죽인 것이 너무 마음 아파 형에게 화를 냈습니다. 나는 울면서 죽은 새를 땅에 묻었습니다. 이 시기에 나는 또래들과 어울려 같이 숲에 가서 기도하고 간략한 성인전들을 읽고 금식을 하였습니다. 그런데 친구들의 어머니들은 "그 아이와 어울리지 마라. 너를 괴롭히고 성가시게 할 것이다."라고 말하며 나와 어울리지 못하게 했습니다. 그래서 친구들은 나를 따돌렸고 나는 외로워졌습니다. 그들은 이쪽에서 "수도사" 저쪽에서 "수도사"라고 부르면서, 나를 놀리곤 하였습니다. 그들은 나를 괴롭게 만들었고, 나는 이 조롱을 더 이상 참을 수 없는 상황에 달했습니다. 그때 '나는 더 큰 아이들과 어울려 놀 거야.'라고 생각했습니다. 그래서 나보다 나이가 많은 아이들과 어울리기 시작했습니다. 고무줄로 새총을 만들었습니다. 먼저 새총으로 목적물을 겨냥하는 척하면서 돌멩이가 아닌 사냥 총알을 사용하여 나는 곧 사격의 명수가 되었습니다. 한번은 내가 새 한 마리를 죽이게 되었는데, 죽은 새를 보자마자, 나는 제정신이 들었습니다. 그리고 바로 고무줄과 사냥 총알들을 버렸습니다. 나는 '네 형이 새를 죽였을 때, 너는 울면서 형에게 화를 냈었다. 그런데 지금 너는 어느 상황에 이르렀느냐? 새를 죽이기 시작했으니 천천히 동물들을 죽일 것이다.'라고 스스로 책망하였습니다. 정말이지 새 잡는 일을 계속하였다면, 나는 동물 잡는 사냥꾼이 되었을 것이며, 그 후 잡은 동물들의 가죽까지 벗겼을 것입니다.

사람이 나쁜 친구 관계를 주의하지 않고 나쁜 친구들에게 휘

말려 든다면, 예민한 감수성에 의해 어떤 악의에 찬 행위를 하게 되는지 모릅니다. 그러나 좋은 친구들은 많은 도움을 줍니다. 하느님께서는 사람들을 여러 가지 재능과 재주로 채우셨습니다. 사람이 다른 사람들의 단점을 볼 수 있는 것처럼 선과 덕도 볼 수 있으므로 그것을 닮아나갈 수 있습니다.

빗나간 아이들에 대한 도움

가정에 사랑과 평화가 있어야 하는 것은 절대적입니다. 아이가 가정으로부터 사랑을 받아보았다면, 한 순간 빗나간다 할지라도 다른 곳에서는 사랑을 찾을 수 없고 단지 위선만이 있다는 것을 보면서, 집으로 돌아올 것입니다. 그러나 집에서 있었던 좋지 않은 장면들, 즉 질책과 싸움을 기억한다면, 어떻게 집으로 돌아올 마음이 생기겠습니까?

- *수도사님, 아이가 가출할 때, 부모는 무엇을 해야 합니까?*
- 아이가 제정신이 들어 집으로 돌아 올 때까지, 아이와 계속 접촉할 수 있도록 노력하는 것이 좋습니다. 아이를 돕기 위해 좋은 방법으로 말을 하고 깊이 생각할 수 있어야 합니다. 예를 들어 아이가 밖에서 밤을 새우고 돌아온다면, 어머니는 아이에게 "애야, 이야기 좀 해보자. 네가 부모라면, 자식들이 저녁에 늦게 들어오는데도 걱정하지 않을 수 있겠니?"라고 말할 수 있습니다.

현 시대에 죄는 유행처럼 번져있기 때문에, 아이들의 큰 죄가 그들에게 있어 가장 심각한 낙오라 할지라도, 부모는 절망에 빠져서는 안 됩니다. 부모는 아래에 언급할 것에 대하여 항상 명심하는 것이 좋습니다. 우리 시대의 아이들은 그들이 하는 잘못에 대하여 정상 참작도 받을 것입니다. 품행에 대해 점수를 매긴다면, 오늘날의 70점은 우리들이 젊었던 시대의 100점, 즉 우수한 가치를 가집니다. 물론 부모들은 자식들을 도우려고 노력하겠지만, 지나치게 걱정을 해서는 안 됩니다. 아이들은 서서히 판단력을 갖게 될 것입니다. 현재로선 정신적으로 성숙해 있지 않기 때문에, 좋은 것을 깨닫지 못할 수 있습니다. 아이들의 머리는 혼돈 속에 있으며, 아이들은 자신들에게 닥치는 위험과 그들이 당하여 돌이킬 수 없는 해를 구분할 만한 맑은 정신이 없습니다.

자식이 하는 철없는 행동에 대해 부모가 걱정하고 있다는 것을 자식에게 보여주는 것이 좋습니다. 그러나 자식을 억압하지 말고 기도를 하는 것이 좋습니다. 아픔으로 하는 기도는 긍정적인 결과를 가져옵니다. 아이가 큰 잘못을 저지른다면, 부모는 좋은 방법으로 간섭하는 것이 좋습니다. 큰 잘못이 아니라면, 아이에게 상처를 주지 않고 아이의 상황을 악화시켜 부모로부터 멀어지는 결과를 초래하지 않도록, 조금 눈감아 주는 것이 좋습니다. 단지 그리스도와 성모 마리아께 아이를 보호하여 주실 것을 기도하는 것이 좋습니다.

부모의 기도, 특히 어머니의 기도는 마음에서 우러나오고 아픔으로 하는 기도이기 때문에 아주 효과적입니다. 내가 이비론 스키티[4]에 있을 때, 우연히 한 청년이 나를 방문했습니다. 이 청년은 할키디키로 돌아가는 길에 아토스 성산으로 오는 순례자 팀을 만나, 나의 켈리까지 오게 되었습니다. 그는 무신론자였으며 불경했고, 매우 뻔뻔스러웠습니다. 악마로부터 받은 영악함이 있었고 아무 것도 믿지 않았습니다. 어른 아이 상관없이 모든 사람들에게 욕설을 퍼부었습니다. 내가 이런 저런 말을 하자 그는 생각에 잠기게 되었습니다. 머리가 꽤 길었기에, 나는 그의 머리도 잘랐습니다. 그러고 나서 말했습니다. "잘 들어 보게나. 자네의 어머니가 평안하길 바라네. 어머니의 기도가 자네를 이곳으로 오게 만들었네." "네, 수도사님, 그렇습니다. 저는 할키디키로 돌아

---

[4] 아토스 성산에는 모두 열두 곳의 스키티가 있는데, 각 스키티마다 본 성당이 있다.

가고 있었습니다. 제가 어떻게 해서 이곳까지 오게 되었는지 제 자신도 이해할 수가 없습니다." "자네가 아토스 성산에 왔다는 사실을 어머니가 알게 되고 머리를 깎은 자네를 보게 되면, 매우 기뻐하실 것이네." "수도사님, 어떻게 그것을 아십니까? 정말 제 어머니는 이렇게 바뀐 저를 보고 매우 기뻐하실 것입니다." 하느님께서 이 청년을 이쪽저쪽으로 돌리시어, 그를 아토스 성산으로 보내셔서 옳은 길로 가게 하셨습니다. 이 가엾은 어머니는 얼마나 많이 기도 했겠습니까?

아이들에 대한 꾸중과 칭찬

부모들은 저녁에 아이들을 꾸짖지 않도록 아주 조심해야 합니다. 저녁에는 아이들이 괴로움을 해소할 만한 무엇인가가 없고, 어두움이 괴로움을 더욱 고조시키기 때문입니다. 대응할 방법을 생각하기 시작하고 여러 가지 해결책을 찾으려 하는데, 이 사이에 악마가 또 끼어들어 절망에 빠지게 될 수 있습니다. 반면 낮에는 아이들이 "이것을 하거나 저것을 할 거야."라고 말하며 밖에 나가, 부모의 꾸중을 잊어버릴 것이고 이렇게 괴로움이 사라질 수가 있습니다.

- *수도사님, 매가 아이들의 버릇을 고치는 데 도움이 됩니까?*
- 부모는 가능한 한 매를 들지 않는 것이 좋습니다. 좋은 방법과 인내를 가지고 아이가 자신의 행동이 옳지 않다는 것을 스스로 깨달을 수 있도록 도와야 합니다. 단지 자식이 어릴 때 어떤 행동이 위험하다는 것을 깨닫지 못하는 경우, 주의하기 위해 매를 맞는 것은 도움이 됩니다. 혹시 또 매를 맞을까하는 무서움으로 아이는 자제하게 되고, 보호받게 됩니다. 어렸을 적에 나는 아버지보다는 어머니로부터 도움을 더 많이 받았습니다. 부모님 두 분 다 나를 사랑했으며 내가 옳은 길로 가기를 원했습니다.

그래서 부모님은 각자 나름의 방법으로 나를 도왔습니다. 아버지는 엄격했습니다. 우리가 극성맞은 장난을 하면 매를 들었습니다. 나는 매를 맞고 아파서 움츠리고 있다가, 아픈 것이 사라지면 아픔도 충고도 잊곤 하였습니다. 아버지가 나를 사랑하지 않았기 때문이 아니라, 사랑하기 때문에 내게 매를 들었던 것입니다. 기억나는 일화로, 세 살 무렵, 아버지가 나를 세게 때려 한쪽으로 넘어졌습니다. 과연 어떤 일이 있었던 것인지 얘기해보겠습니다. 우리 집 옆에 빈 집이 하나 있었습니다. 집주인이 미국으로 이민을 가서 집이 비게 된 것입니다. 이 집 뜰에 무화과나무가 있었는데, 나무의 가지들이 길에 나와 있었습니다. 여름이라 무화과 열매들이 주렁주렁 열려 있었습니다. 나는 친구들과 그곳에서 놀고 있었는데, 한 이웃사람이 무화과 열매에 손이 닿지 않자, 나보고 그것을 좀 따보라며 나를 들어 올렸습니다. 그래서 대 여섯 개의 무화과 열매를 따서 주었더니, 내게 두 개를 주었습니다. 아버지가 이것을 알았을 때, 아주 화를 내며 나를 때렸습니다. 나는 울었습니다. 내 앞에 있던 어머니가 등을 돌리더니 아버지에게 "왜 아이를 때리나요? 얘가 무엇을 안단 말인가요? 아직 어린 아이에요. 어떻게 이 아이의 울음소리를 들을 수 있나요?"라고 말했습니다. 아버지는 "이웃 사람이 무화과 열매를 따기 위해 애를 들어 올렸을 때 울었다면, 지금 울지 않았을 거야. 그러나 이 아이도 무화과 열매를 먹고 싶어 했던 것 같아. 그러니 지금 울어 보아라."라고 말했습니다. 이런 일이 있은 후 어떻게 다시 이런 일을 할 수 있었겠습니까? 반면, 어머니는 내 짓궂은 장난들을 보면서 괴로워했지만, 기품이 있었습니다. 내가 그런 짓궂은 장난을 할 때, 어머니는 나를 괴롭히지 않으려고 얼굴을 다른 쪽으로 돌려, 나를 못 본 체 하였습니다. 어머니의 이러한 처신은 내 마음을 쓰라리게 했습니다. 나는 마음속으로 '어머니의 본보기를 보아라. 내가 짓궂은 장난을 했는데도 어머니는 나를 때리시기는커녕 오히려 못 본 것처럼 행동하신다. 다시는 이런 행동을 하지 말아야지. 어떻게 어머니를 또 괴롭게 해 드릴 수 있단 말인가?'라고 다짐했습니다. 어머니는 나를 때리기보다는 이러한 처신을 함으로써 나를 더 많이 도왔습니다. 그리고 나는 '지금 나를 보시지 않으므로, 짓궂은 장난을 할 거야.'라는 생각 따위로 어머니의 품성을 이용하려 하지 않았습니다. 그러나 아버지는 내가 짓궂은 장난을 할 때마다, 바로 매를 들었습니다. 부모님은 나를 사랑하였습니다. 그렇지만 내 잘못을 더 고치게 할 수 있었던 것은 어머니의 기품 있는 처신이었음을 알 수 있습니다.

- 수도사님, 그렇지만 어떤 아이들은 극성맞아 소리를 지르고 뛰어 다니면서 일을 저지릅니다. 부모들이 어떻게 매를 들지 않을 수 있습니까?

- 주의해서 들어보십시오. 이것은 아이들이 원인이 되지 않습니다. 아이들이 자연스럽게 자라기 위해선 뛰어놀 수 있는 마당이 필요합니다. 오늘날 가엾은 아이들은 아파트 속에 갇혀서 억압을 받고 있습니다. 자유롭게 뛰고 놀면서 만족해 할 수 없습니다. 자식이 극성맞을 때, 부모는 이를 걱정해서는 안 됩니다. 극성맞은 아이는 마음속에 힘을 가지고 있으므로, 이 힘을 잘 이용하면 인생에서 잘 성공할 수 있을 것입니다.

아이들에게 도움이 되지 않는 압박

어떤 부모들은 자식들에게 큰 압박을 가합니다. 그것도 다른 사람들 앞에서 말입니다. 아이들을 노새인양 생각하여, 회초리를 가지고 앞으로 똑바르게 나아가게 하려고 합니다. 손에 고삐를 쥐고서 "네가 원하는 대로 걸어가거라."라고 말합니다. 그 후 자식들 역시 부모를 때리는 상황에 닥치게 됩니다. 오늘 한 어머니가 아픈 자식을 데리고 왔습니다. 그녀는 "수도사님, 제가 어떻게 해야 합니까? 제 자식이 먹지도 않고 저희를 보려고 하지도 않습니다."라고 말했습니다. 나는 그녀에게 무엇을 해야 하는지 얘기했는데, 그녀는 다시 "지금 제가 어떻게 해야 합니까?"라고 물었습니다.

- *수도사님, 수도사님께서 무슨 말씀을 하셨는지 그녀가 못 알아들은 것이 아닌가요?*

- 알아듣지 못하다니? 당치도 않은 말입니다. 나는 그녀에게 말했습니다. "나는 한 시간도 당신과 같이 앉아 있을 수 없습니다. 아이가 어떻게 당신과 함께 머물 수 있겠습니까? 당신이 자식을 정신 나가게 만들었습니다." "아닙니다. 저는 자식을 사랑합니다." "자식이 당신 곁에서 마음의 평온함을 찾지 못하는데, 대체 어떻게 자식을 사랑하고 있단 말입니까? 자식이 다른 환경을 원하고 집에서 떠나고 싶어 합니다. 당신으로부터 멀리 떨어져 있을 때, 당신 자식은 정상적입니다. 당신들을 원치 않는 것으로 보아 역시 당신들에게 원인이 있는 것 같습니다. 긁어 부스럼을 만들지 마십시오. 당신이 자식에게 하고 있는 행동들로 그에게 상처가 나게 하고 있습니다. 인내를 가지고 자식에게 온화하게 대하십시오." 내가 이 모든 것을 말하고 났더니, 그녀는 내게 다시 물었습니다. "제가 어떻게 해야만 합니까? 제 자식이 저희를 원치 않습니다." 어떻게 이런 식으로 대화를 나눌 수 있겠습니까? 아이가 정상적임에도 불구하고, 부모는 아이를 바보 취급하고 있습니다. 이것은 해악입니다.

부모는 압박을 통해 아이들을 돕는 것이 아니라 질식시킵니다. 계속해서 "이것을 하지 마라. 저것을 하지 마라. 이것은 이렇게 해라."라고 말합니다. 고삐를 당기되 고삐가 끊어지지 않도록 해야 합니다. 아이들을 자제시키기 위해 주의해서 아이들을 관찰해야 하지만, 또한 부모와 자식 간에 세대 차이가 나지 않도록 해야 합니다. 좋은 정원사가 나무 한 그루를 심을 때 정성스럽게 나무를 대하는 것처럼 아이들을 정성으로 대하는 것이 좋습니다. 바람이 불어 나무가 이리저리 흔들릴 때, 나무가 휘거나 꺾이지 않도록 정원사는 막대기에 끈을 사용하여 나무를 살짝 묶습니다. 그리고 나서 나무가 자랄 때까지 나무 주위를 파서 물을 주고 보호하며, 염소들이 나무를 잘라 먹지 못하도록 차단막을 세워 보호합니다. 염소들이 나무의 꼭대기를 잘라먹으면 나무는 쓸모가 없게 되기 때문입니다. 꼭대기가 잘린 나무는 열매를 맺을 수 없으며, 그늘도 만들 수 없습니다. 나무에서 가지들이 자랄 때, 그때 정원사는 차단막과 막대기를 치웁니다. 그리하여 나무는 열매를 맺게 되고 그늘도 만들어 염소와 양들, 그리고 사람들이 쉴 수 있게 됩니다.

그러나 부모들은 자식들이 상처 받지 않도록 자식들을 부드럽게 묶어야 함에도 불구하고, 지나친 관심에 의해 자식들을 자주 철사로 묶으려고 합니다. 품위 있는 방법으로 아이들을 돕도록 노력해야 합니다. 품위 있는 방법은 아이들이 좋은 것을 필요에 의해 깨닫게 될 때까지, 아이들의 마음속에 판단력을 길러줍니다. 가능한 한 좋은 방법과 사랑, 아픔을 가지고 좋은 것을 아이들에게 설명하는 것이 좋습니다. 내가 기억하는 것으로서 한 어머니가 자식들이 말썽 피우는 것을 볼 때, 가슴이 아파 눈물을 글썽거리며 "애야, 하지 마라."라고 말하곤 하였습니다. 그리고 아이들이 삶에서 겪는 유혹들을 물리칠 수 있도록 그녀 자신을 본보기로 세우면서, 아이들이 기쁨으로 분투하고, 어려움 앞에 쉽게 당황하지 않고, 기도와 하느님에 대한 믿음을 가지고 어려움을 대처하도록 가르쳤습니다.

오늘날 어른 아이 할 것 없이 모든 사람들이 정신 병원에 있는 것처럼 살고 있습니다. 그래서 많은 인내와 기도가 필요합니다. 수많은 아이들이 뇌성 마비에 걸립니다. 부모들은 조금 고장이 난 시계에 시계 밥을 더 주어 태엽이 완전히 고장 나게 합니다.

분별력이 필요합니다. 태엽을 더 많이 필요로 하는 아이가 있는가 하면, 더 적게 필요로 하는 아이가 있습니다. 가엾은 아이들은 모든 것들에서 영향을 받습니다. 아이들은 밖에서 만나는 다양한 친구들로부터 "부모를 존경하지 마라. 아무도 존중하지 마라."라는 이야기를 들으며, 어머니가 자신들을 억압하려고 할 때 더 나쁘게 반항을 합니다.

그래서 나는 어머니들에게 아이들을 억압하지 말고, 기도에 전념하라고 말합니다. 사소한 것이나 부당한 것에 대해 아이에게 계속 "하지 마라, 하지 마라."라고 한다면, 중대한 일이 일어났을 때, 예를 들어 아이가 불에 휘발유를 부으러 갈 때와 같은 경우, 아무 말도 듣지 않고 행동으로 옮길 것입니다. 그리하여 큰 피해를 입을 수 있습니다. 아이는 "하지 마라."라는 단어에 사랑이 깃들어 있다는 것을 알지 못합니다. 또한 조금 자란 아이들은 이기주의적인 행동을 하고, 부모의 잔소리에 반항을 하는데, "나는 어린이인데 왜 나한테 이렇게 대하지?"라고 생각하기 때문입니다. 아이가 어렸을 때, 불에 데지 않게 하기 위해 부모가 아이를 보살폈습니다. 이 아이가 자란 지금은 다른 종류의 불이 있다는 것을 깨닫도록 부모가 가르쳐야 합니다. 그리하여 세례 때 받은 은총이 계속 머물도록, 악마에게 권한을 주지 않도록 주의해야 합니다.

부모의 무분별하게 지나친 사랑

- 수도사님, 한 어머니가 무분별한 사랑 때문에 자식에게 해를 끼칠 수 있습니까?

- 물론 그럴 수 있습니다. 예를 들어 아기가 걸음마 배우는 것을 어려워할 때, "가엾은 우리 아기, 걷지 못하는 것이 딱하구나!"라고 말하면서, 손을 잡고 좀 버틸 수 있게 하기는커녕 계속해서 안고 있습니다. 이렇게 하면 아기가 어떻게 혼자서 걸음마

를 배우겠습니까? 물론 사랑에 의해 이러는 것이지만 어머니의 지나친 관심이 오히려 아이에게 해를 끼치게 됩니다. 나는 한 아버지를 알고 있었는데, 그는 사관학교를 졸업한 자식을 손수 이발사에게 데려다주곤 하였습니다. "제 자식입니다. 이 아이 머리 좀 다듬어 주십시오. 얼마입니까? 몇 시에 데리러 오면 되나요?" 그는 이렇게 자식을 무능하게 만들었습니다.

사랑에는 분별력 있는 자제가 필요합니다. 실제적인 사랑은 헌신을 바탕으로 하고 있으므로, 이 사랑 속에 우리 자신들을 넣지 않으며 신중합니다. 여성들의 사랑이 물거품이 되지 않게 하려면 그들이 가진 많은 사랑에서 신중함이 절대적으로 필요합니다. 한번은 부모에 대해 한탄하던 청년이 칼리비에 왔습니다. 가엾은 부모는 자식을 돕고자 하는 마음이 있었지만 방법을 몰랐습니다. 그래서 청년은 부모님이 자신을 압박하고 사랑하지 않는다는 등의 불만을 토로했습니다. 나는 그에게 "잘 들어 보게. 어렸을 때 어머니가 자네에게 많은 옷을 입혔는데, 왜 그러셨을까? 자네가 춥지 않게 하려고 했을까? 아니면 더워 못 견디게 하려고 했을까? 이 행동은 많은 사랑에서 나온 것이라네."라고 말했습니다. 젊은이는 부모님이 자신을 얼마나 사랑했는지를 깨닫고 울었습니다. 어머니가 자식에게 도움이 되었든 되지 않았든 간에, 이 어머니에겐 많은 사랑이 있었습니다. 하지만 어머니가 그에게 대했던 방법이 그에게 반항을 유발했습니다.

필요할 경우, 어머니는 자식에게 엄하게 대해야 합니다. 아이가 괴로워할 것이라는 이유로 쉽게 아이 편을 들면 도움이 되지 않습니다. 소아시아의 아다나에 사는 한 과부에게 요한이라는 독자가 있었습니다. 아이가 좀 자랐을 때, 어머니는 자식에게 일을 가르치려고 그를 구두 만드는 가게로 데려갔습니다. 요한은 가게에서 일주일간 일을 하고 나서, 어머니에게 말했습니다. "어머니, 저는 일을 다 배워서 더 이상 가게에 갈 필요가 없어요." "언제다 배웠단 말이니?" "원하시면 어떻게 구두를 만드는지 보여드릴게요. 이렇게 가죽을 자르고, 가죽과 뒤축은 이렇게 놓고, 이 부분에 못질을 해요." 가게 주인은 아주 좋은 사람이었고, 요한이 아버지 없이 자랐기 때문에 그에게 기술을 잘 가르쳐주려 했습니다. 하지만 일주일이 지났는데도 요한이 나타나지 않자, 혹시 많이 아픈 건 아닐까 걱정되어 어머니를 찾아 갔습니다. "무슨 일이 있기에 요한이 가게에 오지 않았습니까? 몸이 아픈가요?" "아니에요. 잘 있습니다." "그러면 왜 일하러 오지 않았나요?" "무엇을 하러 가게에 가겠습니까? 요한은 일을 다 배웠습니다." "어떻게 며칠 안에 일을 다 배웠단 말인가요?" "가죽을 구두의 골에 놓고 못질을 한 다음 뒤축을 놓으면 구두가 만들어집니다. 이것이 전부입니다." 주인은 웃더니 인사를 한 다음 떠나갔습니다. 주인이 가게로 돌아왔을 때, 다른 직공들이 물었습니다. "사장님, 요한은 어떻습니까?" "아주 잘 있다네. 요한만 일을 배운 것이 아니라, 그의 어머니까지도 일을 배웠다네."

나는 이러한 태도를 많은 부모들로부터 봅니다. 부모들은 자식들을 사랑한다고 생각합니다. 그러나 부모들이 자식들에게 대하는 방법으로 자식들을 망쳐 놓습니다. 다음을 가정해 봅시다. 한 어머니가 지나친 사랑에 의해 자식을 포옹하면서 "이 세상에 내 자식 같은 아이가 또 있을까!"라고 말합니다. 그때 자식에게 교만을 심어주게 되어, 아이는 자기 자신에 대한 병적인 확신을 갖게 됩니다. 그 후 자식은 모든 것을 알고 있다고 믿기 때문에, 부모에게 순종하지 않게 됩니다.

부모는 아이들이 어릴 적부터 자기 자신에 대해 책임을 질 수 있도록 도와야 합니다. 가정에서 아이가 할 수 있는 일을 하는 것이 좋고, 모든 것이 준비되어 있기를 원치 않도록 하는 것이 좋습니다. 그렇지 않으면 성장해서 어려움을 겪을 것입니다. 한 대장장이가 열심히 일을 하여 자식들을 키웠습니다. 자식들은 하루 종일 동네를 이리저리 돌아다니곤 하였습니다. 그들은 결혼을 하였지만, 모든 것을 아버지로부터 기다렸습니다. 아버지가 이제 그들 스스로가 각자의 가정을 돌보아야 할 때가 왔다고 말하자, 자식들은 "아버님, 어렸을 땐 아무 것도 하지 못하게 하시더니, 저희가 자라 책임을 갖게 된 지금, 저희를 보살피지 않으시겠단 말씀이신가요?"라고 말했습니다.

재산의 분배

경제적으로 여유가 있는 부모들은 자식들의 미래를 돌봐야 할 책임이 있습니다. 당연히 가장 중요한 것은 자식들이 앞으로 잘 살 수 있도록 올바른 가정교육을 시키는 것이며, 그러고 나서 대학교를 보내거나 기술을 가르쳐 집과 그 외의 것들을 보장할 수 있도록 해야 합니다. 1924년 우리 가족이 강제 인구 교체로 카파도키아에 있는 파라사를 떠나 그리스로 왔을 때, 아버지는 마을의 회장으로서 먼저 동네 사람들을 보살폈습니다. 그러고 나서 마지막으로 가족을 보살폈습니다. 후에 형들은 아버지에게 불평을 털어 놓았습니다. 그들은 "아버님, 아버님께서는 모든 사람들을 보살피시면서, 저희에 대해 생각하지 않으셨습니다."라고 말했습니다. 누군가가 혼자라면, 모든 것을 줄 수 있고 자기희생과 기품에 의하여 자신에 대해 무관심할 수 있지만, 가정이 있는 경우엔 가정을 역시 생각해야 합니다.

물론 부모는 자식들에게 너무 많은 용기를 주어서는 안 되며, 가지고 있는 모든 것을 다 주어서도 안 됩니다. 아이들은 경험이 없고, 걷잡을 수 없는 현 시대의 세파 속에서는 낭비할 수 있기 때문입니다. 그러고 나서 더 이상 도와줄 수 없는 것에 대하여 가슴 아파할 것입니다. 가정에서 가장 나약한 자식이 실패에 대한 불안 때문에 잘못된 행동을 저지르지 않도록, 이 아이를 물질적으로나 도덕적으로 더 많이 도와주면서도 주의해야 합니다. 또한 자식들 간의 사이가 서먹서먹해지지 않도록, 분별력과 사랑을 가지고 모든 자식들이 잘 자리 잡을 수 있도록 주의해야 합니다.

   형제들 사이에 재산 문제로 싸우거나 법원으로 가지 않고 영적으로 살아가는, 사랑과 조화가 숨 쉬는 가정을 가끔씩 볼 수 있습니다. 나는 자식이 일곱 명 있는 가족을 알게 되었습니다. 부모는 금은보석을 많이 가지고 있었습니다. 부모가 세상을 떠나자 자식들은 부모를 모셨던 자식에게 금은보석을 가져가라고 하였습니다. 하지만 그 자식은 대가족을 가지고 있는 여동생에게 재산이 더 필요할 것이라 생각하여 여동생에게 금은보석을 주었습니다. 그녀는 그것을 다른 동생에게 주었고, 동생은 그것을 다른 형제에게 주어, 결국 금은보석은 부모를 모셨던 자식에게로 다시 돌아갔습니다. 이것은 우리들이 읽고 있는 교부들에 관한 책5에 나오는 수도사들의 행동과 똑같습니다. 나중에 그는 그것을 갖기를 원치 않았기 때문에, 어느 교회에 전달했습니다.

---

5 언젠가 사람들은 아바스 마카리오스에게 포도를 가져갔다. 그는 포도를 좋아하였지만, 절제를 하며 포도를 먹고 싶어 하는 어느 아픈 수도사에게 보냈다. 이 수도사는 포도를 보자마자 매우 기뻐하였다. 그러나 그는 자신의 바람을 충족시키지 않으려고 그것을 다른 수도사에게 보냈고, 다른 수도사는 그것을 먹을 만한 식욕이 없다고 말하면서 포도를 또 다른 수도사에게 보내어, 포도는 아무의 입에도 들어가지 않은 채 많은 수도사들의 손을 거치게 되었다. 마지막 수도사는 이 포도가 아바스 마카리오스로부터 왔다는 것을 모른 채, 이 포도를 아바스 마카리오스에게 큰 선물로 보내었고 이 사연을 알게 된 아바스 마카리오스는 수도사들의 절제에 대하여 감탄하였다.

3부

아이들과 그들의 의무

"부모의 축복은 자식들에게 있어
가장 큰 상속입니다.
그래서 부모의 축복을 받을 수 있도록
하는 것이 좋습니다."

1장

아이들, 그들의 기쁨과 어려움들

어린 아이들

— 수도사님, 저는 아기들이 성찬예배 중에 가끔씩 미소 짓는 것을 눈여겨보았습니다.

— 성찬예배에서만 그러는 것은 아닙니다. 아기는 걱정거리가 없으므로 하느님과 계속해서 접촉을 갖습니다. 그리스도께서 어린 아이들에 대하여 무슨 말씀을 하셨습니까? "하늘에 있는 그들의 천사들이 하늘에 계신 내 아버지를 항상 모시고 있다는 것을 알아 두어라."[1] 어린 아이들은 하느님과 또 그들 곁에 계속 머무는 그들의 수호천사들과 접촉을 합니다. 자다가 웃을 때도 있고 울 때도 있는데, 이는 여러 가지를 보기 때문입니다. 그들은 수호천사를 보고서 함께 놀기도 합니다. 다시 말해서 수호천사가 아이들을 쓰다듬거나, 아이들과 장난을 하거나, 아이들의 손을 흔들어 어린 아이들이 웃게 됩니다. 다른 경우로 유혹의 장면을 보면서 울기도 합니다.

---

[1] 마태오 18:10.

- *왜 유혹이 어린 아이들에게 갑니까?*
- 이것은 어린 아이들이 어머니에 대한 필요를 느끼게 하는 데 도움이 됩니다. 이러한 두려움이 없었다면, 어머니의 포옹을 찾을 필요가 없었을 것입니다. 하느님께서는 좋은 것을 위해 모든 것들을 허락하십니다.
- *어릴 적에 보는 것들을 크면서 다 기억을 합니까?*
- 아닙니다. 잊어버립니다. 아이가 얼마만큼 천사를 보았는지 기억을 한다면, 교만에 빠졌을 것입니다. 그래서 자라면서 그것을 잊어버립니다. 하느님께서는 지혜를 가지고 일을 하십니다.
- *세례 받은 후에도 이러한 것들을 봅니까?*
- 물론 세례 후에도 봅니다.
- *수도사님, 세례를 받지 않은 어린 아이가 성 유해에 경배할 수 있습니까?*
- 경배하지 못할 이유가 있습니까? 성 유해로 아이에게 성호를 그을 수 있습니다. 오늘 한 어린 아이를 보았는데, 이 아이는 천사와 같았습니다. 나는 아이에게 "네 날개가 어디 있니?"라고 물었는데, 아이는 무슨 말을 해야 할지 몰랐습니다. 칼리비에 봄이 와서 꽃들이 피면, 나는 철조망 가까이에 있는 너도밤나무 가지들 위에 사탕을 매달아 놓습니다. 그리고 이곳에 오는 어린 아이들에게 "얘들아, 너도밤나무로 가서 그 위에 있는 사탕을 자르렴. 비가 오면 녹아서 없어질 거야."라고 말합니다. 몇몇 영리한 어린이들은 내가 사탕을 미리 나무에 매달아놓은 것을 알고 웃지만, 대부분의 어린이들은 진짜처럼 믿고, 또 어떤 어린이들은 의아하게 생각합니다.

어린이들을 보호하는 수호천사

- 수도사님, 하느님께서는 하느님 당신이 우리 인간들을 보호

하실 수 있음에도 불구하고, 왜 사람들 각자에게 수호천사를 보내주십니까?

- 이것은 창조물에 대한 하느님의 각별한 배려입니다. 수호천사는 우리들에 대한 하느님의 선처입니다. 이에 대해 우리는 빚을 지고 있습니다. 천사들은 특별히 어린 아이들을 보호합니다. 얼마나 어린이들을 보호하는지 모릅니다. 한번은 두 어린이들이 밖에서 놀고 있었습니다. 두 명 중에 한 아이가 돌멩이로 다른 어린이의 머리를 치려고 겨냥하고 있었습니다. 다른 어린이는 겨냥하고 있던 아이를 보지 못하였습니다. 마지막 순간 천사가 다른 아이에게 무엇인가를 보도록 한 것 같은데, 아이가 다른 쪽으로 뛰어가는 바람에 아무런 일이 없게 되었습니다. 또 한번은 한 어머니가 아기를 데리고 밭에 갔습니다. 아기에게 젖을 먹인 뒤 누여 놓고는 일을 하러 갔습니다. 조금 후에 어머니가 아기에게 돌아왔을 때, 무엇을 본 줄 아십니까? 아기가 뱀을 잡고서 뱀을 쳐다보고 있었습니다. 우유를 먹여서, 우유가 아기의 입 주위에 묻어 있었던 것입니다. 그래서 뱀이 아기에게 다가가서 아기 입 주위에 있던 우유를 빨고 있었고, 아기는 손으로 뱀을 잡고 있었습니다. 어머니가 소리를 지르자, 아기가 겁에 질려 손을 벌렸고 그러자 뱀이 떠나갔습니다. 하느님께서는 아이들을 보호하십니다.

- *수도사님, 그러면 왜 많은 아이들이 병과 그 외의 것들에 시달립니까?*

- 하느님께서는 사람 각자에게 무엇이 이득이 되는지 알고 계시므로, 경우에 따라 알맞게 주십니다. 이득이 되지 않는 것을 사람에게 주시지 않습니다. 예를 들어 우리가 다치지 않거나 불구로 살아가지 않도록 우리를 보호하시는 것이 결점을 주시거나 병을 주시는 것보다 더 이득이 될 것인지 아닌지를 보십니다.

세례

- 수도사님, 한 어머니가 임신 5개월에 자연 유산을 하여 괴로워하고 있습니다.

- 어머니 자신이 죽음의 원인이 되지 않은 이상, 하느님의 자비하심에 믿음을 갖는 것이 좋습니다. 하느님께서는 이런 아픔을 겪은 모든 어린이들에 대하여 또한 생각하고 계십니다.

- 수도사님, 제 동생이 태어난 지 몇 시간 후에 죽어, 세례를 받게 할 시간이 없었다고 합니다. 저는 어머니에게 영적 신부님께 말씀드리라고 했습니다.

- 어머니는 아기가 세례를 받기를 원했지만 그럴 시간이 없던 것이므로 괜찮습니다. 다른 여인들은 임신 중절을 하여 아이들을 죽입니다. 우리들은 하느님의 심판이 어떤지 모릅니다. 부모의 태만에 의해 아이가 세례를 받지 않은 채 죽었다면 이 죄는 매우 컸을 것입니다.

- 수도사님, 하느님께서는 사람들의 믿음과 회개에 도움이 되도록, 죽은 친척들을 꿈에서 보게 하시고 그들과 대화를 나누게 하십니까?

- 네, 내가 여러분들에게 한 실례에 대하여 말하지 않았습니까? 아토스 성산의 한 수도사는 불가리아 어느 마을 출신이었는데, 그 지역의 많은 사람들이 세례를 받지 않았었습니다. 그는 내게 이런 이야기를 들려주었습니다. 그가 아직 세례를 받지 않은 속세의 사람이었을 때, 그 얼마 전에 죽은 어린 조카를 꿈속에서 보았는데 아이가 매우 아름다운 정원 밖에서 울고 있었답니다. 반면 다른 많은 아이들은 정원 안에서 즐겁게 놀고 있었습니다. 그는 조카에게 물었습니다. "너는 왜 정원에 들어가지 않니?" "어떻게 제가 안으로 들어갈 수 있겠어요? 저는 세례를 받지 않았어요."라고 조카가 대답하였답니다. 이 일이 있은 후, 그는 곧

세례를 받으러 갔고, 꿈에서 본 것을 수도사에게 말했습니다. 하느님께서는 이러한 방법으로, 다른 사람들로 하여금 세례가 어떠한 가치가 있는지 깨닫도록 선처하셨습니다. 그 후 그 마을의 어린이들이 세례를 받기 시작했습니다.

고아들

- *수도사님, 어린 아이들은 부친이 돌아가면 부친의 시신을 보아야 합니까?*
- 보지 않는 것이 더 좋습니다. 어른에게조차 가족의 죽음에 대하여 조심스럽게 알리려고 하는데, 어린 아이들에겐 더 조심해야 하지 않겠습니까?
- *몇 살까지 보지 말아야 하나요?*
- 어떤 아이인가에 따라서 다릅니다.
- *묘지에는 가도 되나요?*
- 네, 묘지에는 가도 괜찮습니다. 아이들에게 "아버님은 이곳에서 하늘나라로 가셨단다. 너희들이 얌전히 잘 지내면, 아버님께서 너희들을 보시기 위해 하늘나라로부터 오실 거란다."라고 말해도 됩니다. 내가 기억하는 것으로, 우리 할머니가 돌아가셨을 때, 내가 장례식을 보지 못하고 할머니가 돌아 가셨다는 것을 알지 못하도록, 어른들은 나를 친한 이웃집에 데려다 놓았습니다. 사람들은 내게 장난을 치며 즐겁게 해주었습니다. 나는 웃고 있었는데, 다른 사람들은 울고 있었습니다. 집에 돌아 와서, "할머니는 어디 계세요?"라고 물었더니, 사람들은 "할머니는 돌아오실 거야."라고 대답했습니다. 나는 할머니를 기다렸습니다. 세월이 흐른 다음에야, 할머니가 돌아가셨다는 것을 알게 되었습니다. 사랑했던 사람이 세상을 떠난 모습을 보는 것은 아이들에게 도움이 되지 않습니다.

- *수도사님, 어린 아이들은 어머니가 세상을 떠날 때, 매우 가슴 아파합니다.*

- 아이들은 아버지를 잃을 때보다 어머니를 잃을 때 더 마음 아파합니다. 어머니가 먼저 세상을 떠나 아버지가 어머니 역할을 하는 일은 매우 드뭅니다. 그러나 이 아이들은 천국에서 위로를 받을 것입니다. 나는 부모의 사랑을 받지 못한 아이들에게 하느님의 보살핌과 자비가 내리기를 빕니다. 왜냐하면 이 세상에서부터 하느님을 그들의 아버지로 만들었고, 부모로부터 받지 못한 사랑을 또한 하느님의 은행에 저축을 하였기 때문입니다. 이 저축엔 이자가 붙습니다.

그러나 또한 이 세상에서도 선하신 하느님께서 고아들을 도와주실 것입니다. 하느님께서 부모들을 데려가시는 순간부터, 어떤 면에 있어서 하느님께서는 이들의 아이들을 보호하셔야 하는 의무가 있으시기 때문입니다. 다윗이 뭐라고 말합니까? "주, 나그네를 보살피시고, 고아와 과부들을 붙들어 주시나 악인들의 길은 멸망으로 이끄신다."[2] 하느님께서는 당연히 고아들을 더 많이 사랑하시며, 그들에 대하여 더 많이 걱정하십니다. 이 세상에서 하느님께서는 부모가 있는 다른 아이들이 가지고 있는 것보다 더 많은 권한을 고아들에게 주십니다. 고아가 선행에 신경을 쓰면, 굉장히 발전할 수 있습니다. 그러나 "나는 고생을 많이 했어. 그래서 나는 이제 다른 사람들을 고생시킬 거야."라고 말한다면, 그는 자신을 망치게 됩니다.

- *수도사님, 고아는 일생 동안 반갑지 않은 결과들을 초래하게 되나요?*

- 이게 무슨 말입니까? 고아들은 좀 부끄러움이 많고 내성적이고 자신감이 없을 수 있습니다. 애정에 충만한 아이들에게 있는

---

[2] 시편 146:9.

활기가 부족합니다. 그러나 이 부끄러움은 삶에 도움을 주는 브레이크이며, 동시에 하늘나라에 저축을 하게 합니다. 이 내성적인 것을 하느님께서 보시지 않는다고 생각하십니까? 나중에 하느님께서 고아들이 자리 잡는 것을 살펴주시지 않으시겠습니까? 그래서 고아, 특히 어머니가 없는 고아가 먼저 따뜻함을 느끼고 용기를 얻어 마음을 열 때까지, 우리는 아픔과 애정 어린 마음으로 고아를 대해야 합니다. 또한 성실함이 있는 고아가 감사하는 마음에 대하여 보답을 하려 노력하면서도 과로에 지치지 않도록, 그의 큰 열의가 지나친 의욕으로 번지지 않게 조절해주어야 합니다. 카파도키아의 아르세니오스 성인은 부모님 없이 고아로 자랐습니다. 그분이 고아라는 신세를 영적으로 그리고 용기로 대처하지 않았다면, 많은 고통을 당하고 심리적인 문제들을 갖게 되었을 것입니다. 그러나 그분께는 어떤 용기가 있었습니까? 어떠한 투쟁을 하였습니까? 내게 인상적이었던 것은 그분의 성 유해가 솜과 같았고, 스펀지와 같았던 것입니다. 성 유해를 이장할 때 나는 가슴뼈와 등뼈들을 좀 만지게 되었는데, 만지자마자 바로 부서졌습니다. 단지 등뼈 두 개와 엉덩이뼈, 정강이뼈만이 좀 단단했을 뿐입니다. 그렇게도 허약했는데, 어떻게 그렇게도 많은 도보 여행을 했단 말입니까? 그분은 하늘을 나는 것처럼 걸었습니다. 여기서 하느님께서 그분에게 주셨던 인간의 경지를 초월한 힘을 볼 수 있습니다. 고아들이 성장할 때, 그리스도께서 그들을 장애에 부딪치게 하시겠습니까?

청소년기까지 아이들에게 필요한 보살핌

영혼을 스트레스로 채우고, 하느님으로부터 영혼을 영원히 멀어지게 하는 세속적인 삶의 달콤한 비탈길로 미끄러지지 않기 위해, 아이들 특히 사춘기의 위험한 나이에 있는 아이들은 충고를 큰 필요성으로서 항상 느껴야 합니다. 순종의 의미를 깨달아야 합니다. 기꺼이 순종하고 영적인 면에서 자유자재로 움직일 수 있을 때까지, 부모에게 하는 순종 속에 그들의 유익이 숨겨져 있다는 것을 깨달아야 합니다.

어린 아이의 자유를 우리가 어떻게 제한해야 하는지 아십니까? 태아는 9개월 동안 어머니의 배 속에 있습니다. 신생아를 어린이 침대에 눕히고, 후에 5-6개월이 지나면 칸막이가 있는 작은 침대에 눕힙니다. 더 자라면 계단에서 넘어져 다치지 않도록, 어린 아이를 혼자 밖에 내버려두지 않습니다. 어린 아이를 그냥 내버려두면 떨어져 죽을 것입니다.

아이가 안전하게 자라는 데 있어 위의 모든 것들은 절대적입니다. 이것이 아이에게서 자유를 빼앗는 것처럼 보이지만, 위와 같은 것들을 염두에 두지 않으면, 첫 순간부터 죽을 위험에 처할 것입니다. 그러나 아이들은 한계가 필요하다는 것을 어릴 적에 깨닫지 못하며, 커서조차 다른 종류의 한계가 필요하다는 것을 깨닫지 못합니다. 그래서 자유를 요구합니다. 이것이 무슨 자유란 말입니까? 쓸모없는 인간이 되기 위한 자유란 말입니까? 이러한 자유로 파멸에 이르게 됩니다. 공부를 하여 대학교를 졸업하고 성숙하게 되기까지, 올바른 사람들이 되기 위해 제한이 필요하다는 것을 깨달아야 합니다. 왜냐하면 도덕적으로 한 번 파멸하면, 인생을 망치게 되기 때문입니다. 제한을 필수적인 것으로 또 하느님의 축복으로 느낄 수 있도록 해야 합니다. 부모가 자식들에게 한정하는 제한에 대하여 자식들은 감사를 느껴야 합니다. 이것이 사랑에 의한 행동이라는 것을 알아야 합니다. 부모가 자식에게 야만인처럼 대했을 지라도 악의를 가지고 한정하는 아버지와 어머니는 없습니다. 부모가 자식들을 조금 더 강요하는 경우라면 이 속엔 부모의 많은 사랑이 숨겨져 있습니다. 자식들이 더 조심하도록 하고 위험에 빠지지 않도록 하기 위해, 부모들은 좋은 의도에서 자식들을 제한합니다. 나무 심는 사람은 나무의 더 큰 안전을 위해 나무를 철사로 조여 나무에 상처가 좀 나게 할 수 있습니다. 그러나 나무껍질에 상처가 날 때, 선하신 하느님께서는 상처를 아물게 하십니다. 하느님께서 나무의 상처조차 아물게 하시는데, 그분의 창조물인 사람들은 얼마나 더 많이 보호하시겠습니까? 다시 말해서 부모가 자식을 좀 더 조여 자식이 상처를 받았다면, 하느님께서 자식의 상처를 아물게 하시지 않겠습니까?

아이들은 부모와 대화를 나누어야 하며 자신의 생각을 부모에게 말해야 합니다. 수도원의 수도사가 스승 수도사에게 자신의 생각을 말하여 도움을 받는 것처럼, 아이 역시 부모에게 이야기할 필요가 있습니다. 정상적인 경우, 아이는 먼저 어머니에게 자신의 문제에 대해 말하고 그러고 나서 영적 사제에게 고백해야 합니다. 아이가 다리를 다치면 치료받기 위해 부모가 아이와 함께 병원에 가는 것처럼, 아이를 돕기 위해 부모는 아이에게 무슨 문제가 있는지 알아야 하기 때문입니다. 아이가 문젯거리를 단지 사제에게만 말하면, 부모는 아이가 무슨 일에 신경을 쓰고 있는지 모르는데 어떻게 도울 수 있겠습니까?

학업에 대한 아이들의 어려움

판단력이 뛰어나고 영리한 아이들은 문제가 생겼을 때 때때로 고심합니다. 모든 것을 머리로 해결하려고 하며, 자신의 힘을 벗어나는 일들을 하려 합니다. 머리가 좋지만 브레이크를 걸 줄 모릅니다. 자신을 시험하는데, 얼마나 참을 수 있고 얼마나 고생할 수 있는지 알아보려는 것 같이 보입니다. 겸손하게 행동한다면 판단력은 그들이 앞으로 나아가도록 도울 것입니다. 이런 아이들만큼 판단력이 뛰어나지 않고 그렇게 영리하지 않은 아이들은 이런 문제도 없으며, 좋은 의미에서 문제를 야기하지도 않습니다.

　얼마나 많은 대학생들이 공부를 많이 하여 잘 알고 있는데도, 시험을 잘 치를 수 없을 것이라 겁을 먹고 시험장에 가지 않는지 모릅니다. 모든 것들을 해내는데도, 우유부단에 의해 자신들 스스로 도가 지나친 상황을 만들어냅니다. 그러나 "시험을 잘 볼 수 있도록 기도해 주세요. 저 혼자 힘으로는 시험을 잘 치를 수 없지만, 수도사님의 기도로 저는 노력을 할 것입니다."라고 겸손하게 말한다면, 하느님의 은총과 거룩한 지혜를 받아들이게 될 것입니다. 또한 시험을 보기 전에 수호성인에게 기도를 하면, 그 성인은 그들이 가진 믿음과 경건함에 따라 그들을 도울 것입니다.

2장

부모에 대한 자식들의 존경심과 사랑

부모와 어른들에 대한 아이들의 존경심

가정에서 어린 사람들은 부모와 어른들을 존경해야 합니다. 어른에 대한 존경심, 순종 그리고 감사하는 마음을 잊지 말고 느껴야 합니다. 어른들 역시 나이 어린 이들을 사랑하고 돕고 보호하는 것이 좋습니다. 아이가 어른을 존경하고 어른이 아이를 사랑으로 대할 때, 포근하고 가정적인 분위기가 형성됩니다. 우리 아버지는 "큰형에게 순종해라."라고 말하곤 하였습니다. 아버지가 우리 모두를 사랑한다는 것을 알고 있었기 때문에, 우리는 아버지 앞에선 더 용기 있게 행동할 수 있었습니다. 하지만 큰형에겐 그러한 사랑이 없었기에 우리는 큰형을 어려워하였고 그래서 큰형에게 더 많이 순종하였습니다.

부부 간에 존경심이 있을 때 그리고 자식들이 부모를 존경할 때, 가정에서의 삶은 평온하며 모든 것이 잘 풀려 나갑니다.

결혼한 자식들의 부모에 대한 사랑

선하신 하느님께서는, 남성과 여성이 각자의 부모의 곁조차 떠나게 하는 그러한 사랑으로 부부가 결합되도록 섭리하셨습니다. 이러한 사랑이 없었다면 부부는 가정을 꾸밀 수 없었을 것입니다. 부모의 목적은 자식들의 결혼 후에 끝이 납니다. 결혼 후 자식들은 부모님에 대해 필요한 만큼, 계속해서 부모님을 많이 존경하고 사랑해야 할 의무가 있습니다. 이는 부모님을 사랑하지 말라는 뜻이 아닙니다. 먼저 부부 간에 충만한 사랑을 쌓은 후, 부모님을 사랑하라는 뜻입니다. 부부 사이의 충만한 사랑을 통해 부모님에게도 넘쳐흐르는 사랑, 존경심 그리고 감사하는 마음을 가질 수 있도록, 부부는 서로 간에 그렇게도 많이 사랑해야 합니다. 사위가 장인 장모를 보살피고 며느리가 시부모를 보살피기 위해, 부부의 사랑은 가능한 한 더 많이 고귀해져야 합니다.

남편이 자신의 어머니보다, 사랑하는 친척들보다 아내를 더 사랑하는 것은 가정의 조화에 많은 도움을 줍니다. 부모에 대한 남편의 사랑은 아내를 통해서 전해지는 것이 좋습니다. 물론 아내 역시 남편처럼 똑같이 해야 합니다.

아내가 친정어머니를 지나치게 사랑하고 남편이 자신의 어머니를 지나치게 사랑해서, 결혼 초기에 문제가 있었던 부부들을 나는 알고 있습니다. 이것은 그들이 가진 부모의 은혜에 감사하는 마음에서 시작합니다. 다시 말해서 그들이 어머니에 대해 감사하는 마음을 많이 느끼기 때문입니다. 그렇지만 부부가 결합되고 나면, 천천히 문제가 없어질 것입니다. 갓 결혼한 부부가, 어머니가 자식에게 주는 것처럼 지극하고 애틋한 마음으로 갑자기 서로를 깊이 사랑하게 되었다면, 이는 오히려 자연스러운 것이 아닐 수 있습니다. 남녀 간의 사랑은 천천히 깊어지게 됩니다.

남편이 부모를 존경하는 것은 남편의 명예이며, 며느리가 시어머니를 존경하고 사랑하는 것은 며느리의 명예입니다. 시어머니가 남편을 낳아 길렀기에 지금 며느리가 기쁨을 느낄 수 있는 것이기 때문입니다. 이 모든 것들은 그들 자식들 마음속에 소리 없이 새겨집니다.

어머니는 먼저 아들이 자신에게 보였던 사랑으로 큰 안정을 찾았기 때문에, 아들을 결혼시킬 때 질투를 느끼는데, 이것은 어린 아이가 엄마 품에 안겨 있는 동생을 보고 질투하는 것과 같습니다. 노인들은 다시 아이들처럼 됩니다. 다시 말해서 어떤 면에 있어서 질투를 합니다. 젊어서 정신적인 약점들을 고치지 않으면, 나이가 드는 만큼 의지는 약해지고, 정신적인 약점들이 더 많이 증가하는 것을 볼 수 있습니다. 그렇지만 며느리는 질투하는 것을 오해해서는 안 됩니다. 게다가 며느리가 연로한 시어머니를 보살펴야 한다면, 시어머니를 보살피는 정성에서 오는 대가를 잃지 않기 위해, 좀 참는 것이 좋습니다. 지금 참으면서 시어머니를 보살핀다면, 차후 고생이 끝났을 때 그녀가 시어머니에게 했던 정성에 대해 기쁨을 느끼게 될 것입니다.

물론 시어머니 역시 며느리를 딸처럼 사랑해야 합니다. 우리 친할머니는 우리 어머니를 아버지보다 더 사랑하셨습니다. 우리 형제들이 결혼할 때 이웃 여인들은 어머니에게 "며느리들이 들어올 지금 당신이 어떻게 할지 두고 봅시다."라고 말하곤 하였는데, 그럴 때마다 어머니는 "무슨 말씀이세요? 저희 시어머니는 친딸보다도 저를 더 많이 사랑하고 계세요. 저 역시 제 며느리들을 사랑하지 못할 이유가 어디 있겠어요?"라고 대답하곤 하였습니다. 정말이지 어머니도 며느리들을 친딸처럼 사랑하셨습니다.

사람을 겸손하게 만드는 늘그막

사람이 인생의 늘그막에 얼마나 겸손해지는지 모릅니다. 노인들은 천천히 힘을 잃어 늙은 독수리를 닮게 됩니다. 독수리가 늙으면, 날개깃이 빠져 날개는 부서진 빗과 같아집니다. 주님께서도 "정말 잘 들어 두어라. 네가 젊었을 때에는 제 손으로 띠를 띠고 마음대로 돌아다닐 수 있었다. 그러나 이제 나이를 먹으면 그 때는 팔을 벌리고 남이 와서 허리를 묶어 네가 원하지 않는 곳으로 끌고 갈 것이다."[1]라고 말씀하셨습니다.

우리 아버지 역시 나이가 많이 들었을 때 파리 한 마리에 의해 겸손해졌습니다. 어느 날 우리 누나가 눈물을 흘리고 있던 아버지를 보면서 "아버지 무슨 일이세요? 혹시 손자들이 아버지를 속상하게 했나요?"라고 물었습니다. 아버지는 "아니야, 아니야. 사람이 무엇이란 말이냐. 파리채로 파리를 잡으려고 했는데 결국 잡지 못했어. 파리를 잡으려고 이렇게 하면 파리는 이쪽으로 날아가 버렸고, 저렇게 하면, 저쪽으로 날아가 버렸어. 젊었을 때 나는 살아있는 터키인 게릴라를 정확하게 겨냥했었어. 꼼짝 못하게 되어 그들은 항복 할 수밖에 없었지. 열여섯 살엔 사자를 겨냥해서 상처 입은 사자와 다투었지. 그러나 지금은 파리 한 마리도 잡을 수가 없게 되다니, 어찌 이럴 수가 있는지! 인간은 무용지물이야."라고 말했습니다. 가엾은 아버지는 인생에서 아무 것도 하지 않은 것처럼 자신을 무용지물로 여겼습니다.

노인들을 보살핌으로부터 받는 대가

세상이 어떻게 이렇게 될 수 있단 말입니까? 소아시아의 파라사와 그리스의 이피로스에선 동물까지도 보살폈습니다. 노새들뿐만 아니라 잡아먹을 수 있는 동물들이 있었음에도 도살하지 않았습니다. 이를테면 소로 밭을 갈아 농사를 지었기에 소를 보살피

---

[1] 요한 21:18

고 위했으며, 늙은 소는 특히 더 보살폈습니다. 그러면서 "짐승들의 도움으로 우리가 살 수 있었습니다."라고 말하곤 했습니다. 다시 말해서 들에서 열심히 일했던 동물들은 그들의 늘그막을 잘 지냈던 것입니다. 그 당시 사람들에겐 현 시대 사람들에게 있는 편리한 것들이 없었지만 정성과 열성을 다해 일했습니다. 사람들은 가엾은 늙은 소에게 이집트 콩을 먹이려고, 맷돌을 사용해 콩을 잘게 만들어야 했습니다. 그렇지만 현대인들은 이러한 것들로부터 멀어져 노인들을 보살피지 않는데, 어떻게 늙은 동물들을 돌보겠습니까?

누군가 내게 어느 연로한 수도사를 보살펴달라고 부탁해 내가 그분을 보살폈던 때가 있는데, 그때처럼 내 인생에 있어 좋게 느껴본 적이 없습니다. 노인을 보살피는 것엔 큰 보답이 있습니다. 아토스 성산에 악령이 심하게 들린 예비 수도사에 관한 이야기를 나는 기억합니다. 수도원은 예비 수도사에게 연로한 수도사 여섯 분을 보살피도록 하였습니다. 그 시대의 사정은 어려웠고, 쉬운 일이란 없었습니다. 가엾은 예비 수도사는 옷가지를 걸은 막대기를 어깨에 메고, 멀리 떨어져 있는 구유 모양의 빨래터로 가서 잿물에 옷들을 빨았습니다. 세월이 좀 흐른 뒤 악마가 그로부터 떠나 그는 수도사가 되었습니다. 악마가 떠난 이유는 그가 자신을 희생하였을 뿐만 아니라, 연로한 수도사들이 그를 축복해 주었기 때문이었습니다.

많은 부부들이 그들이 모시고 있는 할아버지와 할머니의 이상한 행동과 불평불만 때문에, 가정에서 부딪치는 어려움에 대하여 만족하지 못합니다. 자신들이 어렸을 때 했던 철없는 행동이나 불평, 이상한 점들을 잊어버립니다. 울음과 철없는 행동으로 부모를 걱정하게 만들었던 것을 잊어버립니다. 그래서 하느님께서는 어떤 면에서 부부들이 어렸을 때 했던 철없는 행동을 좀 갚도록, 이 같은 어려움을 허락하십니다. 이제는 부부가 어렸을 적

부모님들이 그들에게 보여주었던 희생에 감사하는 마음을 가지고 연로한 부모님늘을 모시고 보살펴야할 차례입니다. 부모에 대해 이 같은 빚을 느끼지 않는 사람들은 옳지 않은 사람으로 그리고 배은망덕한 사람으로 하느님으로부터 비판 받을 것입니다.

많은 사람들이 겪는 고통들은 때때로 자식들에게 유감을 갖고 있는 그들의 부모들로부터 오는 경우가 있음을 나는 봅니다. 할아버지와 할머니를 보살피지 않기 때문에, 많은 가정이 어려움에 시달립니다. 가엾은 할머니나 할아버지를 양로원으로 보내 그들을 멀리할 때, 그들이 재산을 가져가므로 손주들은 기쁨을 느끼지 못하며, 그들이 한숨을 쉬며 이 세상을 떠나는데, 나중에 아이들에게 무슨 축복이 있을 수 있겠습니까? 오늘 어떤 나이 많은 여인이 내게 말한 것으로, 결혼한 아들이 넷 있고 자식들이 매우 가까이 살고 있는데도 그녀는 자식들을 볼 수 없었습니다. 왜냐하면 며느리들에게 "서로 사랑하고 교회에 다니거라."라고 충고를 했기 때문입니다. 며느리들은 사나운 짐승이 되어 시어머니에게 "다시는 우리 집에 발도 들여놓지 마세요."라고 말했습니다. 이 가엾은 여인은 자식들을 본지 5년이나 되었고, 울면서 내게 "수도사님, 기도하여 주세요. 손주들도 있습니다. 적어도 꿈에서라도 손주들을 볼 수 있게 해주세요."라고 부탁을 하였습니다. 이런데 그녀의 자식들이 무슨 진보를 할 수 있겠습니까?

또한 가정에 할머니가 있는 것은 큰 축복임에도 불구하고, 위의 사람들은 이를 깨닫지 못합니다. 많은 경우에 남편이 먼저 병석에 눕거나 사고를 당하여 아내가 남편을 보살피게 됩니다. 남편이 사망했을 때 자식들이 어머니를 집으로 모셔가면, 어머니는 자신이 무용지물이라는 것을 느끼지 않기 위해 손주들을 돌보는데, 이것은 매우 좋은 일입니다. 이렇게 해서 그녀 역시 한시름 놓게 되며, 부부 역시 경제적으로 도움을 받습니다. 젊은 어머니는 일 때문에, 아이들에게 필요한 애정과 사랑을 줄 수 있을 만큼의 시간적 여유가 없습니다. 그래서 할머니가 사랑을 주는데, 할머니의 나이는 사랑과 애정을 줄 수 있는 나이입니다. 아이가 말썽을 피우면 어머니는 화를 내지만, 할머니는 쓰다듬어 줍니다. 할머니가 아이들을 보살핌으로 인해 어머니가 일을 할 수 있고, 아이들 역시 애정과 사랑을 갖게 되고 할머니 또한 손주들의 사랑으로 안락함을 느낍니다.

부모님을 모시는 사람은 하느님으로부터 많은 축복을 받습니다. 어느 날 한 젊은 가장이 내게 "수도사님, 아래층에 제 부모님과 처가댁을 위해 두 집을 만들 생각입니다."라고 말했습니다. 이것이 나를 얼마나 감동하게 했는지 상상이 되십니까. 나는 그에게 얼마나 많은 축복을 주었는지 모릅니다. 부부들이 이것을 왜 깨닫지 못하는지 의문스럽습니다. 며칠 전 한 여인이 내게 와서 말했습니다. "수도사님, 제 어머니는 반신불수입니다. 8년 동안 어머니를 이리 저리 모시고 다니는 데 싫증이 났습니다." 이럴 수가 있습니까? 딸이 자기 어머니에 대하여 이런 식으로 말할 수 있단 말입니까? 나는 이렇게 말했습니다. "아! 그래요? 아주 간단합니다. 지금 나는 당신이 8년간 반신불수가 되고, 어머니의 병이 완쾌되어 어머니께서 아픈 당신을 보살펴주시기를 기도하겠습니다." "수도사님, 아닙니다. 아닙니다."라고 그녀는 소리를 질렀습니다. 나는 "적어도 4년간만 아파 보십시오. 철없는 아이 같으니라고! 이런 식으로 말하는 것이 부끄럽지도 않습니까? 무엇을 더 원하십니까? 아프지 않고 건강하여 아픈 사람을 돌보면서 하느님으로부터 보답을 받는 것이 좋습니까, 아니면 고통을 받아가면서 또 발을 움직일 수 없어 위신을 떨어뜨려가면서 다른 이에게 '환자용 변기를 가져와라. 나를 이쪽으로 돌려라, 저쪽으로 돌려라.'하는 것이 더 좋습니까?"라고 말했습니다. 이 모든 것을 들었을 때, 여인은 좀 잠잠해졌습니다.

자식들이 연로한 부모의 위치에 있게 되거나 며느리가 시어머니의 위치에 있게 되어 "나도 늙어서 언젠가 시어머니가 될 것이다. 며느리가 내게 관심을 갖지 않기를 원하는가?"라고 생각한다면, 문제는 사라질 것입니다.

부모의 축복

부모의 축복은 자식들에게 있어 가장 큰 상속입니다. 그래서 부모의 축복을 받을 수 있도록 돌보는 것이 좋습니다. 야곱이 그의 부친으로부터 축복을 받기 위해 어디까지 갔습니까? 또한 양가죽을 입었습니다.[2]

특별히 어머니의 축복은 큰 것입니다. 누군가 말했습니다. "제 어머니가 하는 모든 말씀은 금화입니다." 얼마 전에 요하네스버그에서 온 사람이 내게 얼마나 인상적이었는지 모릅니다. 가을에 나의 칼리비에 온 그가 말했습니다. "수도사님, 제 어머니가 편찮으셔서 어머니를 뵈러 왔습니다." 그 후 3개월이 채 지나지 않았는데 크리스마스에 다시 왔길래, 나는 그에게 물었습니다. "왜 다시 왔는가?" "어머니가 다시 아프시다는 연락을 받고 어머니 손에 키스를 하려고 또 왔습니다. 연세가 많으셔서 돌아가실 수도 있습니다. 제게 가장 큰 재산은 어머니의 축복입니다."라고 그는 말했습니다. 60세인 이 사람은 어머니 손에 키스를 하려고, 요하네스버그에서 그리스로 왔습니다. 내겐 이러한 사람은 좋은 약입니다. 이 사람을 알게 된 것은 사하라 사막에 있는 내가 갑자기 물을 발견한 것과 같습니다. 허나 이런 경우들은 천천히 사라져 가고 있습니다.

어느 날 한 사람이 울면서 칼리비에 왔습니다. "수도사님, 제 어머니가 저를 저주하였습니다. 집안사람들이 계속 아프고, 걱정

---

[2] 창세기 27장 참조.

거리가 많으며 제 일도 잘 되어 가지 않습니다." "자네, 자네 역시 어머니에게 무엇인가 잘못했을 것이네. 어머니가 부당하게 자네를 저주할 수는 없었을 것이네." "네, 저 역시 잘못을 했습니다." "자네 어머니에게 가서 용서를 빌게나." "네, 수도사님. 어머님께 가겠습니다. 저를 축복해 주십시오." "나로부터의 축복은 있으니, 어머니로부터 축복을 받게나." "어머니께서 제게 축복을 주시기가 어려울 것입니다." "어머니가 축복을 주시지 않으면, 어머님께 다음과 같이 말하게나. 한 수도사가, '어머님 역시 영혼을 바치게 될 것입니다.'라고 말했다고 말이야." 그는 어머니에게 갔고, 어머니는 "아브라함의 축복이 네게 있기를 바란다."라며 축복해주었습니다. 그러고 나서 얼마 후 그가 아토스 성산에 왔습니다. 그는 기쁨에 넘쳐 있었습니다. 자식들은 병을 앓지 않았고, 일도 잘 되어 갔습니다. 그는 계속 눈물을 글썽거리며 "주님께 영광을 바칩니다."라고 말했습니다. 그의 삶은 전적으로 바뀌었으며, 모든 것들을 영적인 측면에서 말하곤 하였습니다. 이러한데 처음부터 부모를 존경하는 사람에겐 얼마나 더 많은 축복이 있겠습니까? 어떻게 하느님의 축복이 없을 수 있단 말입니까?

4부

영성 생활

"누군가가 하느님을 사랑한다면,
하느님께서 하시는 커다란 희생과 박애를 인정하고
분별력을 가지고 성인들을 닮으려고 노력한다면,
빨리 거룩하게 됩니다.
사람은 겸손한 마음으로 자신의 보잘 것 없음과
하느님에 대한 큰 배은망덕을 느끼는 것만으로 족합니다."

1장

가정에서의 영성 생활

불평을 하면 하는 만큼 파멸하게 됩니다.

- 수도사님, 불평의 원인은 어디에 있으며, 이 불평을 어떻게 떨쳐 버릴 수 있나요?

- 자신이 하는 모든 것에 대한 잘못들을 다른 사람에게 전가하는 것에 원인이 있으며, 감사하는 마음이 불평을 떨쳐 버릴 수 있습니다. 불평은 불평을 낳으며, 감사하는 마음은 감사하는 마음을 낳습니다. 누군가가 자신이 처해 있는 어려움에 대해 불평하지 않고 하느님을 찬양할 때, 악마는 속이 터져서 불평을 하는 다른 사람에게 가서 모든 것들을 뒤죽박죽으로 만들려고 합니다. 불평불만을 하면 하는 만큼 파멸에 이르게 되기 때문입니다.

가끔 악마는 우리의 마음을 빼앗아 우리가 아무 것으로도 만족하지 못하도록 만들지만, 누군가는 모든 것들에 대하여 감사하는 마음을 가지고 영적으로 기뻐하면서 하느님의 축복을 받을 수 있습니다. 나는 어떤 한 사람을 알고 있습니다. 비가 와서 그에게 "또 비가 온다."라고 말하면, 그는 "네, 계속해서 비만 옵니다.

습기가 많아서 우리는 썩어 문드러질 것입니다."라고 말하기 시작합니다. 그리다가 조금 후 비가 멈추어 그에게 "비가 많이 오지 않았다."라고 말하면, 그는 "네, 이것도 비란 말입니까? 모든 것이 말라 죽을 것입니다."라고 대답합니다. 이렇게 말한다고 해서 그에 대해 제정신이 아니라고 말할 수 없습니다. 그러나 그는 불평을 하는 데 습관이 되어 있었습니다. 정상적인 사람이 터무니없게 생각하다니 어떻게 이렇게 될 수가 있을까요?

불평은 저주를 내포하고 있습니다. 이것은 자신이 자신을 저주하는 것과 같아서, 그 후 하느님의 화가 닥치게 됩니다. 나는 이 피로스에서 농부 두 명을 알게 되었습니다. 한 사람은 가장으로서 한 두 뙈기의 밭을 가지고 있었고, 모든 것에 대해 하느님을 믿었습니다. 할 수 있는 한 스트레스 없이 일을 했습니다. 그는 "시간이 되는 만큼 일을 해야지."라고 말하곤 했습니다. 가끔씩 어떤 단들이 비 때문에 썩곤 하였는데, 단들을 미처 주워 모을 시간이 없었거나 바람에 의해 이리저리 흩어졌기 때문이었습니다. 그러나 그는 모든 것에 대하여 "하느님이 보호하사"라고 말하곤 하였으며, 그의 모든 일들은 잘 되어 나아갔습니다. 다른 농부는 넓은 밭과 많은 젖소들, 그 밖에 다른 것들을 가지고 있었고, 자식이 없었습니다. 그에게 일이 어떻게 되어 가느냐고 물으면, 그는 "속상하니 묻지 말게."라고 대답하곤 하였습니다. 한 번도 "하느님이 보호하사 모든 일이 잘 되어 간다."라는 말을 한 적이 없으며, 언제나 불평을 털어 놓곤 하였습니다. 그리고 젖소가 죽는 경우가 있는가 하면, 엎친 데 덮친 격으로 나쁜 일이 계속하여 일어났습니다. 모든 것을 가지고 있었지만, 제대로 되는 일이란 없었습니다.

그래서 하느님을 찬양하는 것, 감사하는 마음을 갖는 것은 매우 중요하다고 나는 말하고 싶습니다. 하느님께서 우리에게 주시는 축복을 우리가 맛보거나 맛보지 못하는 것은 우리들에게 달려 있습니다. 예를 들어 하느님께서 우리에게 바나나를 주시는데, 다른 이는 무슨 더 좋은 것을 먹는지 생각한다면, 우리는 바나나 맛을 어떻게 알 수가 있겠습니까? 얼마나 많은 사람들이 딱딱한 빵만을 먹으면서 밤낮으로 하느님을 찬양하여 하늘나라의 감미로움으로 양육되는지 모릅니다. 이 사람들은 영적인 섬세함을 갖게 되어 하느님께서 어루만져 주심을 알고 있습니다. 우리는 이런 것들을 느끼지 못하는데, 우리 양심에 때가 묻어 있어 어떤 것으로도 만족하지 못하기 때문입니다. 행복은 덧없음에 있는 것이 아니라, 영원성에 있다는 것을 우리들은 깨닫지 못합니다.

우리들의 삶에서 하느님을 통치자로 만드는 것

- 수도사님, 하늘나라는 복음경에서 "겨자씨 한 알과 같다. 땅에 심을 때에는 세상의 어떤 씨앗보다도 더욱 작은 것이지만, 심어 놓으면 어떤 푸성귀보다도 더 크게 자라고 큰 가지가 뻗어서 공중의 새들이 그 그늘에 깃들일 만큼 된다."[1]라고 하는 겨자씨와 비슷합니까?

- 씨로서 겨자는 매우 작습니다. 그러나 이것이 자라면, 수풀이 됩니다. 새들까지도 거기에 가서 그 나뭇가지 위에 앉습니다. 하느님의 말씀은 겨자씨와 닮았는데, 복음경 말씀을 통해 사람이 진보하고 하느님 나라를 깨닫게 되기 때문입니다.

- 수도사님, 성경에서 말하는 "하느님 나라는 바로 너희 가운데 있다."[2]라는 구절을 사람들은 어떻게 느낍니까?

- 우리들 마음속에 천국의 기쁨의 한 부분이 있을 때, 그때 "하느님 나라는 바로 너희 가운데 있다."라고 말합니다. 이와 반대로 스트레스가 있고 양심의 가책을 느낄 때, 그때 우리들 마음

---

[1] 마르코 4:31-32, 마태오 13:32, 루가 13:19.
[2] 루가 17:21.

속에 지옥의 한 부분이 있게 됩니다. 사람이 살아가면서 이 세상에서부터 마음속에서 천국의 기쁨을 느끼는 것은 보통 일이 아닙니다. 이것을 느끼는 것이 어렵지는 않으나, 불행하게도 이기주의는 이 영적인 거대함을 느끼지 못하도록 우리를 방해합니다.

하느님께서 선하신 아버지로서 사람들을 통치하시도록 받아들인다면, 사람들은 혼자서 자신의 삶을 천국과 같은 삶으로 만들 수 있습니다. 그렇게 되기 위해선, 하느님에 대한 신뢰가 있어야 하고, 자신이 하고자 하는 것에 대하여 하느님께 희망을 걸어야 하며, 모든 것에 대하여 하느님을 찬양해야 합니다. 스트레스가 없는 것이 좋습니다. 스트레스는 영혼에 파멸을 초래하며 영혼을 병들게 합니다. 하늘나라를 간구할 때, 모든 것들이 순서대로 옵니다. 복음경에서는 "너희는 먼저 하느님의 나라와 하느님께서 의롭게 여기시는 것을 구하여라."[3]라고 말합니다. 그러나 또한 "하늘나라는 폭행을 당해 왔다."[4]라고 말합니다.

오늘날 사람들은 적은 것에 만족하지 않고 계속해서 물질적인 것들을 추구하기 때문에 삶을 점점 어렵게 만들어왔습니다. 그렇지만 진정한 영적인 삶을 살고자 하는 사람들은 먼저 적은 것에 만족을 해야 합니다. 구차하게 많은 생각을 하지 않고 삶을 간소화할 때, 세속적인 사고방식에서 해방되며 이렇게 해서 영적인 삶에 대해서도 시간이 생길 것입니다. 그렇지 않으면 유행을 따르기 위해 애쓰면서 피곤해질 것이며, 마음의 평온함을 잃게 되고 많은 스트레스가 쌓이게 될 것입니다.

때때로 사람들이 자신들의 삶을 매우 어렵게 만드는 것을 나는 봅니다. 오늘 나는 누군가와 함께 우라노폴리스에서 이곳으로 오고 있었는데, 그가 자신의 집에 좀 들르자고 하였습니다. 그가 끈질기게 요청했기에, 나는 그 요청을 들어주기로 하였습니다.

---

[3] 마태오 6:33.
[4] 마태오 11:12.

현관에 도착하자마자, 나는 그가 신발을 벗고 까치발을 디디며 안으로 들어가는 것을 보았습니다. 나는 물었습니다. "무슨 일로 이렇게 걷는가?" 그는 "수도사님, 아무 것도 아닙니다. 마루가 상하지 않도록 조심해서 걷는 것입니다."라고 대답했습니다. 이런데 무슨 말을 할 수 있겠습니까? 사람들은 이유 없이 고통을 당합니다.

이웃에 대한 관심은 가정에 도움이 됩니다.

오늘날 사람들이 많은 것을 가지면 갖는 만큼, 문제는 더욱 많아집니다. 하느님의 은혜에 대하여 감사드리지 않으며, 자선이 필요한 사람들의 불행을 쳐다보지도 않습니다. 낭비를 하면서 먹을 것이 없는 사람들을 생각하지 않습니다. 이렇게 하는데 어떻게 하느님의 은총이 올 수 있단 말입니까? 가장이라 하더라도, 자선을 위해 돈을 덜 쓰고 절약해야 합니다. 가장은 아내와 아이들에게 어딘가에 아무도 돌보지 않는 아픈 사람들과 많은 도움이 필요한 가난한 가정이 있다는 것을 이야기해주는 것이 좋습니다. 남에게 줄 돈이 없으면, "우리는 책이 많으니, 적어도 그리스도교에 관한 서적을 줍시다."라고 말하는 것이 좋습니다. 필요로 하는 사람들에게 무언가를 주는 것은 자신에게 좋을 뿐만 아니라 가족들에게도 도움이 됩니다.

우리가 병자들과 가난한 사람들을 도우면서 선과 덕을 추구할 수 있도록, 하느님께서는 병자들과 가난한 사람들이 있도록 하셨습니다. 하느님께서는 병자들과 가난한 사람들 모두를 선처하실 수 있었으나, 모두를 보살피셨다면 우리들이 선과 덕을 갖추지 않고서도 갖추고 있다고 착각했을 것이기 때문에, 병자들과 가난한 사람들을 허락하셨습니다. 이를테면 우리가 자선을 하지 않으면서 하고 있다고 말했을 것입니다. 그러나 지금 우리가 하는 일들은 우리가 선과 덕을 위해 얼마만큼 노력하는지를 나타냅니다.

이웃을 위해 자신들을 희생하는 사람들이 있는 것에 대해 하느님을 찬양합니다. 나는 군에서 막 제대한 어떤 사람을 알게 되었는데, 그는 재판 받게 되는 어떤 사람의 가정을 살리기 위해, 그를 대신해 자신이 재판을 받고 많은 형(刑)을 받아들였습니다. 그는 형을 받고 교도소에 수감됨으로써 당할 망신이나 그의 장래를 생각하지 않았습니다.

아무튼 가정의 모든 사람들이 도움 받도록 하기 위해, 가정마다 적어도 한 명이 믿음을 갖고 경건하게 되기까지 하느님께서 도우시는 것을 나는 봅니다. 나는 코니차에서 가족 모두가 교회와 상관없는 한 가정을 알게 되었습니다. 단지 그 집의 딸 하나만이 달랐습니다. 그녀는 교회 종소리를 듣자마자, 앞치마를 벗고 하던 일을 모두 멈추고 교회에 가곤 하였습니다. 독일인들이 그리스를 점령했던 시절 그들이 코니차에 왔을 때조차, 사람들이 집을 떠나 다른 곳에 숨게 하려고 교회 관리인이 종을 치면서 신호를 보냈을 때, 그녀는 만과 예식에 참석하기 위해 교회에 갔습니다. 부모는 지독한 수전노였는데도 그녀는 인정이 아주 많았습니다. 아버지는 정상적인 식사를 하는 대신에, 마른 빵을 물에 축여 먹곤 하였습니다. 어머니는 아주 인색했습니다. 내가 스토미오스 수도원에 있었을 때의 일입니다. 이 어머니는 나를 존경하고 있었고, 한편으로 딸은 어려운 사람을 돕기 위해 집에서 무언가를 몰래 가져오는 것이 어려운 상황이었습니다. 이 모든 것을 아는 딸은 머리를 써서 어머니에게 "어머니, 수도사님이 이것을 원하세요."라고 말했고, 그러면 어머니는 "갖다 드려라."라고 말하면서 허락하였습니다. 어머니는 단지 수도사에 대해서만 반대하지 않았기에, 그녀는 이런 방법을 통해 자선을 계속했습니다. 독일인들이 그리스를 점령하던 시절에조차 딸은 소리 없이 가난한 사람들을 도왔습니다. 조심스럽게 창고에서 밀을 꺼내어 방앗간에 가서 밀가루를 만든 다음 어려운 가정들에 나누어 주곤 하였습니다. 한번은 어머니가 이렇게 하고 있는 그녀를 붙잡았는데, 그녀가 어떤 곤혹을 치렀는지 모릅니다. 그때 그녀는 하느님께 "나의 하느님, 제가 일자리를 구해서 제가 받을 모든 급여를 다른 사람들에게 나누어 줄 수 있도록 하여 주소서."라고 간청하였습니다. 다음 날 한 재단으로부터 그녀는 일을 해달라는 연락을 받았습니다. 그녀는 기쁨을 감출 수 없었습니다. 그래서 자신이 간청하며 맹세했던 바를 실천했습니다. 급여에서 자신을 위해 양말조차 사지 않았으며, 모든 돈으로 자선을 했습니다. 그녀가 사람들을 많이 도왔던 덕분에, 얼마나 많은 사람들이 이 세상을 떠난 그녀의 부모에 대해 지금 "하느님께서 당신의 부모님을 용서하시어, 그들이 거룩하게 되기를 바랍니다."라고 말하는지 모릅니다. 그리하여 하느님께서는 지옥에 있던 그녀의 어머니를 천국으로 데려가셨습니다.5

가정에서 미덕을 계발하기

- 수도사님, 한 가장이 미덕을 어떻게 계발할 수 있나요?
- 하느님께서 기회를 주십니다. 그러나 많은 사람들이 미덕을 쌓을 기회를 달라고 하느님께 요청하면서도, 어려움이 닥칠 때 신음합니다. 예를 들어 가장이 겸손과 인내에 대해 단련되도록 하기 위해, 가끔 선하신 하느님께서는 끝없는 사랑을 가지고 그의 아내로부터 하느님의 은총이 떠나가게 하시어, 아내는 까다로워지고 남편에게 냉대합니다. 그때 남편은 그가 투쟁할 수 있도

---

5 수전노였던 이 어머니가 죽고 나서, 주의 천사가 수도사에게 나타나 갑자기 수도사를 아토스 성산에서 그의 고향 코니차에 있는 한 무덤으로 옮겼다. 무덤이 열리더니, 죽은 이 어머니가 "수도사님, 나를 구해주세요"라고 소리를 질렀다. 천사는 커튼을 치는 것처럼 무덤을 쉽게 닫았고, 수도사를 다시 아토스 성산에 있는 그의 켈리로 옮겼다. 수도사는 데살로니키에 있는 성 요한 복음사도 수도원에 있는 수녀들에게 이 영혼을 위해 기도를 할 것을 부탁하였고, 수도사 자신도 기도를 하였다. 2개월 후 기도 덕분에 이 여인은 지옥에서 하늘나라로 옮겨지게 되었다. Βίος Γέροντος Παϊσίου του Αγιορείτου, Ιερομονάχου Ισαάκ, Άγιον Όρος 2004, p. 232-233 참조.

록 하느님께서 주신 기회에 대하여 만족해하고 감사 드려야하며, 신음을 해서는 안 됩니다. 또 다른 예로 어머니는 하느님께 인내를 주시도록 간구해야 합니다. 이것은 아이가 식사를 위해 준비된 식탁의 식탁보를 잡아당겨 모든 것들을 바닥에 떨어뜨리고서, 어머니에게 "엄마, 참으세요."라고 말하는 것과 같습니다.

대체적으로 오늘날 사람들 사이에 있는 어려움들은 영적인 준비 상태에 있으면서 좀 더 영적으로 살기를 원하는 사람들을 강요합니다. 전쟁이 일어날 때 사람들이 준비 상태에 있는 것처럼, 영적으로 살아가려고 노력하는 사람들에게도 같은 현상이 일어나는 것을 볼 수 있습니다. 교회에 다니는 가엾은 아이들이 얼마나 많은 어려움을 겪고 있는지 모릅니다. 그렇지만 이 아이들에게 어려운 상황은 어떤 면에 있어 아이들이 똑똑해지도록 도와줍니다. 어려움이 없는 평화로운 시절에는 많은 사람들이 영적인 투쟁에 신경을 쓰지 않습니다. 그러나 그때 영적인 진보를 위해, 평화로움을 이용해야 합니다. 즉 단점들을 없애고 선과 덕을 쌓도록 노력해야 합니다.

조용함은 영성 생활에 많은 도움이 됩니다. 낮에 마음의 안정을 찾을 시간을 갖는 것이 좋습니다. 자신의 정신적인 약점들을 깨닫고자 자신을 관찰하고 마음을 정결하게 하고자 이 약점들을 없애려고 노력하는 것이 좋습니다. 집에 켈리 분위기를 자아내는 조용한 방이 있다면 더욱 좋습니다. 거기에서 영적인 의무를 다할 수 있으며, 공부를 할 수 있고 기도도 할 수 있을 것입니다. 기도하기 전의 짧은 영적인 공부는 아주 도움이 되는데, 마음 역시 따뜻해져 정신이 영적인 장소로 옮겨지기 때문입니다. 그래서 주의가 많이 산만한 낮에 기도할 수 있는 10분의 여유가 있다면, 2분 정도는 도움이 되는 무엇인가를 공부하는 것이 좋습니다.

- *수도사님, 혹시 속세에서는 이런 일을 하기가 좀 어렵지 않습니까?*

- 아닙니다. 자식과 손자들이 있음에도, 금식을 하고 예배를 드리고 기도 매듭을 가지고 기도를 하고 절을 하면서 기도를 하며 고행자들처럼 아주 영적으로 사는 사람들이 있습니다. 외진 곳에서 수도하는 수도사들이 일요일에 스키티에 있는 주 성당에 갔다가 그들의 켈리로 돌아와서 평온을 찾는 것처럼, 이 속세의 사람들은 일요일에 교회에 가서 성체성혈을 받고 다시 그들의 집으로 돌아옵니다. 하느님이 보호하사 이 같은 경우의 많은 사람들이 속세에 살고 있습니다. 일례로, 나는 계속 기도를 하는 한 가장을 알고 있는데, 그는 머무는 곳마다 마음속으로 기도를 하며 눈물을 흘립니다. 그의 기도는 자동적인 습관이 되었으며 눈물은 달콤해져 있었는데, 다시 말해서 거룩한 기쁨의 눈물이 되어 있었던 것입니다. 나는 요한이라는 한 노동자를 기억하는데, 아토스 성산에서 두 사람 몫에 해당하는 일을 열심히 하였습니다. 나는 그에게 일을 할 때 기도를 해보라고 조언했고 그는 차츰 기도하는 것에 습관이 들었습니다. 한번 그는 나에게 와서, 기도를 할 때 큰 기쁨을 느낀다고 말했습니다. 그래서 나는 "영적으로 여명이 트기 시작하였네."라고 말했습니다. 얼마 후 술에 취한 두 사람이 그를 죽였다는 소식을 듣고, 얼마나 가슴이 아팠는지 모릅니다. 며칠 후 한 수도사가 연장 하나를 찾았으나 찾을 수가 없었습니다. 요한이 어딘가에 이 연장을 놓아두었기 때문이었습니다. 그런데 어느 날 밤에 수도사의 꿈에 요한이 나타나 그 연장의 위치를 알려주었습니다. 요한은 영적인 상태에 달해 있었기에, 다른 세상에서도 도움을 줄 수 있었습니다.

영성 생활이 얼마나 단순한 것인지 모릅니다. 누군가가 하느님을 사랑한다면, 즉 하느님께서 하시는 큰 희생과 박애를 인정하고, 분별력을 가지고 성인들을 닮으려고 노력한다면, 빨리 거룩하게 됩니다. 다시 말해서 겸손한 마음으로, 자신의 보잘 것 없음과 하느님에 대한 큰 배은망덕을 느끼는 것만으로 족합니다.

가정에서의 기도

- 수도사님, 가족 모두가 석후 소과를 함께 드려야만 하나요?
- 어른들은 점잖게 행동하는 것이 좋습니다. 어른들이 석후 소과를 드리며 어린 아이들에게 "원하면, 석후 소과에 좀 참석하거라."라고 말할 수 있습니다. 좀 큰 아이들이면 규칙이 있을 수 있는데, 예를 들어 어른들은 15분을 드리고, 아이들은 2분이나 5분 정도를 드리고 나머지는 아이들이 원하는 대로 하는 것입니다. 석후 소과가 끝날 때까지 부모가 아이들을 붙들고 있으면, 아이들은 나중에 불평을 터트립니다. 아이들을 억지로 강요해서는 안 됩니다. 아이들은 아직 기도의 힘과 가치를 깨닫지 못하기 때문입니다. 가정해서 부모들은 콩 종류나, 고기, 딱딱한 모든 양식들을 먹을 수 있습니다. 그러나 아기가 아직 우유밖에 못 마시는 때에, 음식은 원기를 주는 것이므로 아기에게 고기를 먹으라고 하겠습니까? 음식이 원기를 줄 수 있지만, 가엾은 아이는 그것을 소화시킬 수 없습니다. 그래서 아이가 다시 먹고 싶어지도록, 처음에는 약간의 고기가 담긴 죽을 줍니다.

- 수도사님, 저녁에 어른들은 그렇게도 피곤하기 때문에, 가끔 석후 소과조차 드릴 수 없습니다.
- 매우 피곤하거나 아플 때, 석후 소과의 반만을 드리거나 주기도문 "하늘에 계신 우리 아버지, 아버지의 이름이 거룩하게 하시며, 아버지의 나라가 오게 하시며, 아버지의 뜻이 하늘에서와 같이 땅에서도 이루어지게 하소서. 오늘 우리에게 필요한 양식을 주시고, 우리가 우리에게 잘못한 이를 용서하듯이 우리의 잘못을 용서하시고, 우리를 유혹에 빠지지 않게 하시고 악에서 구하소서."를 외우는 것이 좋습니다. 기도를 완전히 빼버리지 않도록 하는 것이 좋습니다. 전쟁에서 밤에 홀로 산의 높은 곳에 적들로부터 포위되어 있을 때, 적들에게 겁을 주고 적이 공격하지 못하도

록 탄환을 던지기도 합니다. 이와 같이 악마가 겁을 먹어 떠나가 도록 영적인 탄환을 던지는 것이 좋습니다.

가정에서의 기도는 큰 힘이 있습니다. 나는 두 형제를 알고 있는데, 그들은 기도로써, 문제가 있던 그들의 부모가 헤어지지 않게 한 것뿐만 아니라, 부모 사이에 더 많은 사랑이 머물도록 하였습니다. 우리 아버지는 우리들에게 "너희들이 무엇을 할 것인지 나는 모른다. 하느님께서 너희들이 어디에 있는지 아시도록, 매일 두 번씩 너희들이 있는 곳을 하느님께 보여야 한다."라고 말하곤 하였습니다. 매일 아침과 저녁에 아버지, 어머니, 형제들 우리 모두는 성화대 앞에서 기도를 하였고, 그리스도의 성화 앞에서 정숙하게 고개를 숙이면서 기도를 끝맺었습니다. 또한 가정에 문제가 있을 경우, 문제가 해결되도록 역시 기도를 하였습니다. 내가 기억하는 것으로서 한번 우리 막내 동생이 아팠을 때, 아버지가 "이리들 와라. 하느님께서 막내 아이가 쾌차할 수 있도록 하시거나 병에 시달리지 않게 아이를 데려가시도록 하느님께 간구하자꾸나."라고 말했습니다. 우리 모두는 기도를 하였으며, 동생의 병이 나았습니다. 또 우리는 가족 모두 함께 식사를 하였습니다. 먼저 기도를 하고 식사를 하기 시작했습니다. 누군가가 음식이 축복되기 전에 먼저 음식을 먹으면, 우리들은 그가 죄를 지었다고 말하곤 하였습니다. 자제력의 결핍을 죄로 간주하였습니다. 각자가 집에 돌아와서 원하는 시간에 이유 없이 혼자서 식사를 하는 것은 가정의 파괴입니다.

부부의 영성 생활

- 수도사님, 남편이 영적으로 살지 않을 경우, 아내는 어떻게 해야 합니까?
- 그리스도께 그를 맡기고, 그리스도께서 그의 마음을 누그러

지게 하시도록 기도해야 합니다. 그리스도께서 천천히 남편의 마음속으로 내려오셔서, 남편은 생각하기 시작할 것입니다. 그의 마음이 좀 누그러지면, 그때 부인은 남편에게 차로 교회에 데려다 달라고 말할 수 있습니다. 남편에게 "당신도 교회에 오세요."라고 말하는 것이 아니라, "교회까지 저를 좀 데려다 줄래요?"라고 말하는 것이 좋습니다. 부인을 교회까지 데려다 준다면, 남편은 '여기까지 왔는데, 나도 교회 안에 들어가서 초라도 켜야지.'라고 생각할 수 있습니다. 이러한 방법으로 아마도 천천히 앞으로 나아가기 시작할 것입니다.

- 수도사님, 아내의 영적 사제는 어떤 방법으로 남편을 도울 수 있습니까?

- 남편이 도움을 받기 위해, 영적 사제는 가끔 아내에게 영적인 일을 하도록 해야 합니다. 부인으로부터 좋은 것이 남편에게 전달될 것이며, 남편이 선한 마음을 가지고 있다면, 하느님께서 남편의 마음을 바꾸도록 도와주실 것입니다.

여성은 천성적으로 경건함을 타고 납니다. 그러나 남성은 교회에 대하여 조금 무관심함에도 불구하고, 영적으로 변화하면, 그 후 영적으로 굳게 나아가 아내가 남편을 따라가지 못하게 됩니다. 더욱이 아내는 영적으로 진보하지 않으므로 남편을 질투하기 시작할 수 있습니다. 그래서 이런 경우들에 있어서 나는 남성들에게 조심하라고 말합니다. 남성들이 왜 조심을 해야 하는지 설명하겠습니다. 남편이 영적으로 진보하는 반면 아내가 영적으로 살지 않으면, 남편에게 더 반항할 수 있습니다. 남편이 "시간이 지났으니, 일어나 교회에 함께 가지."라고 말한다면, 부인은 "당신 혼자 가세요. 내가 할 일이 그렇게도 많다는 것을 당신은 모르세요?"라고 대답합니다. 또는 남편이 아내에게 "왜 등불을 꺼진 상태로 내버려두는 거야?"라고 말하거나 남편이 등불을 켜려고 한다면, 아내는 자존심이 상해 "뭐라고요? 당신은 수도사가 되려고 하세요? 당신이 수도사예요?"라고 소리 지를 것입니다. 남편에게 "왜 등불을 켜서 기름을 없애나요? 차라리 가난한 사람들에게 기름을 나누어 주는 것이 더 좋을 거예요."라고 말할 수도 있습니다. 아내는 개신교인들의 이론에까지 달할 수 있습니다. 그리고 나서 물론 아내는 자신이 말한 변명에 대해 속상해하며, 남편에게서 보이는 발전에 대해서도 속상해합니다. 이러한 경우엔 남편이 등불을 켜러 가는 것보다 등불을 꺼진 상태로 두는 것이 훨씬 더 좋습니다. 가정이 파괴되는 것을 막기 위해 나는 남편들에게, 아내가 기분이 좋은 상태에 있을 때 그녀에게 이렇게 말하라고 충고합니다. '내가 교회에 가서 기도를 좀 하고 절을 하면서 기도를 하거나 영적인 책을 읽는 것은 내게 경건함이 많아서가 아니야. 내가 이 처참한 사회의 꼬임에 빠져 친구들과 유흥가에 가지 않도록, 기도와 영적인 생활을 통해 스스로 자제하고 나를 지탱하게 하려는 거야.' 남편이 이런 식으로 문제를 대처한다면, 그때 부인은 기뻐하면서 영적인 문제들에 있어서 남편을 능가할 수 있습니다. 그렇지만 이런 식으로 문제를 대처하지 않으면, 상황이 매우 어렵게 됩니다. 이혼을 하는 상황에 달할 수도 있습니다. 남편이 아내를 영적으로 돕기를 원한다면, 영적으로 사는 가정의 독실한 어머니와 아내가 어울리도록 하여, 아내가 이 어머니를 본받을 수 있도록 노력하는 것이 좋습니다.

아이들과 영성 생활

아이들이 하느님의 길로 들어서도록 하기 위해, 부모가 먼저 영적으로 올바르게 살아야 합니다. 교회를 다니는 어떤 부모들은 자식들이 좋은 사람이 되도록 돕고 노력하는데, 이것은 자식들의 영혼의 구원에 관심이 있어서가 아니라 그들이 좋은 아이들을 갖기를 원하기 때문입니다. 부모들은 자식들이 지옥에 갈 것인지 아닌지에 대해 신경 쓰는 것이 아니라 사람들이 자기 자식들에 대하여 어떻게 말할 것인지에 대해 신경 씁니다. 그때 어떻게 하느님께서 도우실 수 있겠습니까? 아이들이 억지로 교회에 가는 것이 목적이 아니라, 교회를 사랑하게 하는 것이 목적입니다. 좋은 것을 억지로 하지 말고 그것을 필요성으로 느껴 해야 합니다. 부모의 거룩한 삶은 아이들의 마음속에 새겨져 아이들이 자연스럽게 순종하게 됩니다. 이렇게 해서 정신적으로 상처를 받지 않고, 경건하게 그리고 두 배나 더 건강하게 아이들이 자라게 됩니다. 부모들이 하느님에 대한 경외 때문에 자식을 강요한다면 하느님께서 도와주시며 아이는 도움을 받습니다. 그러나 이기주의 때문에 아이를 강요하면, 그때 하느님께서는 도와주시지 않습니다. 많은 경우에 부모들의 교만함 때문에 아이들이 고생을 합니다.

 - *수도사님, 아이들이 서너 살인 경우 무슨 기도를 해야 하는지 어머니들이 묻습니다.*

 - 어머니들에게 "당신은 어머니입니다. 당신의 자식이 얼마만한 인내력이 있는지 살펴보십시오."라고 말하십시오. 규칙을 부여하지 않는 것이 좋습니다.

 - *수도사님, 이곳에 철야 예배가 있을 때, 부모들이 데려오는 아이들은 혹시 피곤함을 느낍니까?*

 - 조과 때는 아이들이 쉬도록 내버려두고 성찬예배 때 성당으로 데려가는 것이 좋습니다.

어머니들은 아이들을 강요하지 말고 자식들이 어려서부터 기도하는 습관을 길러 주어야 합니다. 카파도키아에 있는 마을 사람들은 수도 전통을 착실하게 지키면서 살았습니다. 아이들과 함께 여러 고행실로 가서, 절을 하면서 또 눈물을 흘리면서 기도를 하곤 하였습니다. 이렇게 해서 아이들 역시 기도하는 것을 배웠습니다. 터키인 게릴라들이 밤에 도둑질하러 갈 때, 작은 교회들 밖을 지나가곤 하였는데, 그들은 교회에서 들려오는 울음소리를 들으면서 의아해 했습니다. 그들은 "낮에는 웃고 밤에는 울다니, 무슨 일이 벌어졌단 말인가?"라고 말하곤 하였습니다. 터키인 게릴라들은 무슨 일이 일어나고 있는지 영문을 알 수가 없었습니다.

  어린 아이들의 기도에 의해 기적이 일어날 수 있습니다. 하느님께서는 아이들이 하느님께 요구하는 것을 주십니다. 아이들은 천진난만하고 사심이 없기에 하느님께서 그들의 순수한 기도를 들어 주시는 것입니다. 내가 기억하는 것으로서 한번 나의 부모가 밭으로 일하러 갔을 때, 나와 두 동생들을 집에 남겨 놓았습니다. 갑자기 하늘에 검은 구름이 끼더니, 억수 같은 비가 내리기 시작했습니다. 우리들은 "지금 부모님이 무엇을 하고 계신가? 어떻게 집으로 돌아오실 수 있단 말인가?"라며 걱정했습니다. 두 동생들은 울기 시작했습니다. 나는 동생들에게 "이리 와서 비가 멈추도록 그리스도께 함께 기도하자."라고 말했습니다. 우리 셋은 함께 성화대 앞에서 무릎을 꿇고 기도를 하였습니다. 잠시 후 비는 멈추었습니다.

  부모는 분별력을 가지고 아이들이 어렸을 때부터 그리스도께 다가가, 어려서부터 질이 높은 기쁨, 즉 영적인 기쁨을 맛보며 살 수 있도록 도와주어야 합니다. 아이들이 학교에 다니기 시작할 때, 천천히 영적인 책들을 읽고 배우도록 하고 영적으로 살도록 도와야 합니다. 그때 아이들은 천사와 같을 것이며, 그들이 하느님께 기도를 드리면 하느님께서 들어주실 것입니다. 이러한 아이들은 집안의 영적인 자본금입니다. 특별히 간략하게 쓰인 성인들에 대한 이야기들이 어린 아이들의 영성 생활을 많이 돕습니다. 내가 어렸을 적에 나는 그 시대에 있던 성인전들을 구해, 숲에 가서 공부하며 기도를 하곤 하였습니다. 기쁨으로 가득 찬 내 마음은 날개 달린 새처럼 날았습니다. 열 살부터 열여섯 살까지, 즉 그리스와 이탈리아 간에 전쟁이 있었던 때, 나는 영성 생활을 하지 못한 채 살았습니다. 어릴 적의 기쁨은 순수하며, 이 기쁨은 어린이가 자랄 때 머리 속에 생생하게 기억되어 감동으로 남습니다. 아이들이 영적으로 산다면, 이 세상에서 기쁜 마음으로 살 것이며, 다른 세상에서 그리스도 곁에서 영원히 기뻐할 것입니다.

친척 및 친구들과의 관계

― *수도사님, 한 여성이 그녀에게 오랫동안 기생충처럼 붙어살며 부담을 주는 두 사촌들을 어떻게 해야 하는지 물었습니다.*

― 그 여성은 무엇을 원합니까? 지금 새로운 복음경을 만들자는 것입니까? 하느님께서는 그녀가 사촌들을 돕기를 원하시며, 사촌들의 영혼에 유익한 것을 주실 것입니다.

― *수도사님, 친척들 사이에 오해가 발생하면, 그들을 돕기 위해 무엇인가를 말해야 합니까?*

― 네, 말하지 않으면 해로울 수가 있으므로 적절한 방법으로 말하는 것이 좋습니다. 서로에게 오해가 있었다면, 그들에게 다시 가서 "당신들을 괴롭힌 나를 용서하십시오."라고 말하고, 그 후로부터 그들을 내버려 두고 그들을 위해 기도를 하는 것입니다.

평온하게 살기를 원하는 사람은 친척들과 친구들의 관계에 있어서 특별히 주의해야 합니다. 세속적인 겸손은 위선이 들어있으므로, 아주 나쁘게 작용할 수 있습니다. 외부적으로 나타나는 행실로는 더할 나위 없이 성인을 닮아있을 수 있으나, 내면의 참된 모습에선, 완전히 반대 현상이 나타날 수 있습니다.

― *수도사님, 다른 사람의 선행을 느낄 때, 이것을 표현하는 것이 옳습니까?*

― 아주 친한 경우라면 그럴 필요가 없는데, 도움을 받는 사람 역시 선행을 베푼 사람을 언젠가 도와주었을 것이며 마음속에 고마움을 느끼고 있을 것이기 때문입니다. 그러나 친하지 않은 경

우라면, 할 수 있는 방법으로 감사를 표현하는 것이 좋습니다. 남들에게 "감사합니다."라고 말합시다.

다른 사람들과의 관계에 있어서 순수하고, 다른 사람들에 대해 항상 좋은 생각을 하고, 모든 사람들에 대하여 지나치게 생각하지 않는 것, 이들은 정말 도움이 됩니다. 영적으로 도움이 된다는 것을 빙자하여 하는 대화, 그리고 머리를 아프게 만드는 대화는 피하는 것이 좋습니다. 하느님을 믿지 않는 사람들로부터 영적인 이해를 기다리지 마십시오. 하느님을 믿지 않는 사람들을 하느님께서 용서하시고, 그들에게 불을 밝혀 주시도록 바라는 것이 더 좋습니다. 말하고자 하는 사람은 상대가 가지고 있는 수준으로 말을 하고, 자신이 믿고 사는 큰 사실들을 밝히려고 하지 말아야 합니다. 상대방이 말하는 사람을 이해하지 못해서, 다른 주파수와 다른 폭을 가진 파도에 말하는 결과를 초래하기 때문입니다.

일부 사람들은 "내가 그리스도를 알게 된 것처럼 다른 사람들 역시 그리스도를 알기를 원합니다."라고 말합니다. 그러면서 다른 사람들에게 선생 노릇을 합니다. 그렇지만 먼저 그들의 삶이 가르치는 것과 일치해야 합니다. 일부 사람들이 자신들의 삶을 기준 삼아 그리스도가 아닌 다른 그리스도를 가르칠 때, 또 말과 행동이 일치하지 않을 때, 결코 그리스도를 알고 있다고 말할 수 없습니다. 또한 체험이 없으면, 사람은 실제 밖에 있게 될 것이며, 스스로를 배반하는 결과를 초래할 것입니다. 다른 사람을 아픔과 진정한 사랑으로 대할 때, 그때 그리스도로부터 오는 이 진정한 사랑이 주위 사람의 마음을 긍정적으로 변화시키게 됩니다. 거룩함을 가지고 있는 사람은 어디를 가더라도 그의 주위에 전자기식의 영적인 영역을 만들어 그 영역 속에 있는 사람들에게 영향을 미칩니다. 물론 우리들의 사랑을 낭비하지 않도록 주의해야 하며, 우리들의 마음을 쉽게 주지 말아야 합니다. 자주 일부 사람들이 우리들의 마음을 이용하여 우리 마음을 짓밟아 버리거나 우리들을 이해하지 못하여 오해할 수 있기 때문입니다.

축일에 생기는 유혹

- *수도사님, 축일에 왜 유혹이 생기게 됩니까?*
- 그것을 모르십니까? 축일에 그리스도, 성모 마리아, 성인들은 기뻐서 사람들에게 축복을 내려 주시고, 영적인 선물들을 주십니다. 아이들이 축일을 맞으면 부모들은 대접을 하고, 왕자가 태어나면 왕은 감옥에 있는 사람들에게 형을 감해 주는데, 성인들이 대접하지 못할 이유가 어디 있습니까? 더욱이 그들이 주는 기쁨은 오래 지속되므로, 사람들이 도움을 많이 받습니다. 그래서 악마는 이것을 알고 있기 때문에, 첫째 사람들에게서 거룩한 선물이 결핍되게 하려고, 둘째 축일로부터 기쁨을 느끼지 못하게 하려고, 셋째 영적인 유익함도 얻지 못하게 하려고 유혹을 유발합니다. 그리하여 가끔 축일에 가족 모두가 성체성혈을 받으려고 준비할 때, 악마는 가족들 사이에 싸움을 일으켜 그들이 성체성혈을 받지 않는 것뿐만 아니라 교회도 가지 않게 만듭니다. 모든 거룩한 도움이 없게 될 때까지 악마는 이런 식으로 일을 저지릅니다.

이러한 현상은 수도사들의 수도 생활에도 역시 나타나게 됩니다. 악마는 유혹의 대명사로서 경험을 통해 우리가 축일에 영적으로 도움 받을 것이라는 것을 알고 있기 때문에 축일 당일, 정확하게는 축일 전야부터 종종 유혹을 유발하여, 우리의 모든 기분을 상하게 만듭니다. 예를 들어 우리가 동료 한 사람과 말다툼하게 만든 다음, 우리의 마음을 상하게 만들어 우리를 영적으로 육적으로 갈기갈기 찢어 놓습니다. 이렇게 악마는, 우리가 하느님께 감사하는 마음을 가지고 흐뭇하게 축일로부터 유익함을 얻도록 가만히 놓아두지 않습니다. 그러나 선하신 하느님께서는 우리가 원인을 유발한 것이 아니라, 악마의 질투에 의해 벌어진 것임을 보시면서, 우리를 도와주십니다. 또한 우리가 겸손하게 잘못을 우리 자신의 것으로 받아들이고 동료를 비난하지 않고 악마 또한 비난하지 않을 때, 이것은 더 긍정적으로 우리에게 유익하게 됩니다. 왜냐하면 사람은 하느님의 모습을 닮은 자로서 선행을 하고 평화가 퍼져 나아가게 해야 하는 반면, 악마가 하는 일이란 추문을 유발하여 악을 도처에 뿌리는 것이기 때문입니다.

2장

일과 영성 생활

일은 축복입니다.

- 수도사님, 예전에 사람들은 "담요보다 발바닥을 녹이는 것이 좋다."라고 말하곤 하였습니다. 이는 무엇을 뜻합니까?

- 게으름 피우며 침대에 누워있는 것보다 일하면서 발바닥을 따뜻하게 하는 것이 더 좋다는 의미입니다. 일은 축복이며 하느님의 선물입니다. 일은 육체에 힘을 주고 정신에 신선함을 줍니다. 하느님께서 일을 주시지 않았다면, 사람은 무위로 지냈을 것입니다. 근면한 사람들은 늘그막까지 일하기를 멈추지 않습니다. 아직 힘이 있는데도 불구하고 일을 그만둔다면 우울증에 빠질 것입니다. 근면한 사람들에게 있어 일을 그만둔다는 것은 죽음입니다. 내가 기억하는 것으로, 코니차에 사는 90세에 가까운 어떤 어르신이 계속 일을 하였습니다. 결국 그는 집에서 두 시간 떨어진 밭에서 이 세상을 떠났습니다.

일부 사람들이 요구하는 육체적인 휴식은 영구적인 상황이 아닙니다. 그 시간에 겨우 스트레스를 잊게 됩니다. 그들에겐 먹을 밥과 간식이 있으며, 그들은 수영을 하고 휴식 시간을 가집니다. 그러나 이 모든 것이 끝나면, 다른 휴식을 요구합니다. 이렇게 해서 무엇인가가 그들에게 부족하기 때문에 항상 괴로워합니다. 다시 말해서 허무함을 느끼기에, 그들의 마음은 이 허무함을 충족시키려고 또 다른 것을 요구합니다. 그렇지만 일에 피곤한 사람은 계속해서 기쁨을 느끼는데, 이 기쁨은 영적인 기쁨인 것입니다.

- *수도사님, 허리에 이상이 생기면, 아무 일도 할 수가 없습니다.*

- 허리에 대한 문제는 훈련이 필요하지 않습니까? 허리에 유익한 훈련으로써 일이 도움이 되지 않습니까? 내 말을 들어 보십시오. 사람이 먹고, 마시고, 자면서 일을 하지 않으면, 맥이 빠져 잠만 자기를 원합니다. 몸과 신경 조직이 느슨하게 되기 때문입니다. 그래서 천천히 아무 것도 할 수 없는 상태에 이르게 되어 좀 걷고 나면, 더 이상 걸을 수가 없게 됩니다. 그렇지만 일을 좀 하여 움직인다면, 다리와 손에 힘이 생길 것입니다. 일을 좋아하는 사람들은 잠을 많이 자지 않거나, 피곤에 의해 잠을 전혀 못 잘 수도 있지만 힘이 있습니다. 일로 단련되어 육체적으로 힘이 생기기 때문입니다.

특히 젊은이에게 일은 건강을 의미합니다. 남부럽지 않게 풍족하게 자란 몇몇 청년들이 군대에 입대한 후, 단련되어 강인하게 되는 것을 나는 보았습니다. 군대는 이런 청년들에게 좋은 일을 하게 됩니다. 물론 이는 예전에 있었던 일입니다. 오늘날 군대는 군인들을 강요하기를 주저합니다. 요즘의 군인들은 약간의 강요를 못 참고 자신의 손목을 긋거나, 신경과민에 빠지기 때문입니다. 자식들의 건강을 위해서, 누군가에게 돈을 지불하고서라도 자식들에게 일을 시켜보라고 나는 부모들에게 조언합니다. 젊은이들이 좋아하는 일을 하는 것만으로 족합니다. 신경증이 있는 젊은이가 머리는 영리한데 일을 하지 않으면, 멍청하게 됩니다.

더욱이 다른 사람들이 발전해가는 것을 보면, 이기주의로 심란해져 무엇으로도 만족하지 못하게 됩니다. 계속해서 쓸데없는 생각들을 하여 정신이 흐리멍덩하게 됩니다. 그러고 나서 악마가 그에게 다가가 '이 멍청아, 아무 것도 할 수 없는 무용지물이라니! 네가 아는 한 사람은 선생이 되었고, 다른 사람은 사업을 하여 돈을 번단다. 너는 결국 무엇이 될 것이냐?'라고 생각하게 만듭니다. 이렇게 하여 악마는 사람을 실망하게 만듭니다. 그러나 일을 한다면, 좋은 의미에 있어서 자신에 대해 신뢰를 갖게 될 것입니다. 그 역시 일을 처리해 나갈 수 있고 머리 또한 일에 신경을 쓸 것이므로, 잡다한 생각들로부터 멀어지는 자신을 보게 될 것입니다. 이렇게 해서 정신적으로 육체적으로 건강해지게 됩니다.

직업에 대한 선택

— *수도사님, 몇몇 부모들은 자신들의 직업을 자식들이 선택하도록 하고, 게다가 종종 자식들을 강요하기도 합니다.*

— 아닙니다. 잘하는 것이 아닙니다. 부모가 자식들에게 원하는 직업을 자식들이 좋아하지 않는다면, 부모는 그들을 강요해서는 안 됩니다. 나는 신학을 공부하고 난 다음 사제가 되려는 한 학생을 알게 되었습니다. 그러나 학생의 어머니는 자식이 신학 대학을 가도록 놓아두지 않고, 의대를 가도록 강요했습니다. 이 학생은 비잔틴 음악을 배웠고 성가를 불렀습니다. 혼자서 악기를 만들어 음을 찾곤 하였고, 악보를 보지 않고 반주를 하였습니다. 한마디로 이 학생은 음악에 재주가 있었습니다. 그리하여 뜨로빠리오와 예식 성가들, 그 외의 성가들을 작곡했습니다. 고등학교를 마친 후엔 신학 대학에 지원하여 합격했습니다. 하지만 그의 어머니는 괴로움으로 신경과민에 빠졌고 그 후 내게 와서 기도를 부탁했습니다. "수도사님, 제 건강이 좋아질 수 있도록 기도하여

주십시오. 제 자식이 원하는 것을 하기를 바랍니다." 어머니가 건강이 좋아지자, 다시 자식이 하고자 하는 것을 못하게 했습니다. 그 후 이 학생도 하던 것을 그만 두고 결국 쓸모없는 인간이 되었습니다.

나는 학문 선택의 여부에 대하여 문제시 되는 학생들에게 "적성에 맞는 것을 할 수 있을 때까지, 어느 학문을 좋아하는지 찾아보게나."라고 말합니다. 학생들이 하고자 하는 것이 적성에 맞지 않으면, 그들에게 도움이 되도록 하기 위해, 나는 그들이 적성에 맞는 것으로 마음을 돌릴 수 있도록 노력합니다. 다시 말해서 그들이 원하고 그들의 역량에 따라 직업을 선택할 수 있는 학문을 따르도록 그들을 돕습니다. 이것들을 하느님의 말씀에 따라 하는 것으로 족합니다. 누군가가 음악에 재능이 있습니까? 음악가가 되거나 좋은 성가 대원이 되는 것입니다. 그의 성가를 듣는 사람들이 교회를 사랑하고 기도를 사랑하게 되기까지, 그는 자신의 삶과 성가로 사람들을 도울 것입니다. 미술에 적성이 있습니까? 미술가가 되거나 성화 미술가가 되어 기적을 일으킬 성화들을 경건하게 그리십시오. 학문에 적성이 있습니까? 그곳에 열성을 다하여 착실하게 일하십시오.

사람이 어느 곳에 적성이 있는지 어려서부터 나타나는 것을 엿볼 수 있습니다. 한번 스토미오스 수도원에 누군가가 조카 둘을 데리고 왔습니다. 한 아이는 6살 정도였는데 우리들 곁에 앉아서 계속하여 여러 가지 질문을 하였습니다. 나는 아이에게 물었습니다. "자라서 무엇이 되고 싶니?" 아이는 "변호사가 되고 싶어요."라고 대답했습니다. 다른 아이는 보이지 않았습니다. 나는 삼촌에게 물었습니다. "다른 아이는 어디로 갔습니까? 혹시 낭떠러지에 떨어진 것은 아닌가요?" 우리는 아이를 찾기 위해 밖으로 나왔는데, 작은 작업실로부터 툭툭 치는 소리 같은 것이 들려 왔습니다. 그곳에서 우리가 무엇을 봤는지 아십니까? 그 아이가 대패 작업대에 있던 매끄러운 판자를 망치로 쳐서 엉망진창을 만들어 놓았습니다. 나는 그 아이에게 물었습니다. "이 다음에 자라서 무엇이 될래?" "가구 만드는 사람이 되고 싶어요." "그래, 가구 제작자가 되려무나. 판자를 망친 노고에 대한 가치가 있단다. 판자를 망친 것은 괜찮단다."

일에 대한 사랑

- 수도사님, 왜 많은 사람들이 직장에서 권태를 느낍니까?
- 그들이 하는 일을 좋아하지 않습니까? 혹시 똑같은 것에 전념합니까? 공장에서 종종 한 직공은 출근하여 퇴근할 때까지 붙이는 일만 계속하고 다른 직공은 유리를 다는 일, 또 다른 직공은 퍼티로 유리를 접합하는 일만 계속합니다. 계속해서 같은 일을 하는데, 이것은 하나의 단조로운 일이며, 직공들을 감독하는 상사가 있습니다. 이런 일을 하루 이틀 하고 끝내는 것이 아니라 오랜 기간 계속해야 하므로 싫증이 날 수밖에 없습니다. 예전엔 이렇지 않았습니다. 예를 들어 목수는 청부업자로부터 벽만 만들어진 집을 하청 받아, 집짓기를 완전히 마친 뒤, 집주인이 될 사람에게 열쇠를 전해 주어야 했습니다. 목수는 바닥을 만들고 문들의 손잡이들을 만들고 퍼티로 유리를 접합하고 달아야 했을 것입니다. 그리고 나서 계단을 구부러지게 하고 발코니의 모퉁이를 만들고 나서 색칠을 하였을 것이며, 옷장들과 선반들을 만들고 계속해서 다른 가구들도 만들었을 것입니다. 그리고 목수가 이 모든 것에 전념하지 않을지라도 그는 이것들을 만들 줄 알았습니다. 필요하면 지붕 또한 만들어, 기와도 올렸을 것입니다.

오늘날 많은 사람들이 자신의 일을 좋아하지 않기 때문에 고통을 당하고 있습니다. 언제 퇴근 시간이 올 것인가, 하고 시계만 쳐다봅니다. 그러나 일에 대해 열성이 있고 자신이 하는 일에 흥미를 가지고 있을 때, 일을 하면 할수록 열성 또한 더해집니다. 그 후 일에 전념하여 퇴근할 시간이 되었을 때, "벌써 시간이 다 됐어?"라고 말합니다. 식사도 잊고 잠도 잊고 모든 것을 잊어버립니다. 식사를 하지 않아도 배고프지 않고, 잠을 적게 자도 졸리지 않으며, 오히려 잠을 적게 잔 것에 대해 쾌감을 느낍니다. 이것은 배고픔이나 졸음에 시달리는 것이 아닙니다. 그래서 일은 사람에게 있어 축복입니다.

- *수도사님, 똑같은 일을 하는 두 사람 가운데 한 사람은 그가 하는 일로부터 영적인 유익함을 얻고 다른 사람은 손해를 보는데 어떻게 이럴 수가 있나요?*

- 개인 각자가 일을 어떻게 하고 마음속에 무엇을 가지고 있는가에 따라 다릅니다. 겸손한 마음으로 사랑을 가지고 일을 하면, 모든 것이 하느님의 빛과 은총으로 가득 차게 되어 내적인 휴식을 느낄 것입니다. 그러나 다른 사람보다 일을 더 잘한다고 교만한 생각을 하면 만족을 느낄 수는 있지만 이 만족이 마음을 채워주지 못하는데, 그의 영혼이 영적인 대처를 하지 않아 안정을 찾지 못하기 때문입니다.

또한 사람이 사랑 없이 일을 할 때, 피곤을 느낍니다. 어떤 일을 끝내기 위해 오르막길을 올라가야 한다는 것을 보는 것만으로 피곤을 느끼는 사람이 있는데, 이는 하는 일을 좋아하지 않기 때문입니다. 그러나 기꺼이 일하는 사람은 오르막길을 깨닫지 못한 채, 그 길을 올라갔다 내려갔다 합니다. 예를 들어 한 노동자가 뙤약볕에서 오랜 시간 동안 땅을 파면서도, 기꺼운 마음이 있다면 피곤을 느끼지 않습니다. 그러나 기꺼이 일을 하지 않으면, 계속 일을 멈추고 빈둥거리며 "젠장, 날씨가 매우 덥네."라고 불평을 합니다. 그리하여 그는 고통을 당하게 됩니다.

- *수도사님, 누군가가 자신의 학문이나 일에 전념하여 가정에 무관심할 수 있나요?*

― 단지 그의 일을 좋아하기 때문에 무관심한 듯이 보일 수도 있습니다. 일을 좋아하지 않는다면, 육체적으로 정신적으로 두 배나 피곤할 것입니다. 그리하여 육체적인 휴식 역시 그를 편히 쉬게 하지 않는데, 정신적인 피곤이 남아 있을 것이기 때문입니다. 사람을 애쓰게 만드는 것은 정신적인 피곤입니다. 사람이 기꺼이 일을 하고 기쁜 마음을 갖게 될 때, 정신적으로 휴식을 취하게 되며, 육체적인 피곤이 사라집니다. 나는 사병들의 일까지 맡아서 하는 한 장군을 알게 되었습니다. 그는 사병들에 대해 그들의 아버지처럼 얼마나 가슴 아파하는지 모릅니다. 그가 얼마나 기쁨을 느끼는지 아십니까? 그는 모든 것들을 기꺼운 마음으로 하였습니다. 착실하게 자신의 일을 하는 사람이 느끼는 보람은 진정한 보람입니다. 하느님께서는 그의 창조물이 피곤하지 않도록, 그들에게 보람을 느끼도록 하셨습니다. 이것이 피곤으로부터 오는 휴식입니다.

각자의 영적 재능을 사용하는 것

사람은 각자가 가지고 있는 재능을 올바르게 사용해야 하는데, 하느님께서 사람에게 재능을 주실 때는 그것으로부터 요구 하시는 것도 있기 때문입니다. 예를 들어 머리가 좋은 것은 하나의 힘이 되지만, 각자가 어떻게 이용하는가에 따라 좋을 수도 있고 나쁠 수도 있습니다. 아주 영리한 사람이 영리함을 올바르게 사용한다면, 세상에 이로운 발명을 할 수 있습니다. 그렇지만 영리함을 올바르게 사용하지 않는다면, 어떤 방법으로 다른 이의 물건을 도둑질할 것인가와 같은 나쁜 일에 몰두할 수 있습니다. 신문이나 잡지에 만화를 그리는 사람들은 만화나 풍자화 속에 사건 모두를 감추고 있습니다. 그리하여 이것이 교회의 주제들과 관계된다면, 모든 신학이 감추어져 있을 수 있습니다. 이들 중에 몇

몇이 신학을 공부했다면, 영특한 두뇌 덕에 거룩한 의미들에 대해 많이 통찰할 수 있었을 것입니다. 다시 말해서 머리가 잘 돌아가는 것을 가치 있게 이용하였을 것이고, 거룩하게 생활하였을 것이고 이것으로 자신과 다른 사람들을 도울 수 있었을 것입니다. 그러나 현재 많은 사람들이 부정적인 측면에서 일을 합니다. 철면피의 사람은 철면피한 일을 할 것이고 조롱을 잘하는 사람은 조롱하는 일을 할 것입니다.

다시 말해서 특별한 능력이 있는 사람들은 유용한 사람이 되거나 쓸모없는 사람이 될 것입니다. 반면 특별한 능력이 없는 사람들은 물론 아주 좋은 것을 할 수는 없지만, 아주 나쁜 것도 할 수는 없을 것입니다.

일과 스트레스

- *수도사님, 많은 사람들이 직장에서 집에 돌아올 때, 신경질이 나 있습니다.*
- 나는 사람들에게, 신경질을 이기지 못하여 집에서 싸움을 하기보다는 마음의 평온을 찾은 뒤에 귀가하라고 권고합니다. 일을 마치고 집에 가는 길에 교회에 들어가서 초를 켜고 잠시 머물거나, 공원에서 성경을 좀 읽고 간다면 침착한 마음으로 미소 지으며 귀가할 수 있습니다. 직장에서 대처해야 하는 문제들을 집으로 옮기지 않는 것이 좋습니다. 이 문제들을 문 밖에 남겨두는 것이 좋습니다.
- *수도사님, 그러나 몇몇은 직장에서 책임이 있어 스트레스가 쌓이기 때문에 어떤 면에서 변명이 됩니다.*

많은 사람들이 직장에서 머리를 쓰지 않고 일을 하여, 목적 없이 피곤해지며 일이 진척되지 않습니다. 나중에 그들은 감당하기 힘들어지므로 스트레스를 받게 됩니다. 예를 들어 누군가가 기술을 배우고 싶어 하지만, 주의를 기울이지 않고 하는 것 없이 시간만 소비하면시 그냥 왔나 샀다 하는데, 이는 바로 머리를 쓰지 않기 때문입니다. 직장에서 그에게 무엇이 필요한지 알아야 하며, 필요한 것을 더해야 합니다. 예를 들어 내가 속세에서 목수로 일을 했을 때, 내가 만든 가구들에 선반이 추가되어야 하는 것을 보았습니다. 뭐라고? 이 가구를 완성시키기 위해 다른 사람을 찾는다고? 어림도 없는 말이었습니다. 나는 선반을 구해서 그것을 만드는 일을 배웠습니다. 계속해서 원형 계단을 만드는 것이 필요하다는 것을 알게 되었습니다. 앉아서 산수를 떠올리며 계단 만드는 것을 연구했습니다. 머리를 쓰지 않으면 고생을 할 것입니다. 다시 말해 일을 하다보면 여러 가지 경우들이 생겨나므로, 머리를 써서 일을 해야 한다는 것을 나는 강조하고자 합니다. 이렇게 해서 누군가는 좋은 기술자가 되어 그 후부터는 무엇을 하고 어떻게 나아가야 하는지 알게 될 것입니다. 모든 기본은 여기에 있습니다. 모든 일에 머리를 써야 합니다. 그렇지 않으면, 사람은 퇴보하게 되며 시간을 낭비하게 됩니다.

일의 성화(聖化)

사람 각자는 기도와 삶으로 자신과 자신의 일을 거룩하게 해야 합니다. 그러나 주인이 되어 책임이 있다면, 그의 직원들을 영적으로도 돕는 것이 좋습니다. 내적인 상황이 좋으면, 그의 일을 역시 거룩하게 합니다. 예를 들어 젊은이들이 일을 배우려고 기술자에게 갈 때, 기술자는 일을 가르침과 동시에 젊은이들이 영적으로 사는 데 도움이 될 수 있도록 해야 합니다. 이것은 자신에게 유익할 뿐만 아니라 직원과 고객들에게도 유익하게 됩니다. 하느님께서 그의 일을 축복하여 주실 것이기 때문입니다.

각 종류의 직업들에는 거룩함이 있습니다. 예를 들어 의사는 사람들을 돕고 의학 발전에 기여하는 것이 하느님의 은총이라는 것을 잊어서는 안 됩니다. 그래서 사람은 자신이 하느님의 거룩한 은총의 도가니가 되도록 노력하는 것이 좋습니다. 착한 그리스도인인 의사는 학문과 동시에 선행과 믿음으로 환자들을 돕습니다. 그들의 병을 믿음을 가지고 대처하게끔 용기를 주기 때문입니다. 중병일 경우에 환자에게 "의학이 여기까지 발달하였습니다. 그러나 이제부터는 기적을 일으키시는 하느님이 계십니다."라고 말할 수 있습니다.

선생은 자신이 해야 하는 일을 기쁨을 가지고 할 수 있도록 노력해야 하며, 학생들의 영적인 재생을 위해 도와야 합니다. 왜냐하면 부모들이 하고자 하는 마음이 있음에도 불구하고, 모든 부모들이 자식들의 영적인 재생을 도울 만한 가능성을 가지고 있지는 못하기 때문입니다. 학생들이 글을 배움과 동시에 옳은 사람이 되도록 보살피는 것이 좋습니다. 그렇지 않으면 글이 학생들에게 무슨 소용이 있겠습니까? 사회는 옳은 사람들을 필요로 하며, 옳은 사람들은 직업의 종류에 상관없이 옳게 일을 할 것입니다. 선생은 학생들이 수업 내용을 이해했는지의 여부만을 신경 써서는 안 되고, 그들이 가진 좋은 점들, 즉 경건함, 선행, 착실함 등에 대해서도 고려해야 합니다. 하느님의 점수는 선생들이 학생들에게 주는 점수와 항상 일치하는 것은 아닙니다. 한 학생의 40점이 하느님께는 100점이 될 수 있고, 다른 학생의 100점이 하느님께는 40점이 될 수 있습니다.

직업으로 사람을 판단할 수 없습니다.

- 수도사님, 누군가가 일에서 어려움을 겪으면, 그 원인이 무엇인가요?
- 혹시 좋은 생각을 가지고 대처하지 않습니까? 바르게 대처한

다면, 그때 어떤 일을 하더라도 그 일은 축복일 것입니다.

― *수도사님, 누군가가 힘든 일을 하거나 또는 사람들이 선호하지 않는 일을 하여 다시 말해 건축 현장에서 노동을 하거나 식당에서 그릇 닦는 일들을 하기 때문에 속상할 때, 어떻게 대처해야 하나요?*

― 그리스도께서 제자들의 발을 씻겨 주셨다는 것을 생각한다면, 속상해 하는 것을 멈출 것입니다. 그리스도께서 하신 이것은 우리에게 "너희들도 이렇게 해야만 하느니라."라고 말씀하신 것입니다. 그릇을 닦는다거나 땅을 판다거나 할지라도 만족하는 것이 좋습니다. 누군가 다른 할 일이 없기 때문에 하수구를 청소하는데, 이 가엾은 사람은 계속해서 병균 속에 있습니다. 이 사람은 사람이 아닙니까? 이 사람은 하느님을 닮은 사람이 아닙니까? 직업으로서 하수구를 청소하던 가장이 있었는데, 그는 영적으로 높은 위치에 달해 있었습니다. 결핵에 걸려, 하던 일을 그만둘 수 있었음에도 불구하고, 다른 사람이 이 일을 대신하며 고생할 것을 생각하였기 때문에, 그만 두기를 원치 않았습니다. 그는 경멸 받는 삶을 좋아하였습니다. 그래서 하느님께서는 그를 축복하셨습니다.

직업이 사람을 만들지 않습니다. 나는 죽은 사람을 살려 낸 짐꾼을 알게 되었습니다. 이비론 스키티에서 내가 스키티 담당 책임자로 있었을 때, 어느 날 55세 정도 된 사람이 나를 방문했습니다. 그는 오후 늦게 스키티에 왔었는데, 수도사들을 귀찮게 하지 않으려고 스키티의 문을 두드리지 않고 밖에서 잠을 잤습니다. 수도사들이 그를 보았을 때, 그를 안으로 데려가 나에게 연락했습니다. 내가 "종을 쳤으면 누군가 자네에게 문을 열어주어 안에서 쉴 수 있었을 텐데 왜 종을 치지 않았는가?"라고 물었더니, 그는 "수도사님, 무슨 말씀을 하십니까? 어떻게 제가 수도사님들을 귀찮게 만들 수가 있겠습니까?"라고 대답했습니다. 나는 그의 얼굴에 빛이 서려있음을 보았습니다. 나는 그가 매우 영적으로 살았을 것이라는 것을 느꼈습니다. 나중에 그는 자신의 삶에 대하여 얘기해주었습니다. 그는 어릴 적에 부친을 여의었기 때문에, 결혼한 뒤 장인어른을 아주 사랑했습니다. 먼저 처가 집을 들른 다음에, 자신의 집으로 가곤 하였습니다. 그러나 장인어른이 욕을 많이 했기에 무척 괴로워했습니다. 장인어른께 욕을 하지 말아달라고 여러 번 부탁했지만 점점 더 많이 욕했습니다. 언젠가 장인어른이 중병을 앓아 병원에 입원했고, 며칠 후 이 세상을 떠났습니다. 이 사람은 배에서 짐을 운반하는 짐꾼으로, 그 시각 일을 해야 했기에 장인어른의 임종을 지키지 못했습니다. 그가 병원에 갔을 때 장인어른은 이미 영안실에 있었고, 그는 그분을 위해 쓰라린 마음으로 "하느님, 죄송하지만, 저희 장인어른이 회개를 할 수 있도록 잠시만 살려 주십시오. 그런 다음 그분을 데려가십시오."라고 기도를 하였습니다. 그랬더니 죽었던 사람이 곧 눈을 뜨고 손을 움직이기 시작했습니다. 병원에서 일하는 사람들은 죽었던 사람을 보자마자 사라졌습니다. 그는 병원에서 장인어른의 퇴원 수속을 밟은 뒤, 병이 완전히 나은 장인어른을 집으로 모셔갔습니다. 장인어른은 회개하면서 5년간 더 살았으며, 그 후 이 세상을 떠났습니다. 그는 "수도사님, 제게 이러한 은총을 베풀어 주신 하느님께 매우 감사드립니다. 제가 누구라고 하느님께서 제 말을 들어 주셨단 말입니까?"라고 말했습니다. 그는 아주 순수했고 겸손했습니다. 그리하여 죽었던 사람이 자신에 의해 되살아났다는 것이 그의 뇌리를 전혀 스치지 않았습니다. 하느님께서 자신에게 베풀어 주신 일에 대하여 감사하는 마음으로 그의 마음이 여려져 있었습니다.

　많은 사람들이 사회적인 지위와 명예를 추구하지 못하여 또는 덧없는 것들로 부자가 되지 못하여 괴로워합니다. 이것들이 다른 세상, 즉 진정한 세상에 필요하지 않으며 그곳으로 옮길 수 없다는 것을 생각하지 않습니다. 그곳엔 우리가 이 세상에서 한 행실들만을 옮길 것이며, 이 행실들이 우리를 이곳으로부터 끌어 올려, 여권의 종류에 따라 우리는 우리의 길고 영원한 여행을 하게 될 것입니다.

3장

일상생활에 있어서의 금욕

수도로 영적인 삶이 발전됩니다.

- 수도사님, 수도사님께서 "영적인 투쟁에 봉쇄가 필요합니다."라고 말씀하신 적이 있습니다. 이는 무엇을 의미합니까?

- 전쟁에서 적의 이동을 봉쇄하려고 노력합니다. 그들을 포위하여 성 안에 가두고는 굶긴 채 내버려 둡니다. 그 후 물조차 주지 않습니다. 기본적인 양식과 무기가 떨어진다면 적은 항복할 것이기 때문입니다. 이처럼 금식과 철야 예배로써 악마가 무기를 거두어 물러가게 된다고 나는 말하고자 합니다. "금식, 철야 예배, 기도로써 하늘나라의 은총을 받게 됩니다."[1]라고 성가 작가는 말합니다.

사람은 수도를 통해 인간의 본성을 초월합니다. 보다 질 높은 영적인 목적을 지향하면서 금욕해야 합니다. 살을 빼기 위해 금욕을 한다면, 이는 또한 건강을 보살피는 결과가 됩니다.

---

[1] Απόσπασμα από το απολυτίκιο των Οσίων: "της ερήμου πολίτης & εν σώματι άγγελος."

수도를 하여 거룩하게 된 속세의 사람들을 나는 알게 되었습니다. 한 속세의 사람이 자식과 함께 아토스 성산에 와서 오랫동안 일을 하다가 그만둔 것이 얼마 되지 않았습니다. 그 후 그는 고향에서 좋은 일자리를 구해 가족 모두가 함께 살기 위해, 자식을 데리고 아토스 성산을 떠나려 했습니다. 하지만 그의 아들은 수도사들의 삶에 대하여 매우 감동을 받았고 스트레스가 있는 속세의 삶을 떠올리면서, 아버지를 따라 고향으로 되돌아가기를 원치 않았습니다. 그러면서 아버지에게 "아버님, 다른 자식들도 있으니, 자식 하나를 성모 마리아의 정원에 남겨 놓으세요."라고 말했습니다. 그가 끈질기게 원했기에, 아버지는 자식을 남겨 놓고 떠나야 했습니다. 이 청년은 배우진 못했으나, 아주 기민하고 성실했으며 순수했습니다. 그는 수도사로서의 의무를 다하지 못할 것이라고 생각했기에, 수도사가 되는 것에 대해 자신을 매우 가치 없는 사람으로 느꼈습니다. 그리하여 그는 예전에 짐승들을 위해 사용했던 작은 칼리비를 발견하여, 돌과 고비들을 모아 문과 창문을 닫아버리고 간신히 드나들 수 있을 만한 작은 둥근 구멍만을 남겨 놓았습니다. 이 작은 구멍을 그곳에 버려졌던 낡은 외투로 안에서 닫을 수 있게 만들었습니다. 불도 켜지 않았는데, 새들의 둥지들이 그의 칼리비보다 더 좋았으며 짐승들의 우리조차도 그의 칼리비보다 더 좋았습니다. 그러나 이 청년이 그리스도에 대하여 노력했기 때문에, 그의 영혼이 느끼는 기쁨을 부유한 궁전에 사는 사람들은 느끼지 못했으며, 그리스도께서는 그의 칼리비뿐만 아니라 영적인 성전, 즉 그의 몸과 마음속에도 머무르셨습니다. 그래서 그는 천국 속에서 살고 있었습니다. 그가 가끔씩 둥지에서 나와 켈리에 들릴 때, 수도사들이 밭에서 일하는 것을 보곤 하였습니다. 그는 일을 도왔고, 수도사들은 그에게 딱딱한 빵 조금과 올리브 열매들을 주었습니다. 수도사들이 그가 일하도록 내버려두지 않으면, 그는 수도사들이 자신에게 주는 식량들을 받지 않았습니다. 그는 받는 것들에 대해 두 배로 일을 하여 갚았습니다. 겉으로 드러내지 않고 수수하게 그리고 소리 없이 살았기 때문에, 하느님만이 그의 영성 생활을 알고 계셨습니다. 그러나 사람들에게 알려진 한 사건을 통해 혹자는 많은 것을 이해할 수 있을 것입니다. 한번 그는 어느 수도원에 들러 사순절이 언제 시작되는지 묻고서, 그에겐 모든 날들이 사순절이었음에도 불구하고, 자신의 둥지로 가서 나오지 않았습니다. 시간이 흐르는 것을 깨닫지 못한 채 거의 3개월이 지났습니다. 어느 날 밖으로 나와 부활절이 언제인지 묻기 위해 한 수도원에 갔습니다. 그는 성찬예배에 참석하여 성체성혈을 받았으며, 수도사들과 함께 수도원의 식당으로 갔습니다. 그는 식탁 위에 있던 빨간 계란들을 보고 의아하게 여겨 (그때는 이미 부활절 경축기간이 끝나가고 있었음) 한 수도사에게 "부활절이 되었습니까?"라고 물었습니다. 수도사는 "부활절이라고? 내일이 주 예수 그리스도 승천 축일이라네."라고 대답했습니다. 다시 말해서 그는 사순절 내내 금식을 했던 것뿐만 아니라 주 예수 그리스도 승천 축일까지 40일간을 더해, 모두 80일간 금식을 했던 것입니다. 이러한 방법으로 그는 이 세상을 떠날 때까지 투쟁을 하였습니다. 그가 죽은 후 두 달이 지났을 때 한 사냥꾼이 그의 시신을 발견하여 경찰과 의사에게 알렸습니다. 의사는 내게 "시신에서 악취가 났던 것이 아니라 반대로 향기가 났습니다."라고 말했습니다.

자발적인 금식

사람은 금식으로 그의 의지와 의욕을 내보입니다. 성실하게 수련을 하면 하느님께서 도와주십니다. 그러나 자신을 조이면서 "어찌하면 좋을까? 금요일이니 금식을 해야만 한다."라고 말하면, 고통을 당하게 될 것입니다. 하지만 그리스도에 대한 사랑 때문에 금식을 한다는 의미를 깨달으면, 기뻐하게 될 것입니다. "이날 그리스도께서 십지기에 못 박히셨어. 사람들은 그리스도께 마실 물조차 드리지 않았으며, 식초를 드렸어. 나 역시 하루 종일 물을 마시지 않을 거야."라고 생각하는 것입니다. 이렇게 한다면, 가장 좋은 음료수를 마시는 사람보다 더 질 높은 기쁨을 느끼게 될 것입니다.

예언자가 어떻게 이야기했는지 기억하십니까? "주께서 시키신 일, 건성으로 하다가는 천벌을 받으리라."[2]라고 했습니다. 누군가가 금식을 하려 하지만 먹지 않으면 다리가 떨려 넘어지므로, 다시 말해서 인내와 건강 등이 허락되지 않기 때문에 금식을 할 수 없는 것과 금식할 조건들을 갖추고서 금식을 하지 않는 것은 다릅니다. 그때 하고자 하는 마음이 어디에 있습니까? 분투하기를 원하는데 할 수 없는 사람의 괴로움은 많은 수련을 대신합니다. 그래서 위의 사람은 힘이 있어 분투를 하는 사람보다 더 많은 보상을 받게 됩니다. 바로 흐뭇함도 느끼기 때문입니다. 오늘 55세 정도 된 가엾은 한 여인이 와서, 금식을 할 수 없는 슬픔으로 울었습니다. 그녀는 남편의 요청으로 이혼을 했습니다. 자식 하나가 있었지만, 교통사고로 잃어 그녀 혼자 남게 되었습니다. 친정어머니는 이 세상을 떠났고, 그녀에겐 살 집도 없고 먹을 것도 없었습니다. 가끔 이 집 저 집으로 다니면서 일을 하였습니다. 가엾은 그녀는 내게 말했습니다. "수도사님, 제가 아무 것도 하지 않으므로 마음이 무겁습니다. 모든 것들 중에 가장 나쁜 것은 제가 금식을 할 수 없다는 사실입니다. 사람들이 제게 주는 것을 먹습니다. 때때로 수요일과 금요일에 금식 때 먹을 수 있는 음식을 주는 경우도 있지만, 먹을 수 없는 음식을 자주 제게 주어 어쩔 수 없이 먹게 됩니다. 먹지 않으면 체력이 달려 제대로

---

2 예레미야 48:10

설 수가 없기 때문입니다." 나는 "힘이 없으니 드십시오."라고 말했습니다. 사람 각자는 자기 자신을 잘 관찰해야 합니다. 자신의 힘으로 견딜 수 없으면, 음식을 좀 더 먹을 수 있습니다. 닐로스 성인은 "당신의 힘을 측정해 보십시오."라고 말씀하셨습니다.

가벼운 위(胃)가 주는 만족

누군가가 음식을 절제하지 않을 때, 그는 큰 위(胃)를 갖게 됩니다. 그렇지만 절제를 하면서 자신에게 필요한 것만을 먹을 때, 신체 기관은 이를 배출하여 신체에 남을 것이 없게 됩니다.

음식의 다양성은 위를 늘어나게 만들며, 구미가 당기게 만듭니다. 그렇지만 동시에 무기력과 갈증을 유발합니다. 식탁에 한 가지 음식만 있는데 이 음식이 별로 맛이 없다면 이것을 다 먹지 않을 것이며, 반대로 이것이 맛이 있어 욕심을 부린다면 좀 더 많이 먹을 것입니다. 그러나 식탁 위에 생선, 국, 여러 종류의 반찬, 과일 그리고 단 것들이 있을 때엔, 이 모든 것을 먹으려 하고 다른 것을 더 요구합니다. 하나가 다른 하나를 자극하기 때문에, 식욕이 모든 것들을 끌어당깁니다. 그렇지만 사람은 아무도 받아들이지 않습니다. 이 사람을 싫어하고 저 사람을 싫어합니다. 그러나 불쌍한 위는 사람이 먹는 모든 것에 대하여 참습니다. 우리는 위에게 모든 것을 소화하는지 물어 본 적이 있습니까? 다시 말해서, 논리가 없는 위는 선(善)에 있어 우리를 능가하여 모든 것들을 소화하려고 노력을 합니다. 그러나 때때로 어떤 음식이 다른 음식과 맞지 않아, 이 음식들이 위 안에서 소화될 수가 없습니다. 그때 위는 무엇을 할 수 있단 말입니까? 그 후 소화불량이 시작됩니다.

- 수도사님, 많이 먹는 습관을 어떻게 끊을 수 있나요?
- 브레이크를 거는 것이 필요합니다. 위에 부담 가는 것을 피

하기 위해 좋아하는 무언가를 먹지 마십시오. 그렇지 않으면 위가 서서히 늘어날 것이기 때문입니다. 위는 아바스 마카리오스가 말하는 나쁜 "세관원"처럼 이후에 계속해서 요구합니다. 식사를 하는 시간에는 만족하지만, 식사 후 잠자기를 원하게 되며 일을 할 수도 없습니다. 반면 적은 종류의 음식을 먹으면, 식욕을 줄이는 데 도움이 됩니다.

- 수도사님, 다양한 종류의 음식이 있지만 적은 양을 먹으면, 같은 어려움이 있게 됩니까?

- 네, 같은 어려움이 있게 됩니다. 그러나 음식의 "작은 토막"들은 "정부"를 만드는 "정당"들이 될 수 없습니다. 다양한 종류가 있을 때, 위에 여러 가지를 모으는 것과 같아 하나가 다른 하나를 괴롭혀, 그들 사이에 치고 박고하며 소화 불량을 느끼기 시작합니다.

간소한 음식에 의한 만족은 가장 좋은 음식이 주는 만족보다 더 큽니다. 어린 시절에 숲에서 겨우 과자 한 조각만 먹곤 했을 때, 나는 다른 것을 원치 않았습니다. 가장 좋은 음식들은 내가 느꼈던 영적인 그 만족을 대신할 수 없었습니다. 나는 기쁨을 가지고 기꺼이 그렇게 하였습니다. 하지만 많은 사람들이 가벼운 위에 대한 만족을 느끼지 못합니다. 처음에 맛있는 것을 먹을 때 만족을 느끼게 되어, 욕심이 생겨 폭식을 하는데, 특히 나이가 많은 경우에 위에 부담감을 느끼게 되며, 이렇게 해서 가벼운 위에 대한 만족을 빼앗기게 됩니다.

5부

삶에서의 시험들

"천국으로 가기 위해
우리가 시험들을 거침으로써 오는 여권을 손에 쥘 때까지
이 세상에서 많은 쓴맛을 보아야 합니다."

1장

"불과 물속을 지나가게 하셨습니다."[1]

십자가적 시험

- 수도사님께서 주신 십자가를 계속 목에 걸고 있는데, 제가 어려움에 처할 때 이 십자가가 저를 돕습니다.

- 우리의 십자가는 우리 목에 거는 십자가처럼 그렇게 작은 십자가이며 삶에서 우리를 보호합니다. 우리가 큰 십자가를 지니고 있다고 생각하십니까? 단지 그리스도의 십자가만이 아주 무거운 것이었는데 인간들, 즉 우리들에 대한 사랑 때문에, 그리스도께서는 자신에게 그의 거룩한 힘을 사용하기를 원치 않으셨기 때문입니다. 계속해서 그리스도께서는 이 세상 모든 사람들의 어려움과 고통을 들어 올리시어, 거룩한 도움과 따스한 위로로 우리가 겪는 시험들로 인한 고통에서 우리 마음을 가볍게 하십니다.

선하신 하느님께서는 사람 각자의 인내력에 따라 십자가 하나를 주십니다. 이것은 사람이 고통을 겪게 하시려는 것이 아니라, 십자가에 의해 사람이 하늘나라로 올라가게 하시려는 것입니다.

---

[1] 시편 66:12.

실제로 십자가는 하늘을 향해 올라가는 계단이기 때문입니다. 시험을 당하면서 받는 고통으로부터 어떤 보물을 받을 것인가를 우리가 깨닫는다면, 신음하지 않고 하느님께서 주신 작은 십자가를 들어 올리면서 하느님을 찬양할 것입니다. 그리하여 우리들은 이 세상에서 살면서 기뻐하고 다른 세상에서는 더 많은 보상을 받을 것입니다. 하느님께서는 하늘나라에 우리를 위한 안전한 농장을 가지고 계십니다. 그러나 시험으로부터 우리를 면제해 달라고 요청한다면, 하느님께서 이 농장을 다른 사람들에게 주서서 우리는 농장들을 잃게 될 것입니다. 그러나 고통을 참는다면, 농장에 이자를 더하여 주실 것입니다.

이곳에서 고통을 당하는 사람은 행복합니다. 이 세상에서 더 많은 고통을 당하면 당할수록 죄를 갚게 되어, 다른 세상에 대해 더 많이 도움을 받기 때문입니다. 시험으로부터 오는 역경들은 돈이나 하느님께서 우리에게 주시는 재능보다도 더 가치 있습니다. 하나의 시험이 아닌 여러 가지의 시험을 당하는 사람은 행복합니다. 고난이나 순교자적인 죽음 역시 깨끗한 대가입니다. 그래서 시험에 들 때마다 "하느님, 감사합니다. 제 구원을 위해 이것이 필요했습니다."라고 말합시다.

시험은 우리가 제자리로 돌아올 수 있도록 도움을 줍니다.

- 수도사님, 제 가족의 시련에 대하여 들었습니다. 언제 그들의 시련이 끝나겠습니까?

- 참으십시오. 하느님에 대한 희망을 잃지 마십시오. 당신의 가족이 겪는 모든 시련에 대해 내가 깨달은 것으로, 하느님께서는 당신들을 사랑하시며 가족 모두의 영적인 정화를 위해 이 모든 시험을 주셨습니다. 당신의 가족이 겪는 시련을 세속적인 의미로 본다면 불행하게 보입니다. 그러나 이를 영적으로 보면 당

신들은 행복하며, 이 세상에서 행복하다고 간주되는 사람들이 다른 세상에서 당신들을 부러워할 것입니다. 당신의 부모님은 고귀한 방법, 즉 영적인 방법을 알지 못하거나 깨닫지 못하고 있기 때문에, 이러한 방법으로 훈련될 수 있습니다. 이에 대해 그렇게도 기도를 많이 하지만 이루어지지 않는 것을 보면, 당신의 가족과 다른 가정들이 겪는 시련들 속에 하나의 신비가 숨어 있음을 알 수 있습니다. "당신의 그 값진 사랑 어찌 형언하리이까?"[2] 하느님께서 손을 쓰셔서 시험이 끝나기를 바랍니다.

- *수도사님, 시험이 아닌 다른 방법으로 사람이 제정신으로 돌아올 수 없나요?*

- 하느님께서는 처음에 좋은 방법으로 일을 하셨습니다. 하지만 사람들이 이를 깨닫지 못했기 때문에 시험을 허락하셨습니다. 한 아이가 짓궂게 행동할 때, 아버지는 처음에 좋은 방법으로 대하고 그냥 내버려 둡니다. 그러나 이 아이가 바뀌지 않으면, 아이를 바로 잡기 위해 엄하게 대하는 것을 볼 수 있습니다. 이처럼 하느님도 누군가가 가끔 좋은 방법으로는 깨닫지 못하면, 제정신으로 돌아올 수 있도록 시험을 주십니다. 사람에게 약간의 고통과 병과 그 외의 것들이 없었다면, 사람들은 맹수가 되었을 것입니다. 그 결과 하느님께 전혀 다가가지 않았을 것입니다.

이 세상에서의 삶은 헛되며 짧습니다. 이곳에서의 삶의 기간은 짧습니다. 이렇게 기간이 짧은 것은 다행입니다. 몸에 좋은 쓴 약처럼 영혼을 치료하는 쓴 약, 즉 어려움들이 빨리 지나갈 것이기 때문입니다. 가엾은 환자들은 몹시 아픈데도 의사는 그들에게 쓴 약을 줍니다. 효용이 있는 것은 단약이 아니라 쓴 약이기 때문입니다. 건강은 쓴 약으로부터 나오며 영혼의 구원 역시 쓴 것으로부터 나온다는 것을 나는 말하고 싶습니다.

---

[2] 시편 36:7.

아픔으로 우리를 방문하시는 그리스도

첫째 시험을 겪지 않는 사람, 둘째 아프기를 원치 않는 사람, 셋째 고생하기를 원치 않는 사람, 넷째 사람들이 자신을 괴롭히거나 자신에게 잔소리 하는 것을 원치 않는 사람, 다섯째 잘 지내기를 원하는 사람은 현실 파악을 못하는 사람입니다. 시편에서는 하느님께서 우리를 "남에게 머리를 짓밟히게 하셨으며 불과 물속을 지나가게 하셨습니다."3라고 말하고 있습니다.

우리의 성모 마리아께서 고통을 받으셨고 성인들께서도 고통을 받으셨습니다. 그러므로 같은 길을 향해 가고 있는 우리들도 같이 고통을 겪어야 합니다. 우리가 그리스도를 믿지 않는 이들과 다른 것은, 이 세상에서 고통을 당할 때 고통의 대가를 통해 구원받을 수 있게 된다는 것입니다. 그리스도께서는 아픔을 가지고 이 세상에 오셨습니다. 하늘에서 내려 오셔서 혈육을 취하시고 고난을 당하시고 십자가에 못 박히셨습니다. 그래서 지금 그리스도인은 아픔을 통하여 그리스도의 방문을 깨달을 수 있습니다.

아픔이 사람을 찾아올 때, 그리스도께서는 아픈 사람을 방문하십니다. 사람이 아무런 시험을 겪지 않는 것은 하느님께서 그의 곁을 떠나신 것과 같습니다. 대가를 치르지도 않으며 보상을 저축하지도 않습니다. 나는 그리스도의 사랑에 대하여 고난 받기를 원치 않는 사람에 관련해서 위의 것을 말하고자 합니다. 그 사람은 '나는 건강하고, 식욕이 있어 잘 먹으며 조용히 잘 지낸다.'라고 생각하면서, "하느님이 보호하사 잘 지냅니다."라고 말하지 않습니다. 적어도 하느님의 모든 축복을 인정한다면, 문제는 어느 정도 해결됩니다. "나는 이런 것들을 가질 만한 가치가 없다. 그러나 내가 허약하기 때문에, 하느님께서 나를 도와주신다."라고

---

3 시편 66:12.

말하는 것이 좋습니다. 암브로시오스 성인은 언젠가 일행과 함께 한 부잣집에 머물게 되었습니다. 성인은 부자의 굉장한 부(富)를 보면서, 가끔 슬픔을 경험한 적이 있는지를 물었습니다. 부자는 "아닙니다. 그런 적이 없었습니다. 재산은 계속 증가하고 농사는 잘 되어 가며, 아픈 적도 없고 앓은 적도 없습니다."라고 대답했습니다. 그때 성인은 눈물을 흘리면서 일행에게 "여기로부터 빨리 떠날 수 있도록 준비 하시게나. 하느님께서 이 부자를 방문하시지 않으셨기 때문이네."라고 말했습니다.

"하느님은 사랑하는 사람에게 고통을 주신다." [4]

- 수도사님, 오늘날 사람들이 왜 그렇게도 많은 고통을 당해야 하나요?

- 하느님의 사랑에 의해서입니다. 당신은 수녀로서 아침에 해야 하는 일을 하고, 기도 매듭을 갖고 기도하고, 절을 하면서 기도하고 그 밖의 것들을 합니다. 속세의 사람들이 겪는 어려움은 그들의 규칙인데, 이 어려움으로 그들은 정결하게 됩니다. 어려움들은 세속적인 안락한 삶보다 그들을 더 유익하게 만듭니다. 반대로 안락한 삶은 사람들이 하느님께 가까이 가려는 것도, 하늘에서 받을 보상을 저축하는 일도 돕지 않습니다. 그래서 어려움들을 하느님으로부터 받는 선물로 받아들여야 합니다.

선하신 하느님께서는 자식들이 당신 곁으로 돌아오기를 원하시기 때문에, 인자하신 아버지로서, 사랑과 거룩한 자비로운 마음에 의한 시험으로 자식들을 가르치십니다. 이것은 악의 때문이 아니며 세속의 법적인 정의 때문도 아닙니다. 다시 말해서 당신의 창조물들이 구원되어 하늘나라를 상속 받기를 원하시기 때문에, 악

---

[4] 잠언 3:12 참조.

마가 하느님께 "이 사람은 노력하지 않았는데, 어떻게 이 사람에게 보상을 주고 구원하실 것입니까?"라고 말할 여지가 없도록, 창조물들이 아픔을 인내하고 투쟁하면서 시험을 치르도록 허락하시는 것입니다.

- *수도사님, 그런데 왜 어떤 사람들에게는 많은 시험을 주시고, 다른 사람들에게는 주시지 않습니까?*

- 성경에 뭐라고 합니까? "하느님은 사랑하는 사람에게 고통을 주십니다."라고 합니다. 예를 들어 한 아버지에게 여덟 명의 자녀들이 있다고 합시다. 여덟 명 중 다섯 명은 아버지 가까이에서 살고 세 명은 먼 곳에 살면서 아버지를 생각하지 않습니다. 아버지와 가까이 사는 자식들이 말썽을 부리면, 아버지는 귀를 잡아당기거나 매를 듭니다. 반대로 자식들이 착하게 행동하면, 얼굴을 어루만지며 초콜릿을 주기도 합니다. 그렇지만 멀리 있는 자식들에겐 어루만짐도 없고 매도 없습니다. 하느님 역시 이와 같이 하십니다. 하느님 가까이에 있는 사람들, 그리고 좋은 열성이 있는 사람들이 잘못을 좀 저지르면, 하느님께서는 그들에게 매를 주셔서 죄를 갚게 하시거나 더 많은 매를 주시어 하늘나라에 저축을 하게 하십니다. 하느님으로부터 멀어진 사람들이 회개할 수 있도록 시간을 주십니다. 그래서 종종 사람들이 중대한 죄를 범함에도 불구하고, 시험에 들지 않고 물질적으로 풍족한 채 오랫동안 잘 사는 것을 봅니다. 사람들이 회개하도록 하기 위해, 하느님의 섭리에 따라 이런 일이 있게 됩니다. 회개하지 않으면, 다른 세상에서 변명의 여지가 없을 것입니다.

사람들의 시험에 대해 가슴 아파하시는 하느님

사람들에게 얼마나 많은 고통과 고난이 있는지 모릅니다. 또 얼마나 많은 문제들이 발생하는지 모릅니다. 그리하여 몇몇 사람들은 위로를 좀 받고자 이곳에 와서, 모든 것을 급하게 2분 안에 말합니다. 고통에 시달리는 한 어머니가 "수도사님, 제가 더 이상 견딜 수 없는 순간들이 옵니다. 그때 저는 '그리스도여! 잠시 고통을 멈추게 하신 후 다시 고통이 시작되게 하소서!'라고 외칩니다."라고 말했습니다. 사람들에게 기도가 얼마나 많이 필요한지 모릅니다. 그렇지만 시험 하나 하나는 하느님으로부터 오는 선물이며 다른 세상에서 필요한 하나의 점수입니다. 다른 세상에서 있을 보답에 대한 이 희망은 나에게 기쁨과 위안, 그리고 용기를 줍니다. 그래서 나는 많은 사람들이 당하는 시험들에 대한 아픔을 견딜 수가 있습니다.

하느님께서는 바알이 아니십니다. 사랑의 하느님이십니다. 여러 가지 유혹에 시달리는 자식들의 고통과 시험을 보는 아버지십니다. 그래서 하느님께서는 우리들에게 보상을 해주실 것입니다. 우리는 시험이라는 작은 순교, 더 정확히 말해서 축복이라는 작은 순교에 대하여 참는 것으로 족합니다.

- 수도사님, 어떤 사람들은 *"하느님께서 허락하신 이것은 잔인하지 않습니까? 하느님께서는 마음이 아프시지 않습니까?"*라고 말합니다.

- 병과 마귀에 시달리고, 무자비한 인간들에게 시달리는 사람들, 또 그 밖의 것들에 시달리는 사람들에 대한 하느님의 아픔엔 또한 기쁨도 포함되어 있는데, 이 기쁨은 하느님께서 그들을 위해 준비하시는 하늘나라에서의 보상입니다. 다시 말해, 시험을 당하는 사람이 하늘나라에서 받을 보상을 헤아리시는 것과 다른 세상에서 무엇이 그를 기다리고 있는지 알고 계시는 것, 이 두 가지가 하느님께서 아픔을 견디실 수 있게 합니다. 하느님께서는 이 세상에서 헤로데스가 그렇게도 많은 범죄를 저지르도록 허락하셨습니다. 만 사천 명이나 되는 아기들을 죽였고 자식들을 죽이지 못하게 한 많은 부모들을 참살했습니다. 무자비한 군인들은

상관들에게 용맹을 과시하고자 어린 아이들을 토막 내었습니다. 어린 아이들이 고통을 당하면 당할수록 하느님께서는 더 마음 아파하셨습니다. 그러나 또한 이 어린 아이들이 하늘나라에서 즐길 더 큰 영광에 대하여 그렇게도 많이 기뻐하셨습니다. 순교 천사단을 구성하고 있을 이 작은 천사들에 대하여 기뻐하셨습니다. 이 어린 아이들은 순교에 의한 천사들인 것입니다.

슬픔에 대해 진정한 위로를 주시는 하느님

하느님께서는 가까이에서 자식들의 고통을 지켜보시며, 선하신 아버지로서 자식들을 위로하십니다. 하느님께서 당신의 어린 자식이 고통 받는 모습을 보고 싶어 하신다고 생각하십니까? 어린 아이의 모든 고통과 눈물을 헤아리시면서 훗날 이에 대한 보상을 해주십니다. 단지 하느님께서만이 슬픔에 대하여 진정한 위안을 주십니다. 그래서 진정한 삶을 믿지 않는 사람, 그리고 하느님을 믿지 않는 사람은 자신이 겪는 시험에 대하여 하느님으로부터 동정을 바랄 때까지 실망만 거듭하여 삶이 무의미하게 됩니다. 그는 이 세상에서 언제나 도움 없이 머물게 되며, 위로를 받지 못한 채 고통에 찌들게 되고 그리하여 다른 세상에서도 같은 상황에 있게 될 것입니다. 즉 지옥으로 가게 될 것입니다.

그렇지만 영적인 사람들은 모든 시험을 그리스도 가까이에서 대처하기 때문에, 자신들의 슬픔이 없습니다. 다른 사람들의 슬픔과 쓰라림을 모으며, 동시에 하느님으로부터 오는 많은 사랑을 모읍니다. 나는 뜨로빠리오 "지극히 거룩하신 성모여, 인간이 저를 보호하도록 하지 마시고 당신께서 저를 보호하여 주소서."를 부를 때, 가끔 "그러나 제 소기원을 받아들여 주소서."에서 성가를 멈춥니다. 슬픔이 없는데 어떻게 "슬픔이 나를 찾아와 참을 수가 없나이다."를 부를 수 있단 말입니까? 내가 거짓말을 해야 합니까? 사람이 올바르게, 즉 영적으로 대처할 때, 모든 것들이 바뀌기 때문에 영적인 대처에는 슬픔이라는 것이 없습니다. 아픔으로 인한 쓰라린 마음을 자애로우신 그리스도께 기대면, 쓴 맛과 쓴 약인 괴로움과 고난은 꿀로 바뀔 것입니다.

누군가가 영성 생활의 신비와 하느님께서 하시는 신비로운 방법을 깨닫는다면, 자신에게 생기는 모든 일에 대해 괴로워하는 것을 멈추게 됩니다. 영혼의 건강을 위해 하느님께서 주시는 쓴 약을 기쁜 마음으로 받아들이게 되기 때문입니다. 영혼을 깨끗하게 해 달라고 하느님께 계속 간구하므로, 모든 것을 기도의 결과로 간주합니다. 그러나 시험들을 속되게 대처할 때엔 고통을 당하게 됩니다. 하느님께서 우리 모두를 관찰하고 계시므로 사람은 하느님께 자신을 깨끗하게 바쳐야 합니다. 그렇지 않으면 고통 속에 있게 되며, 원하는 대로 모든 것들이 오기를 요구하지만 결코 오지 않아 마음의 평온을 찾을 수 없습니다.

배부르든 배고프든 남들이 그를 칭찬하든 비난하든 이에 대해 기뻐해야 하며, 모든 것에 자신을 낮추면서 참을성 있게 대처해야 합니다. 그때 그의 영혼이 하느님의 자비로 채워지고, 이 자비가 넘쳐흘러 온 마음이 벅찬 상황에 달할 때까지 하느님께서는 계속해서 축복을 주실 것입니다. 그리하여 사람이 영적으로 진전하면 진전할수록 더 높은 차원에서 하느님의 사랑을 보게 될 것이며, 하느님의 사랑에 의해 여려져 더 큰 환희를 느끼게 될 것입니다.

하느님께서 우리들에게 허락하시는 유혹과 슬픔

우리에게 오는 시험들은 영혼의 병을 치료하기 위해 하느님께서 주시는 항생제로, 우리를 영적으로 많이 돕습니다. 사람이 가볍게 한대를 맞고 나면 마음이 여려집니다. 하느님께서는 우리 각자가 어떠한 상황에 처해 있는지 당연히 알고 계십니다. 그러나 우리는 자신이 어떠한 상황에 처해있는지 모르기 때문에, 우리가 우리 자신을 알고 마음속에 숨어 있는 약한 부분을 찾도록, 또 심판의 날에 이치에 맞지 않는 요구들을 하지 않도록, 하느님께서는 우리가 시험에 드는 것을 허락하십니다. 하느님께서 우리의 정신적인 약점들을 눈감아 주신 상태에서 우리를 천국으로 데려가셨다 할지라도, 우리는 거기서 또 문제를 일으켰을 것이기 때문입니다. 그래서 우리 영혼이 슬픔으로 겸손해지고 깨끗하게 될 때까지 유혹을 통하여 우리가 정화되도록, 하느님께서는 악마가 유혹을 유발하도록 허락하십니다. 그 후 하느님께서는 우리들을 영적으로 더 높이 올라가게 하시고 축복하여 주십니다.

진정한 기쁨은, 우리의 구원을 위해 쓴맛을 보신 그리스도에 대해 기쁨을 가지고 맛보는 쓴맛으로부터 옵니다. 다시 말해서 그리스도께서 우리를 구원하시기 위해 수난과 고난을 겪으신 것처럼, 진정한 기쁨은 우리가 어려움을 당할 때 이를 기쁜 마음으로 대처하는 데서 옵니다. 그리스도인은 자신이 원인이 되지 않은 상태에서 시험에 들 때 특별히 기뻐해야 합니다.

가끔 나는 하느님께 "하느님, 저는 당신께서 무엇을 하실지 모릅니다. 저를 사람으로 만드시도록 정결하게 제 자신을 당신께 바칩니다."라고 말합니다. 그때 하느님께서는 내가 사람이 되는 것을 넘어 초인적인 자가 되게 하시려고, 악마가 나를 건드리고 괴롭히도록 내버려 두십니다. 지금 나는 몸속의 암과 관련하여 악마의 간계를 보면서 웃습니다. 그러면서 '영악한 악마야, 여기서 무엇을 하고 있느냐?'라고 생각합니다. 시험에 대하여 악마가 사람을 방해하도록 하느님께서 허락하실 때, 악마가 어떤 비누로 사람을 닦는지 아십니까? 악이라는 거품으로 닦습니다. 악마는 이 일을 아주 잘 합니다. 낙타가 화를 낼 때 입에서 거품이 나오는 것처럼, 악마도 이 경우에 낙타처럼 됩니다. 그리고 나서 사람을 문지르는데, 이는 사람으로부터 더러운 것을 없애서 사람을 깨끗하게 하려는 것이 아니라, 단지 자신의 악을 드러내기 위해 하는 것입니다. 그렇지만 하느님께서는 사람에게 있던 더러운 때가 없어져 깨끗해질 때까지만, 악마가 사람을 문지르도록 내버려 두십니다. 옷을 빨 때 옷을 문지르는 것처럼, 악마가 사람을 문지르게 하느님께서 내버려 두셨다면, 악마는 사람을 갈기갈기 찢어놓았을 것입니다.

- *수도사님, 우리 삶에서 일어나는 여러 가지 유혹들이 하느님의 뜻이었다고 말할 수 있나요?*

- 안 됩니다. 하느님의 뜻을 유혹과 혼동해서는 안 되고, 악마가 야기하는 어려움들과도 혼동해서는 안 됩니다. 하느님께서는 악마가 사람을 방해하도록 어느 시점까지 내버려 두시고, 사람이 좋은 일을 하거나 나쁜 일을 하도록 자유롭게 내버려 두십니다. 그러나 사람이 할 나쁜 짓에 대하여 하느님이 원인이 되지 않습니다. 예를 들어 유다는 그리스도의 제자였습니다. 유다가 배신자가 된 것이 하느님의 뜻이었다고 말할 수 있습니까? 아닙니다. 유다 자신이 악마가 마음속에 들어오도록 허락하였습니다.

올바르지 않은 삶을 사는 사람이 잘못을 깨닫고 회개하도록 하기 위해, 하느님께서는 경건하게 사는 몇몇 사람들에게 시험을 허락하시는 경우가 있는데, 이러한 경우는 한정되어 있습니다. 그리고 그들은 두 배의 보상을 받을 것입니다. 하느님께서는 죄 없이 고통을 당하면서도 불평하지 않는 사람들의 인내를 죄지은 사람들이 보고 도움 받게 하시면서, 죄지은 일부 사람들에게 가능성을 주십니다. 그러나 그들은 시험을 통해 죄의 대가를 이 세상에서 좀 갚음에도 불구하고, 이치에 맞지 않게 불평을 합니다. 가정하여 아주 착하고 경건한 가장이 가족들과 집에 있었다고 합시다. 갑자기 지진이 일어나 집이 무너져 가족 모두가 폐허 속에 묻혔습니다. 그 후 참을 수 없는 고통을 겪으며 그들 모두가 죽었습니다. 하느님께서 왜 이것을 허락하셨겠습니까? 본인 자신들이 죄의 원인이 되어 대가를 받는 사람들이 신음하지 않도록 하기 위해서 입니다.

그래서 올바른 사람들의 큰 십자가, 즉 큰 고통을 생각하는 사람들은 자신들의 하찮은 시험에 대해 결코 괴로워하지 않습니다. 삶에서 잘못을 저질렀음에도 불구하고, 올바른 사람들보다 고통을 더 적게 당하는 것을 그들은 봅니다. 그리하여 그들은 그리스도와 함께 십자가에 못 박혔을 때 구원을 요청하여 곧 구원받은 좋은 도둑처럼 말합니다. "이 사람들은 아무 것도 하지 않고서도 그렇게 많이 고통 받았는데, 우리는 무엇을 당해야만 하는가?" 그러나 불행하게도 일부는 그리스도 왼쪽에 못 박힌 도둑을 닮아[5] 말합니다. "손에 십자가를 들고 갔는데도 불구하고, 무엇을 당했는지 보십시오!"

하느님께서 일부 선택된 투쟁자들에게 화관을 주시기 위해, 당신의 사랑에 의해 그들이 큰 시험을 당하도록 허락하시는 경우는 아주 드뭅니다. 이 사람들은 행동에 있어 그리스도와 닮은 사람들입니다. 싱클리티키 성인이 많은 사람들에게 충고를 하며 영적으로 도와주었기에, 악마가 성인이 하는 일을 방해하러 갔습니다. 그 결과 성인은 3년 반 동안 병 때문에 말을 할 수가 없었습니다.

다른 경우로 그리스도를 진정으로 닮은 사람은, 하느님께서 사람들의 잘못을 용서해 주시기를, 그들로부터 노여움을 거두시기를, 자신은 아무 잘못도 하지 않았지만 다른 이를 대신하여 자신이 벌을 받게 되기를 하느님께 간구합니다. 그는 하느님을 많이 닮게 되고, 그가 보이는 크고 고귀한 이 사랑은 하느님을 아주 감동케 합니다. 하느님께서는 그의 간청을 들어주시고 다른 사람

---

[5] '예수와 함께 십자가에 달린 죄수 중 하나도 예수를 모욕하면서 "당신은 그리스도가 아니오? 당신도 살리고 우리도 살려보시오!"하고 말하였다.' (루가 23:39)

들의 잘못을 대신 짊어지게 해 주시는 것뿐만 아니라, 그의 끈질긴 요청에 따라 순교자적인 끝을 허락하십니다. 말년에 큰 병을 얻는다거나 불치병으로 고생을 겪는 등으로 말입니다. 그렇지만 하느님께서는 동시에 더 큰 영광과 함께 천국의 가장 고귀한 성전을 마련하십니다. 왜냐하면 많은 사람들이 그가 고통 받았던 이유를 하느님께서 그의 죄에 대해 벌을 내리셨기 때문이라 생각하며 그를 부당하게 생각했기 때문입니다.

하느님의 사랑에 대한 배은망덕

- *수도사님, 시험은 사람들에게 항상 유익한가요?*
- 어떻게 시험을 대처하는 가에 따라 다릅니다. 하고자 하는 의욕이 없는 사람들은 여러 가지 시험을 당할 때, 하느님을 책망합니다. 그들은 "왜 내가 이런 일을 당해야 해? 저 사람은 저렇게 잘 되어 가는데, 이런 분이 하느님이란 말이야?"라고 말합니다. 그들은 "하느님, 제가 죄를 지었습니다."라고 말하지 않고, 고통을 당합니다. 그렇지만 착실한 사람들은 "하느님께 영광을 바칩니다. 이 시험으로 나를 하느님 가까이 가게 하셨어. 하느님께서는 내게 이로운 것을 주시려고 이것을 하셨어."라고 말합니다. 또한 애초에 이 사람들은 교회에 전혀 나가지 않을 수 있었으나 나중에 교회에 나가기 시작하고, 고백성사를 하고 성체성혈을 받습니다. 게다가 종종 하느님께서는 매우 완고했던 사람들이 한 순간의 한 시험으로 스스로 큰 전환을 하고, 그들의 행동에 대해 아픔을 가지고 영적인 진보를 하는 그러한 열성에 달하도록 하십니다.

- *수도사님, 모든 일이 일사천리로 잘 되어 나갈 때, "하느님이 보호하사 모든 일이 잘 되어간다."라고 말해야 하나요?*
- 기쁠 때 "하느님 덕분입니다."라고 말하지 않는다면, 슬플 때 어떻게 이렇게 말할 수 있겠습니까? 당신은 슬플 때 이렇게 말하

면서, 기쁠 때 이렇게 말하기를 원치 않습니까? 누군가가 배은망덕할 때, 하느님의 사랑을 모릅니다. 배은망덕은 큰 죄입니다. 내겐 이것이 치명적인 죄입니다. 배은망덕한 사람은 어떤 것에도 만족하지 않습니다. 모든 것에 대해 불평을 하고 모든 것이 그에게 원인이 됩니다. 나의 고향 파라사에서 사람들은 당밀을 많이 사용했습니다. 어느 날 저녁에 한 여자 아이가 당밀을 찾으면서 울었습니다. 아이의 어머니가 무엇을 할 수 있었겠습니까? 결국 이웃집에 가서 당밀을 부탁했습니다. 아이는 당밀을 받자마자 또 울기 시작했습니다. 발을 동동 구르면서 소리쳤습니다. "엄마, 요구르트도 먹고 싶어." "이 시간에 어디서 요구르트를 구할 수 있단 말이니?" "싫어, 요구르트가 먹고 싶어." 가엾은 어머니는 이웃에 가서 요구르트를 얻어와 딸에게 주었습니다. 딸은 요구르트를 받더니 또 울었습니다. "왜 또 우니?" "엄마, 당밀과 요구르트를 섞어줘." 어머니는 요구르트와 당밀을 함께 저어 딸에게 주었습니다. 딸은 다시 울었습니다. "엄마 이렇게 된 요구르트를 먹을 수 없어. 요구르트와 당밀을 따로 해줘." 그때 어머니는 아이를 때렸고, 아이는 매를 맞고서 제정신을 차렸습니다.

가끔씩 많은 사람들이 이처럼 행동하며, 그때 하느님의 가르침이 오게 된다고 나는 말하고 싶습니다. 적어도 우리는 우리들의 배은망덕을 인정하고 하느님께서 우리에게 주시는 것들에 대해 밤낮으로 감사드립시다. 이를 통해 우리는 겁쟁이 악마를 짓밟을 수 있으며, 이제 우리들이 악마의 허약한 부분을 알고 있기 때문에 악마는 그의 졸개를 모아서 검은 연기처럼 사라질 것입니다.

우리의 시험을 다른 사람의 더 큰 시험과 비교하기

우리가 겪는 시험의 가장 좋은 약은 우리 주위 사람들이 겪는 더 큰 시험입니다. 하느님께서 우리에게 보여주신 큰 차이와 큰 사랑을 분별하려면, 다른 사람들이 겪는 큰 시험을 우리들의 시험과 비교해 보는 것으로 충분합니다. 하느님께서는 우리에게 작은 시험만을 허락하신 것입니다. 그때 우리들은 하느님께 감사드리고, 더 많이 고통을 당하는 사람을 위해 마음 아파하며, 하느님께서 그를 도와주시도록 마음에서 우러나오는 기도를 할 것입니다. 예를 들어 내 한쪽 다리가 잘렸습니까? 나는 "두 다리가 다 잘린 사람들도 있는데, 나는 하느님이 보호하사 적어도 다리 하나를 갖게 되었다."라고 말할 것입니다. 손도 발도 없이 몸만 남게 되었다면, "남들은 불구로 태어났는데, 하느님이 보호하사 나는 그렇게 많은 세월을 걸어 다닐 수 있었다."라고 말할 것입니다.

한 가장이 11년간이나 출혈이 있다는 것을 들은 순간부터 나는 마음속으로 "나는 무엇을 하고 있는가? 속세에 있는 이 사람은 11년간 출혈을 겪고 있고, 돌봐야할 자식들이 있으며, 아침에 일어나서 직장에 가야만 한다. 나는 출혈이 시작된 지 아직 7년도 되지 않았다."라고 생각했습니다. 그렇게도 많이 고통을 당하는 다른 이를 생각한다면, 나는 내 자신을 변명할 수가 없습니다. 그러나 내가 고통을 당하고 있는데 다른 이들은 잘되어 간다고 생각하고, 대장이 아파 밤에 30분마다 일어나야 해서 밤에 잠을 잘 수가 없는데 다른 이들은 아무 걱정 없이 잠을 잔다고 생각하면서 신음한다면, 나 자신을 변명하는 것이 됩니다. 당신은 대상 포진을 앓은 지 얼마나 되었습니까?

- *수도사님, 8개월 되었습니다.*

- 보십시까? 하느님께서는 어떤 사람들에게 2개월, 10개월 또는 15개월을 주십니다. 아픔이 크다는 것을 이해합니다. 일부 사람들은 실의에 빠집니다. 어떤 속세의 사람이 한두 달 대상 포진을 앓으면서 많은 고통으로 실망을 했습니다. 그러나 한 영적인 사람이 대상 포진을 1년간 앓고 있으며, 고통을 참고 신음하지 않는다는 것을 알게 되면, 그때 그는 곧 위로를 받게 됩니다. '이

런, 나는 겨우 두 달 남짓 앓으면서 실의에 빠져 있네. 가엾은 다른 사람은 1년 째 앓고 있으면서도 말하지 않는네 말이야. 그는 영적으로 살고 있는데, 나는 무려 나쁜 짓도 한다.' 이렇게 생각하며, 충고 없이 도움을 받게 됩니다.

사람들이 유발하는 슬픔

- 수도사님, *사람들이 유발하는 슬픔과 불공평을 하느님의 말씀에 따라 참고 견딜 때, 이 인내가 그를 정신적인 약점들에서 멀어지게 하나요?*

- 물론입니다. 깨끗하게 하는 것뿐만 아니라, 그를 윤택하게 합니다. 이것보다 더 높은 것이 있겠습니까? 이렇게 해서 죄의 대가를 좀 치를 수 있게 됩니다. 범인을 처벌하여 교도소에 수감시키면 범인은 그곳의 규칙들을 지키며 살아갑니다. 그가 진정으로 회개한다면, 영원한 교도소로부터 벗어납니다. 이 적은 고통으로 지옥에서 겪을 영원한 벌을 갚는다는 것이 작은 일입니까?

슬픔이 있을 때마다 기쁨을 가지고 참으십시오. 사람들이 우리에게 유발하는 슬픔들은 우리를 사랑하는 사람들이 가져다주는 모든 시럽들보다 더 달달합니다. 그리스도는 더할 나위 없는 행복을 즐기는 사람들에게 말씀하시지 않습니다. "나 때문에 모욕을 당하고 박해를 받으며 터무니없는 말로 갖은 비난을 다 받게 되면 너희는 행복하다."[6] 그래서 우리를 괴롭히는 사람에 대해 신음하지 않고 참아야 할 뿐만 아니라, 감사하는 마음을 느껴야 합니다. 사랑에 대하여, 겸손에 대하여 그리고 인내에 대하여 분투할 수 있는 기회를 주기 때문입니다.

중상모략은 확실히 악마와 손을 잡고 일을 합니다. 대개 강풍

---

6 마태오 5:11.

은 뿌리가 잘 내리지 않은 연한 나무들을 꺾어 뿌리를 뽑아냅니다. 반면 뿌리가 잘 내린 나무들에게는 뿌리가 더 깊숙이 내려가도록 도움을 줍니다.

우리는 우리를 비방하는 사람들에 대해 기도해야 하며, 하느님께서 그들에게 회개할 기회를 주시고 영적으로 불을 밝혀 주시고 건강을 주시도록 간구해야 합니다. 그리고 우리 마음속에 증오와 관련된 흔적조차 남겨서는 안 됩니다. 우리는 단지 유혹으로부터 경험만을 간직한 채, 모든 괴로움을 버리고 에프렘 성인의 말씀을 염두에 둡시다. "사람들이 당신을 중상모략하여 나중에 당신이 옳았다는 것이 밝혀진다 해도, 이에 대해 자랑하지 마십시오. 대신 하느님을 섬기십시오. 영적으로 큰 추락이 없도록, 하느님께서 당신을 사람들의 중상모략으로부터 구하셨기 때문입니다."7

---

7 Οσίου Εφραίμ του Σύρου, Έργα, τόμος Α΄, εκδ. «Το Περιβόλι της Παναγίας», Θεσσαλονίκη 1988, σ. 253.

2장

병

병은 영적으로 사람을 돕습니다.

- 수도사님, "좋은 천국"이란 인사말은 무슨 뜻인가요?
- "천국으로 잘 가십시오."를 의미합니다.
- 수도사님, "좋은 천국으로 가십시오."를 의미할 수 있나요?
- 당신은 나쁜 천국에 대해 말하는 것을 들은 적이 있습니까? 아무튼 천국에 가기 위해, 이 세상에서 쓴맛을 많이 맛보아야 하고, 손에 시험이라는 여권을 들고 있어야 합니다. 병원에서는 무슨 일이 일어나고 있습니까? 어떤 드라마가 벌어지고 있습니까? 사람들이 얼마나 아파하고 있습니까? 얼마나 많은 가엾은 어머니들이 수술을 하고 자식들을 생각하고 가족들에 대해 고민합니까? 얼마나 많은 가장들이 암에 걸려 방사선 치료를 하면서 많은 고통을 겪고 있습니까? 일을 할 수가 없는데 월세를 지불해야 하고, 많은 경비를 준비해야 합니다. 어떤 사람들은 건강하면서도 제대로 살아갈 수 없는데, 건강하지 않으면서도 의무를 조금이라도 다하려고 안간힘을 쓰는 경우는 어떠하겠습니까? 사람들의 문

제들이 나를 많이 괴롭힙니다. 날마다 얼마나 많은 문제와 사연을 듣는지 모릅니다. 계속해서 많은 고통과 어려움을 듣습니다. 하루 종일 대화를 나누면서 사람들의 고통에 대해 마음이 아프기에, 저녁에 나는 좀 쉬기 위해 아무 것도 먹지 않은 채 눕습니다. 육체적인 피로를 느끼지만, 내적인 휴식을 취합니다.

- *수도사님, 병은 항상 도움이 됩니까?*

- 그렇습니다. 항상 아주 도움이 됩니다. 사람들에게 선과 덕이 없을 때, 병은 사람들이 속죄하도록 돕습니다. 건강은 최고입니다. 그러나 병이 주는 좋은 것을 건강은 줄 수 없습니다. 즉 영적으로 좋은 것을 줄 수 없습니다. 병이 주는 것은 하느님의 아주 큰 선물입니다. 병은 사람을 죄로부터 깨끗해지게 하며 하늘나라에서 받을 보상까지도 종종 확보해 놓습니다. 사람의 영혼은 보석과 같고 병은 보석을 깨끗하게 하는 불과 같습니다. 그리스도 역시 사도 바울로에게 "내 권능은 약한 자 안에서 완전히 드러난다."[1]라고 말씀하셨습니다. 사람이 어떠한 병으로 고통을 받으면 받을수록, 영혼은 더 깨끗하게 되어 거룩하게 됩니다. 그러므로 단지 병을 참고 기꺼이 받아들이는 것으로 족합니다.

어떤 병은 참을성이 좀 필요한데, 사람이 보상을 좀 받고, 하느님께서 사람들의 정신적인 약점들을 없애실 수 있도록 하느님께서 병을 허락하십니다. 육체적인 병은 영적인 병을 치료하는 데 도움이 되기 때문입니다. 육체적인 병은 사람을 겸손하게 만들고, 이로써 영적인 병이 치료됩니다. 하느님께서는 좋은 것을 위해 모든 것을 이용하십니다. 하느님께서 허락하시는 것들은 우리들의 영적인 유익을 위해서입니다. 하느님께서는 우리 각자가 무엇을 필요로 하는지 알고 계시며, 우리가 보답을 받을 수 있도록 또 우리의 죄가 사해질 수 있도록 우리에게 병을 주십니다.

---

[1] II 고린토 12:9.

병에 의해 받는 하늘나라의 보상

- 당신의 어머니께서는 어떻습니까?
- 수도사님, 건강이 좋지 않습니다. 때때로 고열로 정신을 잃습니다. 어머니의 피부는 물집 투성이며 밤에는 통증 때문에 고생을 합니다.
- 이런 사람들은 순교자들입니다. 이들이 전적인 순교자가 아니라면, 반 순교자라는 것을 알고 있습니까?
- 수도사님, 어머니의 인생 전부가 고난이었습니다.
- 그러한 경우 어머니의 상은 두 배가 될 것입니다. 하늘에서 받을 보상이 얼마나 많은지 모릅니다. 천국으로 갈 것은 보장되어 있습니다. 누군가가 중병을 견디리라는 것을 그리스도께서 보실 때, 이 세상에서 겪는 약간의 고통으로 영원한 삶이 있는 하늘나라에서 많은 보상을 받도록 병을 주십니다. 여기서는 고통을 당하지만, 그곳 하늘나라에서는 보상을 받을 것입니다. 바로 천국이 있으며, 보상도 있기 때문입니다.

신장에 문제가 있어 오랫동안 수혈을 하고 있는 여인이 오늘 내게 말했습니다. "수도사님, 죄송하지만 제 손에 성호를 그어 주십시오. 주사바늘로 혈관들이 상처투성이가 되어 수혈을 하기가 힘듭니다." "주사로 인한 상처들은 이 세상에 있는 다이아몬드보다 다른 세상에서 더 가치가 있는 다이아몬드가 될 것입니다. 수혈을 한 지 얼마나 되었습니까?" "12년 되었습니다." "다시 말해서 당신은 퇴직금과 조기 연금을 받을 권한이 있습니다." 그러고 나서 그녀는 내게 다른 손의 상처를 보여주면서 말했습니다. "수도사님, 이 상처가 아물지 않습니다. 뼈가 보입니다." "네, 그렇지만 그 속에 하늘나라가 보입니다. 부디 잘 참으십시오. 당신이 아픔을 잊을 수 있도록, 그리스도께서 더 많은 사랑을 주시기를 바랍니다. 물론 다른 기원도 있습니다. 그 기원은 아픔이 사라져,

당신이 받을 많은 상 역시 없어지게 할 수 있습니다. 이런 이상 먼저 번의 기원이 더 좋습니다." 가엾은 여인은 이렇게 위로를 받았습니다.

몸이 시험을 당할 때, 영혼은 거룩하게 됩니다. 흙으로 빚어진 집, 즉 우리의 몸이 병에 시달림으로써 몸의 주인인 영혼은, 그리스도께서 우리를 위해 준비하시는 하늘나라의 궁전에서 영원한 환희를 느낄 것입니다. 이 영적인 논리가 세속의 사람들에겐 불합리하지만, 이 논리로 나는 기쁨을 만끽하며 내가 가지고 있는 육체적인 병들을 자랑합니다. 단지 내가 생각하지 않는 것은 하늘나라의 보상이 있을 것이라는 점입니다. 나는 하느님께서 내게 주시는 큰 선물들과 은혜에 대하여 보답하지 않고, 배은망덕으로 갚고 있음을 깨닫습니다. 왜냐하면 내 삶에 모든 것들이 축제이기 때문입니다. 다시 말해서 나에겐 수도사로서의 삶과 내가 겪고 있는 병들이 있기 때문입니다. 하느님께서는 내게 계속 자비를 베푸시며 보살펴 주십니다. 그렇지만 이 세상에서 하느님께서 내게 좋은 것들을 주시지 않도록 기도해주십시오. 하느님께서 좋은 것들을 내게 보내서서 다른 세상에서 내가 갚아야 한다면, 다시 말해 고통을 받아야 한다면, 너무도 처참할 것이기 때문입니다. 그리스도에 대한 사랑을 위해 내가 더 큰 고통을 당하게 해주시는 것이 내겐 더 큰 가치가 있을 것입니다. 다만 내가 견딜 수 있도록 그리스도께서 나에게 용기를 주시는 것만으로 족하며 보상은 원치 않습니다.

사람이 건강이 아주 좋을 때, 그것은 좋은 것이 아닙니다. 무언가가 있는 것이 더 좋습니다. 나는 병으로부터 받은 것만큼의 유익함을 그때까지 했던 수도를 통해선 얻지 못했었습니다. 그래서 누군가가 그가 해야만 하는 의무가 없다면, 건강보다는 병을 선호하는 것이 좋다고 생각합니다. 사람은 건강을 가짐으로써 채무자가 되지만, 병을 인내로 극복할 때 병에 의해 보상받을 것이 있습니다. 내가 에스피그메노스 수도원에 있었을 때, 한번은 성 안나 스키티에서 거룩한 주교님이 방문하셨는데, 매우 연로한 이 에로테오스 주교님이셨습니다. 방문을 마치고 떠날 무렵, 그분이 나귀의 등 위로 올라가면서 바지가 걸려 부은 다리가 보였습니다. 주교님을 도와주려고 갔던 수도사들이 이를 보고 기겁했습니다. 주교님은 이 광경을 보시면서 "이것은 하느님께서 내게 주신 가장 좋은 선물이라네. 하느님께서 이것을 가져가시지 않도록 간구한다네."라고 하셨습니다.

아픔에 대한 인내

우리가 병을 앓을 때, 아무런 조건 없이 자신을 그리스도께 맡기는 것이 좋습니다. 우리의 영혼은 육체적으로 많은 투쟁을 할 수 있는 튼튼한 몸보다 아픔에 대하여 참고 찬양할 필요가 더 많다는 것을 생각합시다. 그렇지만 우리는 이를 깨닫지 못한 채, 육체적으로 하는 투쟁으로 우리 자신을 자랑하도록 만들 수 있습니다. 우리들이 노력하는 가치를 통해 천국에 들어갈 수 있다고 생각할 것이기 때문입니다.

내가 어떤 때는 참을 수 있는 고통을, 어떤 때는 참을 수 없는 고통을 몇 해 동안 갖고 있는지 아십니까? 참을 수 있는 아픔은 불변하는 상태입니다. 나는 처음에는 기관지로, 그 후엔 수술로 얼마나 고생을 했는지 모릅니다. 그 후엔 장에 문제가 생겼습니다. 그 후 반년을 디스크에 시달렸는데 너무 아팠습니다. 방문객들을 도와야 했음에도 불구하고, 절을 하면서 하는 기도도 할 수 없었을 뿐만 아니라, 화장실을 왔다 갔다 하는 데도 어려움을 겪었습니다. 계속해서 배에 단단한 무엇인가가 생겼는데, 사람들은 탈장이라고 했습니다. 피곤할 때 고통이 심했으며 많이 부어올랐습니다. 어느 해 빤델레이몬 성인 축일 전날, 배가 부어 있었고 아팠습니다. 그러나 나는 철야 예배를 드리기 위해 스키티로 가야 했습니다. 꼭 가야했기 때문에, '나는 갈 거야, 하느님께서 원하시는 대로 이루어지기를 바란다.'라고 생각했습니다. 철야 예배가 계속되던 시간에는 좀 앉고 싶었습니다. 그러나 '내가 앉으려고 의자를 펴면, 모든 사람들이 의자를 펼 것이다.'라고 생각했습니다. 그래서 전혀 앉지 않기로 마음먹었습니다. 열 두 시간이 걸린 철야 예배가 끝난 후, 병이 더 악화되었을 것이라고 상상했습니다. 켈리에 돌아왔을 때, 내가 미처 켈리 속으로 들어가기 전에 종치는 소리가 들렸고 "수도사님, 문 좀 열어주십시오."라는 소리가 들려 왔습니다. 나는 어처구니가 없어 웃었습니다. 나는 "좋다. 지금부터 계속 사람들과 함께 있어야겠다."라고 다짐했습니다. 정말 조금 후에 사람들이 몰려들기 시작했습니다. 사람들이 돌아가고 난 저녁, 나는 병이 완전히 사라졌다는 것을 깨달았습니다. 다음 날 나는 편하게 쉬었는데도, 다시 병이 나타났습니다. 그 후 병이 나를 방해하고 아프게 만들었으나, 나는 이를 자랑했습니다. 그리스도께서 이것을 알고 계셨으며, 이 병이 나에게 도움이 된다는 것을 알고 계셨기에 내게 병을 주신 것입니다. 이 병은 5년간 계속되었습니다. 어떤 어려움이 있었는지 이해하십니까?

– *수도사님, 다리에 문제가 있었을 때는 어떠셨나요?*

– 그것은 또 다른 문제였습니다. 서 있을 수가 없었습니다. 사람들이 찾아왔을 때, 어려움을 겪었습니다. 다리의 문제가 해결되자 출혈이 시작되었습니다. 사람들은 "궤양성 대장염"이라고 했습니다. 또 다른 어려움이 생긴 것입니다. 그렇게 출혈과 아픔으로 7년이 흘렀습니다. 그러나 나에 대해 걱정하지 마십시오. 단지 내 영혼의 건강에 대해 기원해 주십시오. 하느님께서 나를 어여삐 여기시어 내게 이런 선물을 주신 것에 대해 흐뭇해하며, 하느님께서 이것을 가져가시지 않기를 원합니다. 하느님이 보호하

사 이러한 방법으로 내가 도움을 받도록, 병을 허락하셨습니다. 이런 식으로 우리들은 인내에 있어서 시험을 치릅니다. 지금은 이것을 앓고 다음엔 다른 것을 앓는 것에 대해 인내가 필요합니다. 하느님에 대한 경외를 조금 가지고 있는 우리가 참지 않는다면, 교회와 관련이 없는 사람들은 어떻게 해야겠습니까? 그렇지만 속세의 많은 사람들이 선과 덕에 있어 우리 수도사들을 능가하는 것을 봅니다. 나의 부모님은, 파라사인들이 아팠을 때 병을 고치기 위해 아르세니오스 신부님께 곧장 달려가지 않았다고 말하곤 했습니다. 그 사람들은 고통 받는 것을 축복으로 간주하였기에 우선 열의와 인내에 따라 할 수 있는 한 아픔을 참았습니다. 그들은 "그리스도께서 나를 구원하시기 위해 고통을 많이 당하셨으니, 나도 그리스도를 위해 내 영혼에 고통을 좀 주어야지."라고 말하곤 했습니다. 그리하여 일이 계속 쌓이고 가족들이 고생하는 것을 보면서, 그때 그들의 병을 고치기 위해 아르세니오스 신부님께 가곤 하였습니다. 파라사인들에게 어떠한 열의가 있었는지 아시겠습니까? 속세의 사람들이 이렇게 생각하고 인내를 하였는데, 수도사인 나는 어떻게 생각해야겠습니까? 그리스도께서는 "참고 견디면 생명을 얻을 것이다."[2]라고 말씀하셨습니다. 하느님께서는 욥이 물질적으로 모든 것을 갖추고서 자선을 하여 하느님께 드린 감사보다는 욥이 시험을 당하던 기간에 한 인내에 대하여 더 만족하셨습니다.

- *수도사님, 아픔에 대하여 참으라는 것은 아픈 것을 전혀 나타내지 말라는 것을 의미하시나요?*

- 필요하다면 사람들에게 좀 알릴 수 있습니다. 아프다고 말할 수는 있지만, 어느 정도의 상황인지는 말하지 않는 것이 좋습니다. 사람들에게 전혀 말하지 않으면, 그들은 아픈 이의 행동 처

---

[2] 루가 21:19.

신에 대하여 비난할 수도 있기 때문입니다. 예를 들어 한 수도사가 무엇인가로 고통을 당하여 예배에 참석할 수 없다면, 좋은 생각을 하지 않는 누군가에게 정신적으로 해를 줄 수도 있습니다.

아픔에 대한 대처

– *수도사님, 어떠한 아픔이 참을 수 없는 아픔입니까?*

– 눈에서 눈물이 흐르게 하는 아픔입니다. 이 눈물은 회개의 눈물도 아니며 희열의 눈물도 아닙니다. 어디에 속합니까? 여러분들은 어떻게 생각합니까?

– *수도사님, 순교가 아니겠습니까?*

– 네, 순교입니다.

– *수도사님, 많이 아플 때, "하느님이 보호하사"라고 말을 하기가 어렵습니다.*

– 왜 어렵습니까? 그리스도께서 어떠한 고통을 당하셨는지 생각해 보십시오. 매, 모욕, 채찍질, 십자가에 못 박히심을 당하셨습니다. 그리고 죄 없는 사람으로서 우리들을 구원하시기 위해 모든 것을 참으셨습니다. 그러니 당신도 아플 때 "그리스도여, 당신에 대한 사랑 때문에 참습니다."라고 말할 수 있도록 노력하십시오.

– *수도사님, 밤에 아픔이 더 심해진다고 사람들은 말합니다.*

– 네, 그렇습니다. 사람들은 밤에 견디기가 더 어렵습니다. 낮에는 병문안 온 사람들과 대화를 나누는 등 신경 쓸 것이 있어서 아픔을 잊어버립니다. 하지만 밤에는 환자 혼자만 있기 때문에, 정신이 아픔에 집중되어 밤에 더 아프다는 생각이 들게 됩니다. 병 때문에 아프겠지만 아픔을 잊도록 버튼을 다른 주파수에 맞추는 것이 필요합니다. 아픔을 올바르게 대처하지 않으면, 두 배나 더 아플 것이기 때문입니다. 아픔에만 골몰해있으면, 아픔

은 두 배로 불어납니다. 그러나 좋은 생각으로 견디면, 예를 들어 더 많이 아픈 사람들을 생각하거나 성가를 좀 부르면, 아픔이 곧 잊힙니다.

- 수도사님, 대체로 아픔은 신체 어딘가에 이상이 있다는 것을 미리 알립니다. 얼마나 많이 주의해야 하나요?

- 사람은 자신의 인내력을 시험해야 하고 인내력에 따라 주의를 기울여야 합니다. 특히 나이가 들면, 주의가 필요합니다. 고물차가 새 차였을 때 달렸던 속도로 계속 달린다면, 한쪽에서 바퀴들이 떨어져 나가고 다른 한쪽에서 기화기가 떨어져 나갈 것입니다. 나는 허리가 아팠던 기간 동안에 선 채로 기도 매듭을 돌려 가며 기도할 수가 없었습니다. 건강 상태가 좀 좋아지고 나서야, 일어서서 기도 매듭을 가지고 기도를 하고 무릎을 꿇고 몸을 구부려 가면서 기도를 했습니다. 그때 다시 아픔을 느껴서 조금 앉아 있었습니다. 그러다가 '자, 다시 한 번 시험해 보자.'라고 생각했습니다. 또 아팠습니다. 그래서 나는 기도를 계속하지 않았지만, 생각은 편안해졌습니다.

- 수도사님, 신체에 지장을 주지 않는 아픔에 대하여 저는 걱정하지 않습니다. 그러나 심각한 무언가가 있다는 것을 들을 때, 걱정하게 됩니다.

- 들어보십시오. 예를 들어 허리의 통증은 신체에 아무 영향을 미치지 않을 수도 있지만, 신체는 다른 아픔들을 참아내는데도 불구하고, 허리 통증 앞에선 꼼짝 못합니다.

- 수도사님, 신체가 고통에 시달릴 때, 영혼도 같이 고통을 당하나요?

- 운전기사가 아플 때, 차는 달릴 수 없습니다. 몸이 아플 때, 영혼은 고통을 당합니다. 이해하셨습니까? 건강할 때 있던 의욕이 없습니다. 어떤 면에 있어서 영혼 역시 아프게 됩니다.

- 수도사님, 아픔은 사람을 사납게 만드나요?

- 사람이 아픔을 영적으로 대처하지 않을 때, 사나워질 수 있습니다. 그렇지만 영적으로 대처를 하면, 마음의 안정을 찾고 거룩하게 위안을 받습니다. 그리하여 병은 축복이 됩니다. 병을 앓는 사람은 참회자들, 순교자들과 함께 축제에 참여할 것이므로 기뻐합니다. 성인과 순교자들은 아픔을 잊곤 하였는데, 그리스도에 대한 사랑이 아픔보다 더 커서 아픔을 하찮은 것으로 만들었기 때문입니다.

다른 사람들의 아픔에 참여하기

사람이 다른 사람들에 대하여 아파할 때, 하느님께서는 어떤 면에서 감동하시고 기뻐하십니다. 사람이 가지고 있는 사랑으로 하느님과 닮게 되기 때문입니다. 그리하여 하느님께서 그에게 거룩한 위로를 주십니다. 그렇지 않으면, 이 사람은 다른 사람이 겪는 아픔을 견디낼 수 없을 것입니다.

- 수도사님, 다른 사람의 아픔을 어떻게 느낄 수 있나요?

- 당신이 아플 때 남의 아픔을 생각하고, 아픈 사람의 입장에서 더 많이 아파하는 것입니다. 다시 말해서 당신의 아픔은 타인의 아픔을 이해하는 것을 돕습니다. 그리고 당신이 아픔을 기꺼이 받아들임으로써 마음 아파하는 사람들에게 위로를 주게 됩니다.

어쨌거나 타인의 아픔을 듣는 것과 자신의 아픔을 겪는 것은 별개의 것입니다. 다시 말해서 자신이 아플 때와 남이 아플 때는 각각 다르게 처신합니다. 그때 아픈 사람을 이해하게 됩니다. 나는 "화학요법(히미오테라피아)"이라는 단어를 듣곤 했는데, 그것이 "주스요법(히모테라피아)[3]"인줄 알았습니다. 주스와 자연 식품으로 암 환자들을 치료하는 것으로 생각했습니다. 이 단어가 암

---

[3] 역자주) 그리스어로 화학요법을 뜻하는 단어 '히미오테라피아 χημειοθεραπεία'와 주스요법을 뜻하는 단어 '히모테라피아 χυμοθεραπεία'는 발음이 유사하다.

을 치료하는 방법이라는 것을 내가 어떻게 알 수 있었겠습니까? 그렇지만 직접 화학요법을 겪어본 지금은 어떠한 고통과 고생이 뒤따르는지까지 알게 되었습니다.

― *수도사님, 화학요법은 방사선 치료보다 더 어렵나요?*

― 더 어렵다고? 모든 것이 방사선 치료이고 화학요법입니다. 가장 나쁜 점은 식욕을 잃게 만드는 것입니다. 잘 먹어야 하는데도 전혀 먹을 수가 없습니다. 의사들은 "먹어야만 합니다."라고 말합니다. 치료와 요법들이 식욕을 없애고 사람을 지치게 만드는데, 어떻게 먹을 수 있겠습니까? 내가 방사선 치료를 받았을 때, 속이 많이 타는데도 물을 전혀 마실 수 없었습니다. 구토를 할 지경이었고, 물에 대해서조차 질색을 하곤 하였습니다.

― *수도사님, 좀 더 일찍 수술을 하셨다면, 어떻게 되었을까요?*

― 일찍은 무슨 일찍? 나는 내 병이 낫도록 기도하지 않습니다. 이러한 방법으로 고통 받는 사람들의 아픔에 참여할 수 있기 때문입니다. 아픈 사람들을 더 많이 이해할 수 있음으로써 나는 그들의 아픔에 참여합니다. 뿐만 아니라 이는 내게 영적으로 도움이 됩니다. 그저 생리적인 일을 혼자 처리할 수 있고, 작은 것으로나마 남에게 도움을 줄 수 있기를 간구할 뿐입니다. 그렇지만 하느님께서 원하시는 대로 이루어지기를 바랍니다.

여러분의 건강에 어떤 문제가 있으면서 이에 대해 골몰하지 않을 때, 그때 어떤 면에서 여러분은 다른 사람들의 건강 상태가 좋아지도록 하느님께 간구할 자격이 있습니다. 그러나 자신의 아픔이 없는 사람은 적어도 아픈 사람들에 대해 아파해야 합니다. 파라사인들은 "당신의 쓴 약을 제가 대신 받겠습니다."라고 말하곤 하였는데, 이는 아픔, 고통 그리고 슬픔을 대신 받겠다는 것을 의미합니다.

― *수도사님, 어떻게 그것들을 받았나요?*

― 사랑으로 받았습니다. 누군가가 사랑으로 "당신의 아픔을 제

가 대신 받겠습니다."라고 말할 때, 어떤 아픔을 받게 됩니다. 그러나 아픔을 대신 받으면, 이를 극복하기 위해 많은 인내와 용기, 힘이 필요하게 됩니다. 어떤 사람들은 내게 와서 "수도사님, 수도사님의 아픔을 제가 대신 받고 싶습니다."라고 말합니다. 몇몇은 용기가 있어 이렇게 말하지만, 몇몇 겁쟁이들은 무엇을 말하고 있는지 모르기에 이렇게 말합니다. 이 겁쟁이들은 아무것도 아닌 것을 가지고 의사에게 달려가고 쉽게 실망에 빠집니다. 자신의 아픔을 견딜 수 없으면서, 어떻게 나의 아픔을 대신 받아가겠다고 말할 수 있습니까? 자신의 아픔에 대해 인내를 하는 것이 더 좋으며, 하느님께서 그들에게 허락하시는 것을 기쁨으로 받아들이고, 사랑을 빙자하여 다른 사람의 병을 받겠노라고 요청하지 않는 것이 좋습니다. 왜냐하면 하느님께서 그들의 요청 사항을 들어 주시는 경우, 자신들이 그것을 요청했다는 것을 잊고서 신음을 할 것이며, 하느님께 원인을 돌려 하느님을 비난할 수 있게 되기 때문입니다.

환자에 대한 봉사

어제 저녁 철야 예배를 위해 성당으로 가던 중 한 아버지와 휠체어를 타고 있던 그의 자식을 보았습니다. 나는 아이에게 다가가 꼭 껴안아주고 키스해주었습니다. 그리고 아이에게 "너는 천사란다. 알고 있니?"라고 말해주었습니다. 아이의 아버지에게는 "천사를 보살피는 것은 커다란 가치가 있다네. 당신들 둘은 천국에 갈 수 있을 것이니, 기뻐하게나."라고 말했습니다. 그들은 거룩한 위안을 느꼈기에 얼굴은 기쁨에 넘쳐 빛났습니다.

아픈 사람들, 불구자들 그 밖의 환자들을 사랑과 인내로 돕는 사람들에게 죄가 있다면, 그들이 하는 희생으로 죄가 사해집니다. 죄가 없다면, 거룩하게 됩니다. 언젠가 한 여인이 인생에서 겪었던 몇 가지 사건들을 이야기해주었습니다. 평범한 여인의 삶이 성인들의 생애에 가까웠기에, 놀랍고 의문스러웠습니다. 그녀가 인생의 많은 시간들을 어떻게 보냈는지에 대해 더욱 자세히 이야기했을 때, 그녀의 전 생애가 희생 그 자체임을 느꼈습니다. 그녀는 조부모님이 병들어 있었기 때문에, 젊었을 때부터 아픈 조부모님을 보살폈습니다. 결혼 후엔 시부모님과 함께 살았는데, 시부모님 역시 병을 앓고 있었습니다. 그 후 남편이 병을 앓아 몸져눕게 되어 남편을 보살폈습니다. 다시 말해서 삶 전체를 아픈 사람들을 보살피며 보냈던 것입니다. 이 기간 동안 그녀는 독서와 철야 예배에 대해 갈증을 느꼈지만, 시간이 허락되지 않았습니다. 그러나 그녀에겐 변명의 여지가 있었기 때문에, 하느님께서는 그녀 인생의 마지막에 은총을 모아 그녀에게 주셨습니다.

- *수도사님, 어떤 사람들은 아플 때, 이상한 점들을 많이 갖게 됩니다.*

- 네, 이런 일이 생깁니다. 건강한 사람들은 환자들의 불안이나 불평 또는 이상한 점들을 좀 이해해야 하는데, 이런 점들이 환자들에겐 당연한 것이기 때문입니다. 특별히 아파 보지 않은 사람은 아픈 사람의 마음을 이해할 수 없는데, 그의 마음 역시 아파 본 적이 없어 완고하기 때문입니다.

아픈 사람이나 걷지 못하고 누워서만 지내는 환자를 돌보는 사람들은 아픈 사람이 신음하지 않도록 아주 조심해야 합니다. 아픈 사람을 오랜 기간 보살필 수도 있는데, 인생의 말미에 아픈 사람들이 한번 불평을 하게 하면, 그 동안에 보살폈던 수고가 모두 물거품이 됩니다. 아픈 사람이 이 세상으로부터 한숨을 쉬며 떠난다는 것은 매우 가혹한 일입니다. 그러나 나중에 악마는, 간호했던 사람들의 양심을 섬세하게 만든다는 것을 빙자하며 그들을 괴롭힐 것입니다.

- *수도사님, 환자를 간호할 때, 피곤함이 쌓일 뿐 아니라 괴로*

움도 생깁니다. *피를 나눈 사람이 천천히 인생의 종말을 고하는 것을 보기 때문입니다.*

- 그렇습니다. 그러나 하느님께서는 모든 사람들을 보살피십니다. 가족 중에 한 사람이 아플 때, 가족 모두는 가슴 아파합니다. 혹시 아버지가 아파서 일조차 할 수 없다면, 가족 모두 마음 아파하며 불행하게 됩니다. "아버지께서 혹시 돌아가시진 않을까?"하며 걱정합니다. 아픈 사람이 고통을 당하고 가족들이 또한 고통을 당합니다. 아버지가 꺼져 가며 주위에 있는 사람들 역시 꺼져 갑니다. 그때 어머니는 더 많은 일을 해야 합니다. 아이들을 보살피고, 아픈 사람을 간호하기 위해 병원에도 가야 합니다. 내가 말하고자 하는 것은 누군가가 중병에 걸렸을 때, 본인 자신이 고통에 시달리고 피곤해져 죽기를 원한다는 것입니다. 그러나 그를 간호하는 가족들 또한 괴로워하며 고통을 당하고, 피곤해집니다. 가족들 간에 사이가 좋고 서로 사랑하면 사랑하는 만큼, 간호하는 사람들 역시 편히 쉬기 위해 "그가 편히 쉬도록 하느님께서 그를 데려가시기를 바란다."라고 말하게 되기까지, 하느님께서는 환자와 간호하는 이들이 더 많이 고통에 시달리고 더 많이 마음 아파하도록 허락하십니다. 한 가정이 사랑으로 뭉쳐 있으면서, 부모들이 병을 앓지 않고 갑자기 세상을 떠날 때, 부모와 자식들이 고통을 당하지 않았고 부모들을 간호할 필요가 없었기 때문에, 자식들이 겪는 이별의 아픔이 매우 큰 것을 볼 수 있습니다.

- *수도사님, 정신적인 요소는 육체적인 건강에 얼마나 영향을 미칠 수 있나요?*

- 정신적인 상태가 좋을 때, 육체적인 아픔은 가벼워집니다. 정신적인 상태가 좋지 않을 때, 나쁜 정신 상태는 건강을 해칩니다. 의사들이 포기한 암 환자를 보십시오. 이 환자가 하느님을 믿어 영적으로 유쾌한 분위기 속에 있다면, 더 오래 살 수 있습니다. 그렇지 않으면 괴로움을 이겨내지 못하고 몇 주 안에 세상

을 떠날 수도 있습니다. 가끔 누군가가 신체상으로는 건강하고 의학적 검사 결과에 아무 것도 나타나지 않을 수 있습니다. 그러나 정신적으로 이 사람을 기운 빠지게 만드는 무언가가 있다면, 실제로는 건강하지 않은 것입니다. 많은 병들이 괴로움으로부터 출발하기 때문입니다. 모든 사람들이 민감한 부분을 가지고 있습니다. 괴로움은 어떤 사람에겐 위를 아프게 할 수도 있고 다른 어떤 사람에겐 머리를 아프게 할 수도 있습니다.

병에 대해 가장 좋은 약은 영적인 기쁨인데, 이것이 우리 영혼에 하느님의 거룩한 은총을 뿌리기 때문입니다. 영적인 기쁨은 모든 병들에 있어서 가장 큰 의학적인 힘입니다. 괴로움은 상처를 덧나게 하지만, 영적인 기쁨은 상처를 낫게 하는 거룩한 연고입니다.

환자의 고통과 하느님에 대한 신뢰

- 수도사님, 누군가가 중병에 시달려 하느님께 자신을 맡기기로 결정한다면, 잘 하는 일입니까?

- 의무가 없다면, 원하는 대로 해도 됩니다. 그렇지만 의무가 있다면, 가족들의 의견도 존중해야합니다. 나는 내 뜻과 상관없이 의사에게 갔습니다. 의사가 권한 간단한 검사를 받지 않았다면, 내 장은 완전히 닫혔을 것입니다. 그래서 음료수만 겨우 조금 마실 수 있었을 것이며, 그 후엔 아무 것도 먹지 못했을 것입니다. 모든 것이 끝장났을 것입니다. "간단한 검사"라고 해서 병원에 갔는데, 이쪽에선 척추 검사, 저쪽에선 심장 검사를 하고, 여러 가지를 검사하는 복잡한 절차에 들어갔습니다. 그리하여 결국 어떤 결과가 나왔겠습니까? 건강 상태로 보아, 나는 병원에 입원해야 한다는 결과가 나왔습니다.

"먼저 환자들이 인간적으로 도움을 받도록 배려해야 하고, 인간의 힘으로 할 수 없는 것은 하느님께 맡겨야 합니다."라고 대부분 말합니다. 그러나 중병을 앓는 사람들이 인간적으로 도움을 받는 과정에서 큰 고통을 당하고 괴로움에 시달린다는 것을 우리는 잊어서는 안 됩니다. 먼저 여러 종류의 검사를 하고, 수술, 수혈, 화학요법, 방사선 치료를 받아야 합니다. 수혈을 하기 위해, 또 포도당을 주입하기 위해 혈관을 찾습니다. 혈관이 터져 코를 통해서 영양제를 주입하고 잠을 잘 수가 없게 됩니다. 결과적으로 인간의 힘으로 할 수 있는 것을 하기 위해, 지금 열거한 모든 것들을 하게 됩니다. 이해하셨습니까? 간단한 것이 아닙니다. 이를테면 고름이 고여 상처가 났을 때 고름을 빼내기 위해 터뜨려야 하며, 그 후에야 상처가 아물게 됩니다. 이 모든 것들은 과정입니다. 그래서 우리는 "좋은 의사가 환자를 담당하였으니, 이제는 다 나을 것이다."라고 말하며, 마음을 놓아서는 안 됩니다. 환자가 의학적인 도움을 받기 위해 모든 어려움들을 거쳐야 하는데, 그 과정에 그리스도께서 환자에게 인내를 주시도록 우리가 아픈 마음으로 기도해야 한다는 것을 잊지 말아야 합니다. 의사들이 특히 겸손하지 않으면 실수를 할 수 있기에, 하느님께서 의사들에게 불을 밝혀 주시어 실수를 하지 않도록 기도해야 합니다.

집이 부서질 때, 집주인은 가만히 있을 수가 없습니다. 이와 같이 몸의 주인인 영혼은 그의 집인 몸이 상하면 지탱될 수가 없습니다. 그래서 철분과 비타민 A, B, C 등으로 집 속에 있는 주인을 살리려고 노력합니다. 다시 말해서 학문적으로 환자들을 도우려고 노력합니다. 그러나 환자들에게 제공하는 도움으로 모든 환자들이 도움을 받는 것은 아니고 단지 아픔을 동반한 환자들의 삶이 연장될 뿐인데, 더 정확히 말해서 아픔이 연장되는 것입니다. 의학만으로는 충분하지 않으며, 믿음과 기도가 필요하기 때문입니다. 가끔 이곳 수도원에 있는 수녀 의사들이 하느님에 대한 신뢰와 기도로써 환자를 돕기보다는 의학적 방법으로 도우려고 하는 것을 나는 봅니다. 하지만 마음에서 우러나오는 기도는 수녀 의사들에게 더 가치 있는 의사 자격증을 줄 것인데, 이 진정한 기도는 의학이 할 수 없는 것을 할 수 있기 때문입니다. 즉, 의학으로 치료가 불가능한 것을 기도로 치료할 수 있기 때문입니다. 일반적으로 모든 사람들에 대하여 아픔을 겸비한 사랑이 계발될 때, 거룩한 힘이 작용하게 됩니다. 그러나 이 힘이 학문의 힘이라고 생각하며 하느님을 부당하게 하지 않고 교만해지지 않기 위해서는, 속으로 겸손해지는 것이 필요합니다.

그리스도께서는 의사들이 고칠 수 없는 것까지도 고치실 수 있다는 것을 잊어서는 안 됩니다. 그러나 중대한 이유가 있어야 하고 믿음이 매우 강해야 하며 그리스도께 자신을 많이 바쳐야 합니다.

— 수도사님, 다시 말해서 사람들이 고통을 당할 때, 의학적인 도움을 요구하지 말라는 것을 뜻하나요?

— 저런! 그런 뜻이 아닙니다. 사람이 죽을 지경이 되었는데도 "환자에게 산소 호흡기를 씌우지 마세요."라고 말하는 것이 아닙니다. 나는 환자들이 인간적인 측면의 도움을 받는 과정에서 어떤 곤혹을 치르는지를 말하고자 하는 것이며, 환자들이 고생을 하지 않기 위해 그리스도께서 환자들을 도와주시도록 기도를 해야 한다는 것을 말하고 싶은 것입니다. 무언가 심각한 것이라면, 그리스도께서 이 심각한 것을 쓰다듬어 주시고 가져가주시기를 간구해야 합니다. 그리스도께서 환자들의 손을 좀 어루만지시면, 모든 것이 사라져 환자들의 건강이 회복되기 때문입니다. 약도 필요치 않으며, 고생도 필요치 않습니다. 그리스도께서 환자들의 얼굴을 어루만지시면, 더할 나위 없이 좋을 것입니다. 그리스도께서 그들을 껴안으시면, 그들의 마음까지 부드럽게 하실 것입니다. 이해하셨습니까? 그렇지만 큰 믿음이 필요합니다. 환자 자신에게 믿음이 없으면, 환자는 좋아지지 않습니다.

아픈 어린이들

- 수도사님, 오늘 어떤 부모가 데려온 아픈 어린이는 아주 고통을 당합니다.

- 서서히 건강이 좋아질 것입니다. 그러나 병을 기억하기 위해 예민한 면이 남게 될 것입니다. 그리하여 이 예민한 면이 영적으로 어린이를 돕게 될 것입니다.

- 수도사님, 또 백혈병이 있는 어린이들이 많은 고통을 당합니다.

- 성체성혈이 이 어린이들을 많이 돕습니다. 많은 어린이들이 성체성혈로 인해 병세가 좋아졌습니다. 우리는 시편 146장[4]을 읽으면서, 시편의 힘으로 출혈이 멈추도록 하느님께 간구하고, 백혈병에 걸린 어린이들을 하느님께서 도와주시도록 기도를 하고, 지중해성 빈혈증에 시달리는 아이들을 위해 병원에 혈액이 있도록 기도를 하는 것이 좋습니다. 이 아이들은 헤로데스가 참살한 어린이들보다 더 큰 수난을 겪습니다. 어린이들은 죄가 없기 때문에 병이라는 고통에 대해 큰 보상이 있습니다. 얼마나 많은 어린이들이 다른 세상에서 어린 아이들로 구성된 순교 천사단에 있을지 우리는 보게 될 것입니다. 태어난 지 두 달 된 아기들에게 수술을 하고 주사를 놓고 포도당 주사를 놓습니다. 이 가엾은 아기들에게서 어떻게 혈관을 찾을 수 있겠습니까? 혈관을 찾기 위해 이쪽을 찌르고 저쪽을 찌릅니다. 머릿속에 암이 있어 방사선 치

---

[4] "내 마음 주를 찬양하리라. 한평생 주를 찬양하리라. 이 목숨 있는 동안 수금 타며 하느님을 찬양하리라. 너희는 권력가들을 믿지 마라. 사람은 너희를 구해 줄 수 없으니 숨 한번 끊어지면 흙으로 돌아가고 그 때에는 모든 계획 사라진다. 복되어라, 야곱의 하느님께 도움 받는 사람! 자기 하느님 주께 희망을 거는 사람! 하느님은 하늘과 땅, 바다와 거기에 있는 모든 것을 지으신 분, 언제나 신의를 지키시고 억눌린 자들의 권익을 보호하시며, 굶주린 자들에게 먹을 것을 주시고 주는, 묶인 자들을 풀어 주신다. 주, 앞 못 보는 자들을 눈뜨게 하시고 주, 거꾸러진 자들을 일으켜 주시며 주, 의인을 사랑하신다. 주, 나그네를 보살피시고, 고아와 과부들을 붙들어 주시나 악인들의 길은 멸망으로 이끄신다. 주, 영원히 다스리시니 시온아, 네 하느님이 영원히 다스리신다." 카파도키아의 아르세니오스 성인은 이러한 병을 앓고 있는 사람들을 위해 이 시편을 읽으며 기도를 하였다.

료를 받고 그렇게도 작은 머리에 전깃줄 같은 것들을 매달고 있는 어린 아이들을 볼 수 있습니다. 어른도 이러한 것들을 참을 수 없는데, 어린이들이 어떻게 참을 수 있단 말입니까?

 - *수도사님, 소아과 의사들이 조산아를 살리려고 노력하는 것이 가치가 있나요?*

 - 의사들은 할 수 있는 것을 해야 합니다. 동시에 이 아기들을 위해 기도해야 합니다. "하느님, 이 아기가 살아서 평생 동안 고통을 받아야 한다면, 죄송하지만 이 아기를 데려가 주십시오."라고 기도하는 것이 좋습니다. 그러나 아기들이 세례를 받도록 배려해야 합니다. 훗날 아이들은 천국에서 불 켜진 큰 초를 들고서 자신들의 부모를 환영하러 나올 것입니다.

더 큰 아이들인 경우, 의사들은 진찰 결과를 알리는 데 있어 아주 조심해야 합니다. 한 의사는 여덟 살짜리 아이에게 "너는 눈이 멀게 될 거야."라고 말했습니다. 건강한 아이라도 작은 괴로움으로 마음에 상처를 입게 되는데, 아픈 아이의 경우엔 어떠하겠습니까?

환자의 건강을 위한 희생

아무것도 희생하는 것 없이 하느님께 무엇인가를 간구하는 것은 가치가 없습니다. 내가 앉아서 아무것도 희생하지 않고 "하느님, 죄송하지만, 이 환자를 낫게 하소서."라고 한다면, 이것은 그냥 좋은 말을 하는 것에 지나지 않습니다. 환자의 영적인 유익함을 위한 나의 사랑, 나의 희생을 그리스도께서 보실 때, 비로소 간구가 이루어집니다. 그래서 누군가가 당신에게 아픈 사람에 대한 기도를 요청하면, 그들 역시 기도를 하거나 적어도 그들의 정신적인 약점들을 없애려 노력하라고 말하십시오.

어떤 사람들은 내게 와서 "제 병을 낫게 해 주십시오. 수도사님께서 저를 도와주실 수 있다는 말을 들었습니다."라고 말합니다. 그러나 본인들은 전혀 노력을 하지 않고서 도움을 받기를 원합니다. 또 어떤 사람에게 "단 것을 먹지 마세요. 하느님께서 당신을 도우시도록 적어도 이를 희생하세요."라고 말하면, 그는 "왜요? 하느님께서 나를 낫게 하실 수 없습니까?"라고 말합니다. 자신들에 대하여 희생을 하지 않는데, 남을 위해 얼마나 희생을 할 수 있겠습니까? 어떤 사람은 그리스도께서 당뇨병에 시달리는 사람들을 도와주시도록 단 것을 먹지 않고, 불면증에 시달리는 사람들에게 잠을 주시도록 잠을 자지 않습니다. 이렇게 하여 사람은 하느님과 닮게 됩니다. 그때 하느님께서는 은총을 주십니다.

누군가가 자신의 아픈 친척을 위해 기도를 할 수 없다고 말할 때, 나는 그에게 아픈 사람을 위해 희생을 하라고 말합니다. 자신의 건강에도 도움이 될 무엇인가를 하라고 자주 권고합니다.

언젠가 독일에서, 몸의 일부가 마비되기 시작된 아이의 아버지가 나를 찾아 왔습니다. 의사들은 포기했고 가엾은 아버지는 실의에 빠져 있었습니다. 나는 그에게 말했습니다. "아이의 건강을 위해 자네도 희생을 하게나. 절을 하면서 기도를 하게나. 그럴 수 없다면, 그냥 기도를 하게나. 기도조차 할 수 없다면, 괜찮네. 하루에 담배를 얼마나 피우는가?" "네 갑하고 반을 피웁니다." "한 갑만 피우게. 그리고 나머지 세 갑에 대한 돈을 가난한 사람에게 주게나." "수도사님, 저는 아이의 건강이 좋아지기를 바랍니다. 그리고 담배를 끊을 것입니다." "그때는 가치가 없다네. 지금 담배를 끊어야 하네. 담배를 버리게. 자네, 아이를 사랑하지 않는가?" "제가 제 자식을 사랑하지 않을 수 있겠습니까? 아이를 너무 사랑해서 저는 6층에서 뛰어 내릴 수도 있습니다." "자네에게 6층에서 뛰어 내리라고 하는 게 아니네. 그저 담배를 버리라는 것이네. 만약 어리석은 생각으로 6층에서 뛰어 내린다면, 자네는 아이가 거리에서 구걸하게 만들 것이며 자네의 영혼을 잃을 것이라네. 나는 자네에게 어렵지 않은 무엇인가를 하라고 말하는 것이네. 지금 당장 담배를 버리게나." 하지만 그는 어떤 방법으로도 담배를 버리려 하지 않았습니다. 그저 울면서 떠날 뿐이었습니다. 이 사람이 어떻게 도움을 받을 수 있겠습니까? 그러나 말을 듣는 사람들은 도움을 받습니다.

또 어떤 날엔 한 사람이, 도보를 걷는 것으로 숨이 턱 끝까지 차서 헐떡거리며 왔습니다. 나는 그가 담배를 많이 피운다는 것을 알고서 이렇게 말했습니다. "축복받은 자네, 왜 그렇게 담배를 많이 피우는가? 건강에 해를 끼칠 것이라네." 호흡이 정상적으로 되돌아와 말을 할 수 있게 되자, 그가 말했습니다. "제 아내가 너무 아픕니다. 죽을 위험에 처해 있어요. 수도사님, 죄송하지만 기적이 일어나도록 기도를 하여 주십시오. 의사들은 두 손을 들었습니다." "자네, 아내를 사랑하는가?" "네, 사랑합니다." "그런데 왜 아내를 위해 아무것도 하지 않는가? 자네 아내는 할 수 있는 것을 하였다네. 의사들 역시 최선을 다 하였다네. 그런데 자네는 하느님께서 아내를 도와주시도록, 나에게 기도와 무언가를 부탁하기 위해 이곳에 왔다네. 자네 스스로는 과연 무엇을 했는가?" "수도사님, 제가 무엇을 할 수 있단 말입니까?" "자네가 담배를 끊으면, 아내의 병이 낫게 될 것이라네." 나는 병이 완쾌되는 것이 그녀에게 영적으로 유익하지 않을 것임을 하느님께서 보셨기에 완쾌되지 않는 것이라면, 적어도 담배가 유발하는 나쁜 것으로부터는 그들이 벗어날 것이라고 생각했습니다. 그리고 한 달 후에 그가 흐뭇한 표정으로 다시 와서 고마움을 표하면서 "수도사님, 제가 담배를 끊었고 아내는 병이 나았습니다."라고 말했습니다. 일정 기간이 지나자 그는 걱정스레 나를 찾아와, 몰래 다시 담배를 피우기 시작했고, 아내가 다시 중병을 앓고 있다고 했습니다. 그때 나는 "지금 자네는 약을 알고 있네. 담배를 끊게나."라고 말했습니다.

환자들에 대한 기도

- 수도사님, 어떤 사람들이 수도사님께 아픈 아이를 위해 기도해주시기를 부탁하였고, 이 아이가 좋아질 것인지를 물었습니다. 어떻게 대답을 해야 합니까?

- 그들에게 "수도사는 기도를 할 것입니다. 그리스도께서 그 아이를 사랑하시므로 유익한 것을 주실 것입니다. 그리스도께서 아이가 자라서 더 좋은 사람이 되리라는 것을 보시면 수도사의 기도를 들으실 것입니다. 그러나 시간이 흐른 뒤 아이가 영적으로 좋은 상태에 있지 못하면, 그때 하느님께서 사랑으로 그 아이를 데려가실 것입니다."라고 하십시오. "구하여라, 받을 것이다."[5]라고 성경에서 말합니다. 내가 내 자신을 하느님께 바친다면, 하느님께서는 내가 간구하는 것을 주실 것입니다. 그러나 자신을 하느님께 바치지 않는다면, 단지 죽음을 피하기 위해 하느님께서 내게 삶을 주셔야 할 이유가 있겠습니까? 이런 까닭으로, 내가 어떤 환자를 위해 기도할 때 이 환자의 병이 진전되거나 환자가 죽는다 하더라도 나에겐 기뻐할 만한 근거가 있습니다.

- 수도사님, 저희 자신의 건강을 위해 기도하는 것은 좋은가요?

- 우리가 가진 정신적인 약점들이 없어지도록 간구하는 것이 더 좋습니다. 다시 말해서 먼저 하늘나라를 간구하는 것입니다. 우리를 건강하게 해달라고 하느님께 간구하면, 이것은 하늘나라의 재산을 먹게 되는 결과를 초래합니다. 그렇지만 병으로 인한 아픔을 참을 수 없을 때 우리의 병을 고쳐 달라고 하느님께 간구하면, 하느님께서는 우리의 상황에 따라 처리하실 것입니다.

- 수도사님, 저희의 기도로 한 병자가 도움을 받는 경우에도, 병자 자신이 역시 하느님께 무엇을 간구하느냐에 따라 달라집니까?

---

[5] 마태오 7:7, 마르코 11:24, 루가 11:10, 요한 16:24.

- 병자가 단지 자신의 병만 낫게 해달라고 간구하고 다른 병자들에 대해서는 기도하지 않으면, 잘하는 것이 아닙니다. 당신은 속세에 있었을 때 병원에서 일했습니다. 환자가 소리 내어 기도할 수 없었을 때 당신은 무엇을 했습니까?

- 수도사님, 제가 대신 소리 내어 기도했습니다.

- 당신이 기도를 하는 것은 당연합니다. 그러나 환자도 어떤 기도를 했어야만 합니다.

- 환자도 "나의 성모여!" 또는 "나의 성모여, 저를 구하여 주소서!"라고 기도드리곤 하였습니다. 그런데 아픔에 대한 인내는 기도가 아닙니까?

- 네, 잘 말했습니다. 이것 또한 기도입니다. 누군가가 수술을 앞두고 여러분에게 기도를 부탁한다면, 부탁받는 그 순간부터 기도를 하십시오. 환자가 수술실에 들어갈 때까지 기다리지 마십시오. 또 예배 중에 사제가 "누워 있는 환자들의 건강을 위해"라고 말하면, 여러분은 아픈 마음으로 "주여, 불쌍히 여기소서."라고 기도하십시오. 고통을 받는 가엾은 환자들은 당신들의 작은 도움을 기다리고 있습니다. 그들은 아픔을 갖고 있습니다. 아픔이 없는 당신은 그들이 도움 받을 수 있도록 기도하십시오. 당신은 아파서 침대에 누워 한숨 쉬지 않으므로, 적어도 기도 속에서 환자들을 위해 한숨을 쉬십시오. 건강한 사람들이 환자들을 위해 기도하지 않는다면, 그리스도께서 훗날 "너희들은 건강했음에도 불구하고, 고통 받는 사람들을 위해 기도하지 않았느니라. 나는 너희들이 누구인지 모르니라."라고 말씀하실 것입니다.

환자를 위해 기도하지 않으면, 병은 진행 과정에 따라 점점 악화되어 갈 것입니다. 그렇지만 우리가 기도를 한다면, 병의 진행 과정을 바꿀 수도 있습니다. 그러므로 여러분은 환자들을 위해 항상 기도하십시오.

3장

장애는 하느님의 축복

장애에 대한 올바른 대처

- *수도사님, 장애는 열등감을 유발할 수 있습니까?*
- 이것은 어리석은 생각입니다.
- *수도사님, 그러나 장애자들에게 때때로 이러한 현상이 생깁니다.*
- 생깁니다. 이는 올바르게 생각하지 않기 때문입니다. 장애가 하느님의 축복이라는 것을 깨달을 때 올바른 생각을 갖게 되며 열등감에서 벗어나게 됩니다. 신체에 장애가 있는 한 어린 아이가, 장애를 기쁨으로 느끼도록 도움 받지 못하는 상황에서 열등감을 느낀다면, 이는 정상 참작이 됩니다. 그러나 어느 정도 자라서도 계속 열등감을 느낀다면, 이는 인생의 깊은 의미를 아직 깨닫지 못했음을 의미합니다. 어느 아홉 살 소녀는 눈에 혹이 생겨 그 눈을 빼내는 수술을 받았습니다. 학교에서 아이들이 놀려, 가엾은 이 아이는 고통을 받았습니다. 소녀의 아버지가 칼리비에 와서 내게 문제를 털어놓았습니다. "수도사님, 딸이 원하는 것을 사주게 되면 기뻐하고 장애에 대해 잊을 것이므로, 딸에게 도움

이 될 것이라고 생각합니다. 하지만 제가 어떻게 할 수 있겠습니까? 어린 자식들이 다섯이나 더 있고, 이 아이들은 아무 것도 모르기 때문에 질투를 합니다." "자네, 그것도 말이라고 하는가? 그건 하나의 가식적인 위안에 불과하다네. 진정한 해결 방법이 아니라네. 지금 딸이 바라는 원피스를 사준다면, 몇 년 후엔 고급 승용차를 사달라고 할 것이네. 그렇게 하면 자네 어떻게 살아갈 수 있겠는가? 훗날 일부 사람들이 지붕 위로 비행기가 날아다닌다는 것을 알게 되면, 비행기를 사달라고 할 것이네. 그때 자네는 무엇을 할 수 있겠단 말인가? 딸이 눈이 하나 있다는 것으로 만족할 수 있도록 아이를 도우려고 노력하게나. 순교자라는 것을 느낄 수 있도록 노력하게나. 사람들은 많은 순교자들의 눈을 빼내고 귀와 코를 잘라냈다네. 그리고 그들을 조롱하였지. 그러나 순교자들은 아픔과 조롱으로 고통을 당했음에도 굴복하지 않고 단호하게 순교를 주장했다네. 자네 딸이 불구에 담긴 하느님의 뜻을 깨닫고 불구를 찬양으로 극복한다면, 하느님께서 자네 딸을 참회자들과 함께 놓으실 것이네. 의사들이 그러한 방법으로 아이의 눈을 빼냈는데 어떻게 아프지 않을 수 있겠나. 하지만 하느님께서 아이를 참회자들과 같이 있도록 선처하시는 것이 작은 일인가? 자네 아이는 갚아야할 죄가 없기 때문에, 불구에 의해 상을 받을 것이네." 가엾은 이 아버지는 내게 감사를 표하고 편안한 마음으로 떠났습니다. 정말로 이 아버지는 불구가 하느님의 축복이며 그래서 하느님을 찬양해야 한다는 것을 딸이 깨닫도록 도와주었습니다. 이렇게 하여 그녀는 건강하게 자라 국문학과를 졸업하고 교사로 일하고 있는데, 모든 것을 가지고도 고통을 당하는 다른 여성들보다 더 만족을 느끼고 있습니다. 바로 인생의 깊은 의미를 깨달았기 때문입니다.

   사람들이 인생의 깊은 의미를 깨닫지 못할 때, 하느님께서 그들의 구원을 위해 주시는 것들과 기회들을 통해서도 시련을 당합니다. 그러나 올바르게 생각하는 사람은 모든 것에 대하며 만족을 느낍니다. 그래서 절름발이라 하더라도, 절름발이인 것에 대하여 만족을 느낍니다. 아주 영리하지 않을지라도 만족합니다. 또 가난한 사람이라 할지라도 만족을 느낍니다.

신체장애자들이 얼마나 어려움을 겪고 있는지 당연히 나는 이해하며 그래서 그들을 위해 많이 기도하는데, 특히 여성들을 위해 더 많이 기도합니다. 남성의 신체장애는 그렇게 문제시 되지 않으나, 결혼을 하려고 하는 한 여성의 신체장애는 어려움을 초래하기 때문입니다.

또 시각장애인들은 얼마나 어려움이 많은지 모릅니다. 가엾은 그들은 스스로를 도울 수 없으며 걸어다닐 때 종종 부딪치곤 합니다. 나는 시각장애인들이 혼자 볼 일을 볼 수 있도록, 그들에게 적어도 사물을 구분할 수 있는 약간의 빛을 주시기를 하느님께 간구합니다.

- 수도사님, 제가 잘 볼 수 없기 때문에, 복음경의 한 구절조차 읽을 수 없는 것이 괴롭습니다. 사람이 날마다 복음경의 구절을 읽으면 거룩해진다고 수도사님께서 말씀하신 적이 있습니다.

- 왜 괴로워합니까? 몇 줄을 읽거나 한 단어를 읊는 것만으로, 또는 단지 복음경에 입을 맞추는 것만으로 거룩해지지 않습니까? 더욱이 당신은 지금 막 그리스도를 알게 된 것이 아닙니다. 왜 전에 읽었던 것이나 지금까지 들은 것들에 대해 묵상하지 않습니까? 모든 기본은 올바르게 대처하는 데 있습니다. "지금 하느님께서는 나로부터 이렇게 원하신다. 몇 년 전에는 나를 다르게 원하셨다."라고 말하십시오. 경건하게 살아가고 있던 한 변호사가 늘그막에 앞을 볼 수가 없게 되었습니다. 어느 날 그가 내게 와서 말했습니다. "거룩한 수도사님, 제가 책을 좀 읽고 사랑하는 사람들의 얼굴을 볼 수 있도록 기도해주십시오." 그래서 나는 "자네는 사랑하는 사람들의 목소리로 그들을 구분할 수 있다네. 공

부라면 자네는 그렇게 오랫동안 공부를 하였네. 지금은 기도를 하게나. 하느님께서는 지금 자네로부터 이것을 원하시는 것 같네."라고 말했습니다. 그리하여 그때부터 그는 앞을 보았던 때보다도 더 많은 기쁨을 느끼게 되었습니다.

장애에 대한 하늘나라의 보상

장애가 있을 때 참고 불평하지 않으면, 더 큰 보상을 받게 됩니다. 모든 장애자들은 하늘나라에 저축을 하기 때문입니다. 듣지 못하는 사람은 듣지 못하는 관계로 앞을 보지 못하는 사람은 앞을 보지 못하는 관계로, 다리를 저는 사람은 다리를 저는 관계로 하느님의 은행에 있는 수표를 갖게 됩니다. 이것은 보통 일이 아닙니다. 여기에 영혼의 약점들을 고치려 투쟁을 더한다면, 하느님으로부터 화관도 받게 될 것입니다. 상이군인은 연금을 받고 훈장도 받습니다.

아름다움과 용기, 건강을 가지고 있는 사람이 단점들을 고치려고 노력하지 않는다면, 하느님께서는 그에게 "너의 생애에서 너는 재산과 용기를 즐겼느니라. 지금 내가 네게 무엇을 빚졌느냐? 아무 것도 빚진 것이 없느니라."라고 말씀하실 것입니다. 장애자로 태어났든, 유전적으로 물려받았든, 또는 차후에 장애자가 되었든 간에 장애자는 기뻐해야만 하는데, 다른 세상에서 보상을 받을 것이기 때문입니다. 더욱이 본인이 원인이 되지 않을 때엔 노력하지 않은 상태에서 하늘나라의 보상이 있을 것입니다. 예를 들어 누군가는 일생동안 다리를 뻗을 수 없고 앉을 수도 없는데 이는 보통 일이 아닙니다. 절을 하면서 기도도 할 수 없습니다. 다른 세상에서 하느님께서는 그에게 "내 자식아! 이리 와서 이제는 이 안락의자에서 영원히 편하게 앉아있어라."라고 말씀하실 것입니다.

장애자들이 한탄하지 않고 자신을 낮추면서 하느님을 찬양하고 하느님의 말씀에 따라 산다면, 천국에서 가장 좋은 자리에 있게 될 것입니다. 하느님께서는 그들을 참회자들, 순교자들과 함께 놓으실 것인데, 이 참회자들과 순교자들은 그리스도에 대한 사랑 때문에 손과 발을 바쳐, 지금은 천국에서 경건하게 그리스도의 손과 발에 쉴 새 없이 입맞춤 하고 있습니다.

- *수도사님, 예를 들어 청각장애자이면서 불평불만을 하는 경우는 어떻게 됩니까?*

- 어린 아이들 역시 불평을 합니다. 하느님께서는 많은 것에 의미를 두지 않으십니다. 좋은 부모들은 그들의 모든 자식을 똑같이 사랑합니다. 그러나 허약하거나 장애를 가진 자식들에게 특별한 관심을 둡니다. 우리의 자애로우신 아버지 하느님 역시 육체적으로 허약하거나 정신적으로 약한 자식들에 대해 똑같이 하십니다. 장애를 가진 사람들이 의욕을 가지고, 그들의 삶을 하느님께서 관여하시도록 권한을 드리는 것으로 족합니다.

지적장애아이들

계속해서 대소변을 가리지 못하는, 지능에 장애가 있는 자식들을 데리고 사는 가엾은 어머니들이 얼마나 고생을 하는지 모릅니다. 이것은 순교입니다. 다 큰 자식이 말썽을 피우기 때문에 자식을 어떻게 할 수 없는 어머니를 알게 되었습니다. 가엾은 자식은 벽과 침대보에 변을 칠합니다. 어머니는 이것들을 치우고 집을 청소합니다. 그리고 나면 아이는 모든 것을 흩뜨려 놓고 더럽게 합니다. 어머니가 세제를 숨기면 아이는 이것을 찾아내어 먹고, 찬장과 장 속에 있는 것들을 밖으로 내던지곤 합니다. 하느님이 보호하사 지금까지 사람을 죽이지 않았습니다. 이런 일이 계속되는 것이 하루 이틀이 아닙니다. 오랫동안 이 상황이 계속

되고 있습니다.

- 수도사님, 지적 장애가 있는 한 사람이 겸손한 마음으로 선행을 할 수 있습니까?

- 어떻게 못할 수가 있겠습니까? 이 수도원에 자주 오는 그 아이가 정신적으로 문제가 있을 수는 있지만, 그 아이가 가진 선의를 정신이 멀쩡한 그 어느 누가 갖고 있겠습니까? 얼마나 많은 기도를 하고 또 절을 하며 기도하는지 모릅니다. 내가 장 때문에 절을 하면서 기도를 하기가 어려웠을 때, 그 부모가 아이에게 "수도사님이 편찮으셔서 절을 하면서 기도를 하실 수 없단다."라고 말하자, 아이는 "제가 하겠습니다."라고 말하며 나를 위해 절을 하면서 기도를 하여, 옷이 땀으로 흠뻑 젖곤 하였습니다. 얼마나 성실하고 귀품이 있는지 모릅니다. 한번은 같은 동네에 사는 한 아이가 그 아이를 때렸습니다. 그런데 매를 맞은 이 아이는 때린 친구에게 악수를 청하면서 "잘 가!"라고 인사를 하였습니다. 들으셨습니까? 복음경과 영적인 책들을 많이 읽고 배웠다 하는 사람 중에 누가 이런 행동을 하겠습니까? 며칠 전 이 아이의 가족 모두가 나를 보려고 이곳에 왔습니다. 이 아이는 내 옆에 앉았고, 여동생은 더 멀리에 앉아 있었습니다. 이 아이는 멀리 앉아 있는 여동생을 보자마자, "수도사님 곁으로 와."라고 말하더니, 여동생을 내 옆에 앉혔습니다. 나는 너무나도 감동스러워서, 누군가가 예루살렘에서 가져온 상아로 된 큰 십자가를 그 아이에게 주었습니다. 아이는 십자가를 받자마자 "할머니"라고 말하며, 할머니의 묘에 십자가를 놓을 것이라고 했습니다. 놀라운 일입니다. 자신을 위해 아무 것도 원치 않으며 모든 것을 다른 사람들을 위해서 합니다. 이 아이는 의심할 여지없이 천국에 갈 것입니다. 또 부모 역시 천국으로 가게 할 것입니다.

나는, 내가 이해하지 못하고 말하지 못하더라도 이 아이의 위치에 있었기를 바랐습니다. 하느님께서 내게 모든 것들을 주셨는데도 나는 이것들을 소용없게 만들었습니다. 다른 세상에서 신학자라고 하는 사람들까지도 이 아이 앞에서 숨을 것입니다. 하늘나라에 있는 신학 성인들은 하느님에 대한 인식에 있어 이런 아이들보다 더 좋은 곳에 있지 않으리라고 생각합니다. 이 아이들이 이 세상에서 고난을 겪으며 살았으므로, 정당하신 하느님께서는 이 아이들에게 무엇인가 더 많은 것을 주실 것입니다.

정신적인 병

- *수도사님, 우울증에서 벗어나기 위해서는 무엇을 해야 하나요?*
- 거룩한 위로가 필요합니다.
- *어떻게 거룩한 위로를 받을 수 있나요?*
- 그리스도께 꼭 달라붙으면 그리스도께서 거룩한 위로를 주실 것입니다. 우리는 자주 자존심과 이기주의를 혼동하게 됩니다. 정신 분열증의 많은 경우들이 예민한 신경에서 오게 됩니다. 아무 것도 아닌 것 또는 대처할 수 없는 일이 우연히 발생하여 많이 고통을 당합니다. 다른 사람은 사람을 죽이고서도 아무 일도 없던 것처럼 살고 있는데, 예민한 사람은 실수로 고양이의 발을 조금 밟고서도 괴로워하며 괴로움 때문에 잠을 자지 못합니다. 그리하여 한 사흘간 자지 못하고, 그 후에 당연히 의사에게 달려가게 될 것입니다.

- *수도사님, 심리학에서 말하기를 정신 장애인이 도움을 받는 것엔 이유가 없어야 한다고 합니다.*
- 네, 그렇습니다. 그러나 문제는 이유가 있을 경우입니다. 어떤 경우에 있어서 예민함이 자연스러운 것임에도 불구하고, 이에 대해 변명을 하려 하고 깊이 골몰하여 미칠 지경에 이르게 됩니다. 사람들은 "혹시 내게 유전병이 있는 것은 아닐까? 혹시 건강이 좋지 않은 것일까?"라고 말합니다. 나는 한 대학생을 알게 되

었습니다. 하루 스물네 시간 중에 열한 시간을 공부하면서 장학금을 받았습니다. 아버지가 편찮았기 때문에, 그는 가족까지 돌보았습니다. 학생은 신경이 예민하였기에 피곤이 겹쳐 계속해서 두통에 시달렸고, 그리하여 아주 어렵게 대학을 졸업했습니다. 그러고 나서 혹시 유전이 아닐까하고 생각했습니다. 무슨 유전이란 말입니까? 누군가는 열한 시간 공부하는 것만으로도 과로에 빠지는데, 가족을 돌보고 신경이 예민한 경우엔 어떻게 되겠습니까?

- 수도사님, 한 아이가 부친의 자살 후 우울증에 빠졌습니다. 혹시 이것이 유전인가요?

- 아이가 정신적으로 상처를 입었을 수 있습니다. 이것이 유전이라고 절대적으로 말할 수 없습니다. 또한 그의 아버지가 어떤 상황에 있었으며 어찌하여 자살에 이르렀는지 우리는 모릅니다. 물론 천성적으로 내성적인 아버지를 가진 아이는 도움이 필요합니다. 이 아이 역시 내성적인 성격을 계속 갖게 된다면, 혹시 유전적인 무엇인가가 있는 것이나 아닐까 생각하여 아플 수가 있기 때문입니다.

하느님께서는 언제나 사람이 감당할 수 있는 만큼 시험에 빠지도록 허락하십니다. 그러나 사람들의 조롱이 추가되고 그 때문에 추가되는 정신적인 부담으로 정신이 약해져 신음하게 됩니다. 사람들은 미친 사람들을 완전히 미치게 만듭니다. 처음에 정신착란은 도움을 받을 수 있습니다. 예전에는 정신병원이 없었기에 누군가가 미치면, 그를 쇠사슬에 묶어 방에 가두곤 하였습니다. 페리스테로라고 하는 한 여인이 있었는데, 가족들은 그녀를 집 밖으로 나가지 못하게 하였습니다. 동네 아이들은 그녀를 돌로 치면서 놀리곤 하였습니다. 이 불쌍한 여인은 성이 나서 울타리를 잡고 소리를 질렀으며 앞에 있던 것들을 밖으로 내던지곤 하였습니다. 그러나 다른 세상에서 페리스테로가 배웠다 하는 많은 여성들을 능가하는 것을 볼 것입니다.

또 다른 경우가 생각납니다. 한 가정의 큰 딸이 머리가 조금 모자랐으나 아주 착했습니다. 그녀는 마흔 살이었지만, 다섯 살짜리 어린이 같았습니다. 어른들과 아이들이 그녀에게 어떤 해코지를 했는지 모릅니다. 한번 그녀의 부모는 그녀가 집에서 점심을 준비하도록 남겨 놓고 밭으로 일하러 갔습니다. 남동생은 밭에서 딴 옥수수들을 집으로 가지고 와서 부모와 일꾼들의 식사를 위해 준비된 밥을 가지고 밭으로 갈 예정이었습니다. 가엾은 이 여인은 뜰에 있는 호박, 가지, 연한 콩 껍질을 따서 음식을 만들 준비를 하였습니다. 하지만 장난꾸러기 막내 여동생이 당나귀의 귀를 잡아당기면서, 음식을 만들기 위해 준비되었던 것들을 다 먹였습니다. 그러니 불쌍한 이 여인이 다시 뜰에 가서 점심 식사 재료들을 준비할 힘이 어디 있었겠습니까? 그렇지만 그녀는 아무 말도 하지 않았습니다. 음식을 만들려고 모든 것을 다시 준비해서 불 위에 놓자마자 남동생이 돌아왔습니다. 그는 짐들을 내리고 나서 음식이 준비되지 않은 것을 보고는 누나를 때렸습니다. 그녀는 날마다 무슨 고통을 당했는지 모릅니다. 가엾은 어머니는 자신이 먼저 죽으면 딸을 누가 돌볼 지 걱정하였기에, 딸이 먼저 죽고 그 다음에 자신이 죽기를 간구하였습니다. 정말이지 딸이 먼저 이 세상을 떠났고 그 후 어머니가 떠났습니다.

이처럼 머리에 이상이 있는 사람들은 다른 많은 사람들보다 천국에 들어가기 위한 상황이 더 좋습니다. 그들은 책임 능력이 없으므로 시험 없이 천국에 들어갑니다.

자식의 장애에 대한 부모의 올바른 대처

임신 중인 어머니들이 태아에게 신체장애나 지적장애가 있다는 것을 확신하면, 낙태 수술을 하여 태아를 죽입니다. 태아도 영혼이 있다는 것을 생각하지 않습니다. 얼마나 많은 아버지들이 내게 와서 "제 자식이 바보가 될 것이라니, 왜 하느님은 제 자식을 이렇게 하십니까? 저는 이것을 감당할 수기 없습니다."라고 말하는지 모릅니다. 이러한 대처는 하느님에 대하여 얼마나 뻔뻔스럽고, 얼마나 고집이 많고, 얼마나 이기심이 많은 건지 모릅니다. 하느님께서 그들을 도와주신다면, 그들의 상황은 더 나빠질 것입니다. 언젠가 한 대학생이 아버지와 함께 칼리비에 왔습니다. 이 학생은 많은 생각들로 머리에 이상이 생겨, 정신 병원에선 그에게 전기충격 요법을 썼습니다. 가엾은 학생은 집에서 강요를 많이 당했습니다. 하지만 그에겐 경건함이 있었습니다. 무릎을 꿇고 머리를 땅에 대어가며 기도하였습니다. 그는 '하느님이 땅을 불쌍히 여기시서, 고개를 숙여 땅에 머리를 대어가면서 기도하는 나를 역시 불쌍히 여기시지 않을까?'라고 생각하며 기도하였습니다. 다시 말해서 그가 머리로 땅을 침으로써 아픈 땅을 하느님께서 가엾게 여기시서 그 자신도 가엾게 여기시지 않을까하고 생각했던 것입니다. 이것이 내게 인상적이었습니다. 그는 자신을 가치 없는 사람으로 느꼈던 것입니다. 누군가로부터 강요를 당하면 그는 아토스 성산에 오곤 하였습니다. 나는 그가 생각하는 방법을 바꾸어 주었는데, 한 두 달 잘 지내다가 또 전과 같이 되곤 하였습니다. 그의 아버지는 이러한 자식을 가진 것에 자존심이 상했기 때문에, 지인들이 자기 자식을 보는 것을 원치 않았습니다. 그는 자신의 이기주의 때문에 고통을 받았습니다. 그는 내게 "제 아들 때문에 사람들 앞에서 창피를 당합니다."라고 말했습니다. 아들이 이 말을 듣자마자, 아버지에게 "아버지, 겸손해지십시오. 저는 미쳤기 때문에 마음 편하게 돌아다닙니다. 저를 새장에 넣으려고 하십니까? 미친 자식이 하나 있다고 생각하시고, 거리낌 없이 돌아다니십시오. 아버님만이 미친 자식을 가지고 계신 줄 아십니까?"라고 말했습니다. 나는 '지금 두 사람 중에 누가 미친 사람이란 말인가?'라고 생각했습니다.

이기주의가 사람을 어디로 인도하는지 보십니까? 이기주의는 아버지가 자식을 파멸하는 상황에까지 달하게 만듭니다. 또 다른 경우로, 내가 속세에 있었을 때 정신적으로 모자라는 사람을 알게 되었는데, 친척들은 부끄러움을 피하려고 그를 데리고 나가지 않았습니다. 나는 그 사람과 말하는 것을 기꺼이 받아들였기에, 사람들은 나 또한 조롱했습니다. 그렇지만 나는 그 사람들보다 그를 내 마음 깊은 곳에 새겨두었습니다.

4장

영적인 법

영적인 법이 어떻게 작용하는가?

- *수도사님, 무엇이 영적인 법인가요?*
- 설명하겠습니다. 자연에 자연법칙이 있는 것처럼, 영성 생활에도 영적인 법이 있습니다. 예를 들어 사람이 무거운 것을 높이 던질 때, 더 큰 힘으로 높이 던지면 던질수록, 더 큰 중력으로 땅으로 떨어져 산산조각 날 것입니다. 이것이 자연 법칙입니다. 영성 생활에 있어서 사람이 교만함을 가지고 올라가면 올라갈수록 영적인 추락은 더 커질 것이고, 교만함의 정도에 따라 영적인 파멸이 있을 것입니다. 교만한 사람이 위로 올라가 한 지점에 달하면, 그 다음엔 아래로 떨어져 망신을 당하여 낮추어지게 되기 때문입니다. 성경에서 "누구든지 자기를 높이면 낮아지고 자기를 낮추면 높아질 것이다."¹라고 말합니다. 이것이 영적인 법입니다.

그러나 자연법칙과 영적인 법 사이에 중요한 다른 점이 있습니다. 자연법칙은 인정이 없고 사람이 바꿀 수 없으나, 영적인

---
1 루가 18:14.

법은 인정이 있고 사람이 바꿀 수 있습니다. 바로 사람이, 창조주이자 조물주이며 동정심이 아주 많으신 하느님과 관계되기 때문입니다. 다시 말해서 누군가가 곧 그의 교만이 상승세에 있음을 깨닫고, "하느님, 제 것이라곤 아무 것도 없습니다. 제가 교만해집니다. 용서하여 주십시오."라고 말한다면, 아무도 그의 추락을 눈치 채지 못하도록, 곧 하느님께서는 여린 손으로 사람을 붙들어 살짝 밑으로 데려가십니다. 이렇게 사람이 보인, 회개를 동반한 마음 아픔이 우선되었으므로, 사람은 파멸되지 않습니다.

　복음경에서 "칼을 쓰는 사람은 칼로 망하는 법이다."[2]라고 하는 것도 똑같습니다. 다시 말해서 내가 칼을 썼다면 나는 원래 칼로 끝을 내야만 합니다. 그러나 잘못을 느끼고 양심의 가책을 느껴 하느님께 용서를 빌 때, 그때 영적인 법의 작용이 멈추고 진통제를 맞듯 하느님으로부터 사랑을 받게 됩니다.

　다시 말해서 하느님께서 하시는 뜻을 인간의 머리로 간파할 수 없는데, 사람들의 마음이 바뀔 때 하느님께서 뜻을 바꾸시는 것을 볼 수 있습니다. 말썽을 피우는 자식이 정신을 차리고 회개하여 양심의 가책을 느낄 때 아버지 하느님께서는 사랑으로 자식을 어루만지시고 위로하십니다. 사람이 하느님의 결정을 바꿀 수 있다는 것은 작은 일이 아닙니다. 당신이 나쁜 짓을 하십니까? 하느님께서는 당신에게 매를 주십니다. "제가 죄를 지었습니다."라고 말하십니까? 당신에게 축복을 주십니다.

영적인 법과 하느님의 사랑

　- 수도사님, 영적인 법은 항상 효력이 바로 나타납니까?
　- 경우에 따라 다릅니다. 누군가는 자주 의아해 합니다. 어떤 이는 좀 교만해졌을 때 바로 망신을 당했습니다. 이런 경우 영적

---
[2] 마태오 26:52.

인 법은 번개처럼 효과를 나타냈습니다. 예를 들어 한 동료가 유리를 닦으면서, 다른 동료보다 더 잘 닦는다고 교만한 생각을 가졌다고 합시다. 그때 유리가 깨지는 일이 발생합니다. 물론 더 후에 작용하는 경우들도 있습니다.

- 수도사님, *영적인 법이 바로 작용하는 것은 무엇을 뜻하나요?*

- 이는 좋은 것입니다. 그때 사람은 하느님의 사랑이 자신을 보호하였다는 것을 이해해야 합니다. 대가를 바로 치렀으므로 나중에 한꺼번에 치르지 않을 것이기 때문입니다. 반면 영적인 법이 사람에게 작용하지 않을 때는 위험합니다. 하느님의 자식이 하느님으로부터 멀어져 있다는 것을 나타내기 때문입니다. 다시 말해서 자식이 하느님의 집에 있지 않다는 것을 나타냅니다. 계속해서 교만을 가지고 일을 하는 어떤 사람들이 아무런 해를 입지 않습니다. 이는 그들의 교만이 인간적인 면을 넘어선 가장 높은 단계, 즉 악마와 같은 교만, 거만에 달해 있음을 의미합니다. 그때 추락은 정상의 한 끝에서 이루어지므로, 직접 지옥으로 떨어지게 됩니다. 이것은 악마의 추락이며, 정상의 다른 끝에 있는 사람들은 이 추락을 보지 못합니다. 다시 말해서 이 세상에서 영적인 법이 적용되지 않는 사람들에게는 사도의 말이 적용됩니다. "악한 자들과 사기꾼들은 날로 더 사악해져서 남을 속이기도 하고 남에게 속기도 할 것입니다."[3]

- 수도사님, *누군가가 자신이 한 일에 대해 감탄하여 손해를 보는 경우가 있나요?*

- 네, 있습니다. 영적인 법이 작용하기 때문입니다. 자신이 한 일에 대해 교만해진 사람이 교만함의 원인을 깨닫도록 하느님께서는 은총을 거두어 가시어 다른 사람들로부터 손해를 입게 만드십니다.

---

[3] II 디모테오 3:13.

- *다시 말해서 수도사님, 손해를 볼 때 영적인 법이 작용했다는 것을 의미하나요?*

- 물론입니다.

- *누군가가 서툴러서 손해를 끼칠 수는 없나요?*

- 이런 경우는 매우 드뭅니다. 그래서 할 수 있는 만큼, 겸손하게 살아가십시오. 우리 자신의 것이 아무것도 없다는 것을 염두에 두십시오. 하느님께서 모든 것들을 우리에게 주셨습니다. 우리가 가지고 있는 모든 것들은 하느님의 것입니다. 단지 죄만이 우리의 것입니다. 우리가 겸손해지지 않으면, 우리의 이기주의가 누그러질 때까지 계속하여 영적인 법이 작용할 것입니다. 죽음이 우리를 찾아오기 전에, 하느님께서 우리가 겸손해지고 회개할 기회를 주시기를 바랍니다.

- *수도사님, 영적인 법이 작용한다는 것을 사람이 깨닫지 못할 수 있나요?*

- 사람이 자신을 관찰하지 않으면, 아무 것도 깨닫지 못합니다. 그래서 그 어떤 것으로부터도 도움을 받지 못하며, 유익을 느낄 수도 없습니다.

제 6 부

죽음과 죽음 후의 삶

"하느님께서 사람인 우리들을 위해
그렇게 많은 것들을 하셨는데도
우리가 지옥으로 가서 하느님을 슬프게 만들어 드린다면,
이것은 너무 가혹한 일입니다.
하느님께서 아무도
지옥으로 가지 않게 해주시기를 바랍니다."

1장

죽음에 대한 대처

죽음에 대한 생각

- *수도사님, 사람이 태어난 날에 무엇을 생각해야 하나요?*
- 죽을 날을 생각하고 그 먼 여행을 위한 준비를 해야 합니다.
- *수도사님, 죽음이 인간에 대하여 가장 확실한 사건임에도 불구하고, 우리들은 왜 죽음을 잊고 있나요?*
- 옛날에 수사단에 한 수도사가 있었는데, 그가 수사단에서 하는 일은 다른 수도사들에게 죽음을 생각하게 하는 것이었습니다. 그는 맡은 일을 해야 하는 시간에 모든 수도사들에게 들러 "자네! 우리는 죽을 것이라네."라고 말하곤 하였습니다. 삶은 죽을 몸에 감겨져 있습니다. 육적으로만 생각하는 사람들은 이 큰 비밀을 깨닫기가 쉽지 않아서 죽기를 원치 않으며 죽음에 대하여 듣는 것조차 원치 않습니다. 그리하여 그들에게 죽음은 두 배의 죽음이 되며 두 배의 괴로움이 됩니다.

그렇지만 다행스럽게도, 죽음에 더 가까이 있는 나이든 사람들이 적어도 몇 가지에 대해 도움을 받도록 선하신 하느님께서 선처하셨습니다. 머리가 파뿌리가 되고, 용기가 없어지고, 천천히 힘이 사라지고, 침을 흘리기 시작합니다. 그리하여 겸손해져서 이 세상의 덧없음에 대해 생각하게 됩니다. 그래서 나쁜 짓을 하기를 원할지라도 이러한 것들이 브레이크를 걸기에 할 수가 없습니다. 같은 나이 또래의 사람이 죽었다거나 더 젊은 사람이 죽었다는 것을 들을 때도 이 방법으로 죽음을 생각합니다. 시골에서 장례식 전에 애도의 표시로 교회종이 울릴 때, 찻집에 앉아있던 노인들은 일어나서 성호를 그으며, 누가 죽었는지 나이가 몇 살이었는지를 묻는 것을 볼 수 있습니다. 그러면서 "아! 무슨 일이란 말인가? 우리들 차례가 역시 다가오고 있구나. 우리 모두가 이 세상을 등지고 떠날 것이로구나."라고 말합니다. 세월이 흐르고 노쇠하여, 여생이 얼마 남지 않아 저승사자가 다가오고 있다는 것을 깨닫습니다. 이런 방식으로 계속하여 죽음을 생각하고 있습니다. 어린 아이에게 "죽음을 생각하라."라고 말하는 것은 미친 소리일 것이며, 어린 아이는 그저 공놀이를 계속할 것입니다. 하느님께서 어린 아이가 죽음이 무엇인지 이해하도록 도와주셨다면, 가엾은 아이는 크게 실망하여 쓸모없는 사람이 되었을 것이며, 그 결과 그 무엇에 대해서도 마음 내켜하지 않았을 것이기 때문입니다. 그래서 하느님께서는 인자하신 아버지로서 아이가 죽음을 깨닫지 못하도록 하셨고, 걱정 없이 즐겁게 공을 가지고 놀도록 선처하셨습니다. 그러나 나이가 들어갈수록, 천천히 죽음을 깨닫게 됩니다.

초보 수도사가 젊을 때는 특히 죽음을 생각할 수 없습니다. 미래가 있다고 생각하므로 죽음에 관한 문제에 신경 쓰지 않습니다. 베드로 사도가 죽음에 대해 "죽은 아나니아와 삽피라를 묻도록 젊은이들을 부르십시오."[1]라고 말한 것을 기억하십니까? 수도

---

[1] 사도행전 5:5-6 참조.

원에서는 대부분 젊은 수도사들이 죽은 이들을 묻습니다. 침통해 있는 연로한 수도사들은 시신 위에 경건하게 약간의 흙을 뿌리지만, 죽은 이의 머리에는 흙을 결코 뿌리지 않습니다.

죽음과의 화해

— 수도사님, 마지막 진단 결과가 나왔습니다. 수도사님 몸속에 있는 혹이 암이며, 그것도 극성암이라고 합니다.

— 내 인생에 있어 한 번도 춤을 춰본 적이 없습니다. 그러나 내게 죽음이 다가오는 지금 춤을 출 것입니다.

— 수도사님, 혹 크기를 줄이기 위해 먼저 방사선 치료를 받은 다음 수술을 하셔야 한다고 합니다.

— 알았습니다. 먼저 전투기들이 폭격을 한 다음 공격을 할 것입니다. 그러면 나는 의사에게 가서 당신들에게 소식을 가져올 것입니다. 의사가 몇몇 노인들에게 "돌아가실 것입니다."라거나 "살 확률은 반반입니다."라고 말하면 그들은 괴로워합니다. 살고 싶어 합니다. 더 산다고 무슨 이득이 있겠습니까? 나는 의문이 생깁니다. 젊은이라면 변명이 됩니다. 그러나 노인이 더 살고자 노력하는 것은 이해할 수 없습니다. 아픔을 견디기 위해 치료를 받는 것은 더 살고자 하는 것과 다릅니다. 다시 말해서 생명을 연장하기를 원하는 것이 아니라, 단지 통증을 경감하여 남은 생애 동안 혼자서 화장실을 다닐 수 있기를 원하는 것입니다. 이것은 치료를 받고자 하는 의미가 있습니다.

— 수도사님, 저희는 하느님께 수도사님의 생명을 연장해 달라고 간구합니다.

— 왜요? 시편에 "칠십이라는 것은 우리 인생의 전부"라고 말하지 않습니까?[2]

— 그러나 또한 "근력이 있어야 팔십 년"이라고 덧붙이고 있습니다.

- 네, 그러나 또한 "그나마 거의가 고생과 슬픔에 젖은 것, 날아가듯 덧없이 사라지고 맙니다."라고 말하고 있습니다. 그러므로 다른 세상에서 편히 쉬는 것이 더 좋습니다.

- 수도사님, 누군가가 겸손한 마음으로, 다른 세상에 대해 영적으로 준비가 되어 있지 않다고 느끼고 이를 준비하기 위해 더 살고 싶어 할 수 있나요?

- 이것은 좋습니다. 그러나 이 사람이 살아서 더 나쁘게 되지 않으리라는 것을 어떻게 보장할 수 있습니까?

- 수도사님, 사람은 언제 죽음과 화해할 수 있나요?

- 언제라고? 그리스도께서 사람의 마음속에 계시면, 죽음은 기쁨이 됩니다. 그렇지만 이것은 삶에 진저리가 나서 그 반대로 죽음을 기뻐하는 것을 의미하지 않습니다. 좋은 의미로 사람이 죽음에 대해 기뻐할 때, 죽음은 그를 떠나, 죽음을 무서워하는 겁쟁이를 찾으러 돌아다닙니다. 죽고 싶어 할 때, 죽지 않습니다. 흥청망청 잘 지내는 사람은 죽음을 무서워합니다. 하고 싶은 것 다하면서 세속적인 삶에 대해 만족하기에 죽고 싶어 하지 않습니다. 그에게 죽음에 대해 말한다면, 그는 "재수 없게 그런 말은 하지도 마십시오."라고 합니다. 그렇지만 살아서 고생을 하고 병들고 그 외의 것들에 시달리는 사람은 죽음을 해방으로 간주하여 "저승사자가 나에게 아직 오지 않은 것이 유감스러워. 어떤 방해가 그를 가로막았을 거야."라고 말합니다.

죽음을 원하는 사람은 적습니다. 많은 사람들이 인생에서 무엇인가를 완성하기를 원하므로 죽음을 원치 않습니다. 그러나 선하신 하느님께서는 사람 각자가 성숙에 다다랐을 때 죽을 수 있도록 선처하셨습니다. 아무튼 영적으로 살아가는 사람은 젊은이든 노인이든 간에 살고 있는 것에 대해 기뻐해야 하며, 죽을 것에

---

2 시편 90:10 참조.

대해서도 기뻐해야 합니다. 그러나 죽음을 추구해서는 안 됩니다. 죽음에 대한 추구는 자살 행위이기 때문입니다.

세속적으로 말하면 죽은 사람이고 영적으로 말하면 부활한 사람에겐 걱정과 공포, 스트레스가 전혀 없습니다. 죽으면 그리스도 가까이 있게 될 것이므로 기쁨을 가지고 죽음을 기다리기 때문입니다. 또한 기쁨에 차 있는데, 이 세상에서 살고 있는 만큼 그리스도 곁에서 살고 있고, 이 세상에서부터 천국의 기쁨의 한 부분을 느끼고 있고, 천국에도 이 세상에서 그가 느끼는 기쁨보다 더 값진 기쁨이 있는지 자문하기 때문입니다. 위와 같은 사람들은 착실하게 또 헌신적으로 노력합니다. 그리고 매일 죽음에 대해 생각하기 때문에, 영적으로 더 많이 준비하고 더 용감하게 노력하여 인생의 덧없음을 극복하게 됩니다.

죽음에 임박해 있는 사람들

- 수도사님, 며칠 동안을 죽음에 임박해 있으면서 영혼이 몸을 떠나지 않는 사람에 대해 기도해줄 것을 요청받았습니다.

- 왜 영혼이 몸을 떠나지 않았습니까? 고백성사를 하였습니까?

- 아닙니다. 고백성사하기를 원치 않았습니다. 수도사님, 영혼이 몸을 떠날 때 받는 고통은 그 사람이 이 세상에서 저지른 죄에 근거하나요?

- 절대적으로 그런 것은 아닙니다. 사람의 영혼이 조용히 떠나갔다 해서 죄를 짓지 않았다는 것을 의미하지 않습니다. 또한 이 세상을 떠나는 시간에 고통을 겪는 사람들이 많은 죄를 지었다는 것도 의미하지 않습니다. 아주 겸손한 일부 사람들은 죽음 후에 아무도 자신을 칭찬하지 않도록, 인생의 마무리를 나쁘게 해달라고 하느님께 끈질기게 간구합니다. 누군가는 빚을 좀 갚기 위해, 인생의 마무리가 나쁘게 될 수 있습니다. 예를 들어 사람들이 죽

어가는 사람을 실제 가치보다도 더 많이 사랑하고 칭찬했기 때문에, 하느님께서는 그가 죽는 시간에 이상야릇한 현상들이 나타나 사람들의 눈에 띄도록 허락하십니다. 다른 경우들로, 이 세상에서 모든 것이 잘 마무리 되지 않으면 지옥에 가서 있는 것이 얼마나 어려운 일인지 죽어가는 이의 주위 사람들이 깨닫도록, 사람이 죽을 때 어려움을 겪도록 선처하십니다. 그러나 살아서 한 행적이 좋으면, 즉 사람이 죄 없이 올바르게 살았으면, 마귀들이 전혀 접근하지 않는 상태에서 그 영혼이 이 세상에서 저 세상으로 가게 됩니다.

- 수도사님, 죽음에 처해 있는 사람이나 중병에 걸려 있는 사람에게 사실을 말하지 않는 것이 옳습니까?

- 환자가 어떤 사람인가에 따라 다릅니다. 가끔, 암에 걸린 사람이 내게 "수도사님, 제가 살 것이라고 생각하십니까, 아니면 죽을 것이라고 생각하십니까?"라고 묻습니다. 내가 그에게 "죽을 것이네."라고 말한다면, 그는 괴로움에 의해 그 자리에서 죽을 것입니다. 그러나 내가 사실을 말하지 않으면, 그는 기운이 생겨 병을 용기로 대처할 것입니다. 죽을 것이라는 것을 깨달을 때, 그는 혼자서 고통을 짊어지고 나아갑니다. 이렇게 해서 몇 년간 더 살면서 가족들에게 도움을 줄 수 있으며, 죽음에 대하여 마음의 준비를 할 수 있고 가족들 또한 마음의 준비를 할 여유가 있습니다. 물론 장수할 것이라거나 당신이 가지고 있는 것은 아무 것도 아니라고 말하지는 않습니다. 다만 나는 "인간의 힘으로 도움을 받기가 어렵네. 물론 하느님껜 아무 것도 어려운 것이 없다네. 그렇지만 자네, 자네는 모든 것에 준비가 되어 있도록 하게나."라고 말합니다.

- 수도사님, 가끔 가족들은 환자가 다른 생각을 하지 못하게 하려고, 그에게 성체성혈 받게 하는 것을 주저합니다.

- 다시 말해서 본인이 죽을 거란 생각으로 괴로워할 것을 염려

하여, 성체성혈을 받지 않은 채 이 세상을 떠난 말입니까? 가족들이 "성체성혈은 약입니다. 성체성혈이 당신을 도울 것이니, 이를 받는 것이 좋습니다."라고 말하는 것이 좋습니다. 그리하여 환자는 성체성혈을 받아 도움을 받을 것이며 동시에 다른 세상을 향해 떠날 준비도 하게 됩니다.

- *수도사님, 죽어가는 사람들에게 성유성사를 베풀어야 합니까?*

- 영혼이 떠나가기 힘든 사람들에게 "영혼이 떠나가기 위한 예식"을 합니다. 성유성사는 모든 아픈 이들을 위해서 하는 예식으로, 인생의 마지막에 있는 사람들에 대해서만 하는 것은 아닙니다.

- *수도사님, 영혼이 몸을 떠나갈 때, 그의 영적인 상태와 관계가 있다고 말하는 것들에 대해 어떻게 생각하십니까?*

- 쉽게 결론을 내리지 맙시다. 사람이 죽어가는 순간에 아플 수도 있고 어려움을 느낄 수도 있어, 얼굴이 아픈 표정을 할 수도 있습니다. 그리하여 사람들은 죽어가는 사람이 영적으로 좋지 않은 상태에 있다고 생각합니다. 그렇지만 아픈 표정은 험상궂은 표정이나 겁에 질린 표정과는 다릅니다. 죽어가는 가엾은 사람은 아파서 고통을 당하고 있는데, 사람들은 영혼을 데리러 온 마귀들과 싸운다고 말할 수 있습니다.

가끔 하느님께서는 인생의 말년에 있는 사람이 회개할 수 있도록, 또는 죽어가는 사람의 말을 듣는 사람들이 회개할 수 있도록, 영혼이 몸을 떠나가는 순간에 대화를 나누도록 선처하십니다. 하느님께서는 인간을 구원하시는 많은 방법들을 가지고 계심을 엿볼 수 있습니다. 천사들을 시켜 도우시는 경우가 있는가 하면, 시험이나 여러 가지 징후로 도우시는 경우가 있습니다. 나는 남편과 시어머니에게 혹독하게 행동했던 한 여인을 알게 되었는데, 그녀는 남편과 시어머니를 때리곤 하였습니다. 동네방네 휘젓고 다니면서 연로한 시어머니를 헐뜯곤 하였으며, 날마다 시어머니가 밭으로 일하러 가게 만들었습니다. 가엾은 이 할머니는 발을 절름거리면서 두 시간이나 떨어져 있는 밭에 가서 불평 없이 날마다 아침부터 저녁까지 일을 하였습니다. 그러던 어느 날 이 할머니는 피곤에 지쳐 집으로 돌아오자마자, 바닥에 누워 며느리에게 "미하엘 천사장이 내 영혼을 데려간단다. 애야, 피를 닦으려무나."라고 말했습니다. 며느리는 시어머니에게서 피가 묻은 곳을 보지 못했기 때문에, 긴장하면서 "어머니, 무슨 피란 말이에요?"라고 물었습니다. 시어머니는 "애야, 이것 봐라. 떨어지는 피를 보려무나. 피를 닦으려무나. 피를 닦으려무나."라고 말했습니다. 며느리가 시어머니의 몸을 좀 돌리자, 시어머니는 이미 이 세상을 떠나 있었습니다. 이 사건 이후 며느리는 제정신을 차려 삶의 방식을 바꾸어 맹수에서 순한 양이 되었습니다. 저런 말을 하면서 이 세상을 떠난 시어머니를 며느리가 보게 된 것은 하느님의 선처로 가능했습니다. 하느님께서는 며느리가 겁에 질려 회개하도록, 미하엘 천사장이 검으로 영혼들을 데려간다는 것을 빙자하여 그녀가 믿도록 하셨던 것입니다. 다시 말해서 며느리가 제정신으로 돌아오도록 그녀의 수준에 맞는 방법으로 말씀하셨던 것입니다. 하느님께서 이렇게 하신 것은 아마도 며느리에게 좋은 의욕이 있었기 때문인 것 같습니다.

- *수도사님, 죽어가는 사람이 죽은 친척들의 이름을 부르는 것은 무슨 뜻입니까?*

- 임종 순간에 있는 사람의 주변인들에게 본보기가 되도록 하기 위해 자주 이런 일이 있습니다. 나는 부자인 한 여인을 알게 되었는데, 그녀는 참 좋은 사람이었습니다. 결혼을 하지 않은 채 동생과 함께 살았으며, 동생에게 모든 재산을 주었습니다. 동생이 먼저 죽고, 그 후에 동생의 남편이 죽으면서 "처형, 서로 용서합시다. 어서 이리 오십시오. 나를 용서하십시오. 처형을 매우 괴롭힌 나를 용서하십시오."라고 소리를 질렀습니다. 사람들은 그에게 "그녀가 어디 있단 말이에요?"라고 물었습니다. 그는 그들에게

"내 처형이 보이지 않아? 저기 있어."라고 말하더니, 이 세상을 떠났습니다.

　- 수도사님, 임종 순간에 있는 사람도 위와 같은 방법으로, 이미 죽어 이 세상을 떠난 사람과 화해할 수 있습니까?

　- 임종 순간에라도 회개하고 용서를 빌 필요가 있기 때문에, 이런 방법으로라도 용서받기를 하느님께서는 허락하십니다.

자살

　- 수도사님, 일부 사람들은 삶에서 큰 어려움을 만나면 자살을 생각합니다.

　- 이기주의가 마음속에 들어갑니다. 자살하려는 사람들 중 많은 이들에게 인생에 종지부를 찍으면 마음의 고통으로부터 해방될 것이라고 악마가 사탕발림을 하며, 이렇게 이기주의에 의해 자살을 합니다. 예를 들어 누군가가 무엇을 훔쳤는데, 그 사실이 밝혀지면, "나는 이제 끝장났어. 큰 망신을 당했어."라고 말합니다. 구원받기 위해 회개를 하고, 겸손하게 고백성사를 하는 대신에 자살을 합니다. 어떤 사람은 자식이 불구이기 때문에 자살을 합니다. 그는 "어떻게 내가 불구인 자식을 가질 수 있단 말인가?"라고 말하면서 실의에 빠집니다. 어떻게 인생의 종지부를 찍을 수 있으며, 자식을 구걸하게 만든단 말입니까? 이렇게 하고 나면, 나중에 아버지는 더 많은 책임이 있지 않습니까?

　- 수도사님, 누군가가 심리적인 문제로 인해 자살을 했다는 말을 자주 듣습니다.

　- 정신 장애인들이 자살을 시도할 때 그들의 정신이 몽롱해지기 때문에, 그들의 죄는 정상 참작이 됩니다. 그들은 구름을 보면서 압박을 느낍니다. 게다가 괴로움 하나를 가지고 있다면, 두 배의 구름, 즉 두 배의 괴로움을 갖게 됩니다. 그러나 정신이 멀

쩡한데도 자살하는 사람들에 대해선 교회는 이교도들에게 하는 것처럼 그들에 대한 기도를 하지 않습니다. 단지 자살하는 사람들을 하느님의 판단과 자비에 맡깁니다. 사제는 봉헌 시에 자살한 사람들의 이름들을 추도하지 않으며 꼴리바도 만들지 않습니다. 자살로써 하느님의 선물인 삶을 거부하고 경멸하였기 때문입니다. 이것은 하느님의 얼굴에 먹칠을 하는 것과 같습니다.

그러나 우리들은 자살하는 사람들에 대하여, 선하신 하느님께서 그들을 위해서도 무엇인가 해주시도록 많은 기도를 해야 합니다. 어떻게 해서 그들이 자살하게 되었는지 또 마지막 순간에 어떠한 상태에 있었는지 우리는 모르기 때문입니다. 죽는 순간에 회개하고 하느님께 용서를 빌어, 회개가 받아들여질 수 있습니다. 그리하여 주의 천사가 그들의 영혼을 데려갔을 수도 있습니다.

나는 이런 사건을 들은 적이 있습니다. 어느 시골에 여자 아이가 염소에게 풀을 먹이려고 밖으로 나갔습니다. 아이는 염소를 풀밭에 묶고서 더 멀리로 놀러갔습니다. 그러나 놀이에 정신이 팔려 염소를 생각하지 못했고, 염소는 고삐가 풀려 어딘가로 사라졌습니다. 여기저기를 찾아보았지만 찾지 못하고, 염소 없이 집으로 돌아왔습니다. 아이의 아버지는 매우 화가 나서 아이를 때리고 쫓아내면서 "가서 염소를 찾아라. 찾지 못하면, 목매달아 죽어라."라고 말했습니다. 딱한 아이는 염소를 찾으러 나섰습니다. 날이 저물었는데도 아이는 집에 돌아오지 않았습니다. 아이의 부모는 밤이 된 것을 보면서, 걱정을 안고 자식을 찾으러 나갔습니다. 여기 저기 찾아 돌아다니다가 결국 나무에 목매달아 죽은 자식을 발견했습니다. 이 아이는 염소를 매었던 끈으로 자기 목을 묶어 나무에 목매달았던 것입니다. 가엾은 이 아이는 너무도 착해서 아버지가 말한 그대로 하였던 것입니다.

사소한 일로 자살하는 사람들에게 경각심을 일깨우기 위해 교회가 공동묘지 밖에 이 아이를 묻은 것은 물론 잘한 것입니다.

그러나 그리스도께서 천국에 이 어린이를 넣어 주신다면, 잘 하시는 일일 것입니다.

2장

"여러분은 희망을 가지지 못하는 다른 사람들처럼 슬퍼해서는 안 됩니다."[1]

자식의 죽음

- 수도사님, 9년 전에 자식을 잃은 한 어머니가 꿈에서나마 자식을 보며 위로받을 수 있게 해달라고 수도사님께 기도를 부탁했습니다.

- 자식이 몇 살이었습니까? 어렸습니까? 이것은 매우 중요합니다. 자식이 어린 채 죽었고, 어머니가 자신 앞에 나타난 자식을 보고 당황하지 않을 수 있는 상태에 있다면, 자식은 꿈에 나타날 것입니다. 자식이 나타나지 않는 원인은 어머니입니다.

- 수도사님, 아이를 보고 싶어 하는 어머니 대신 다른 사람 앞에 아이가 나타날 수 있나요?

- 물론 그럴 수 있습니다. 하느님께서 상황에 따라 결정하십니다. 나는 어떤 젊은이의 죽음에 대하여 들을 때 괴롭습니다. 그

---

[1] 1 데살로니카 4:13.

러나 인간적인 차원에서 괴로운 것입니다. 모든 것들을 더 깊이 조사해 본다면, 사람이 자라면 자라는 만큼, 영적으로 더 많은 노력을 해야 할 뿐만 아니라 더 많은 죄들이 추가되기 때문입니다. 특별히 사람이 교회와 관련이 없을 때, 세월이 흐를수록 영적인 상태를 더 갈고 닦는 것이 아니라, 근심과 불공평, 그 외의 것들로 영적인 상태는 더욱 악화됩니다. 그래서 하느님께서 젊은 사람을 데려가실 때, 이 젊은이는 더 이익을 보게 됩니다.

- *수도사님, 하느님께서는 왜 그렇게도 많은 젊은이들이 죽는 것을 허락하시나요?*

- 언제 죽을 것인지 아무도 하느님과 합의하는 적이 없습니다. 하느님께서는 사람의 영혼을 구원하시기 위해, 특별한 방법으로 인생의 가장 적당한 시간에 사람을 데려가십니다. 첫 번째 경우로, 누군가가 더 좋은 사람이 될 것이라는 것을 하느님께서 보시면, 그를 더 살도록 내버려 두십니다. 그러나 더 나쁜 사람이 될 것이라는 것을 보시면, 그의 영혼을 구하시기 위해 그를 데려가십니다. 두 번째 경우로, 죄로 점철된 삶을 살고 있지만 좋은 의욕을 가진 사람들이 좋은 기회가 주어지면 좋은 일을 할 것을 알고 계시므로, 좋은 일을 하기 전에 그들을 당신 곁에 두기 위해 데려가십니다. 다시 말해서 이것은 "수고하지 마라. 의욕이 있는 것만으로 충분하다."라고 하느님께서 말씀하시는 것과 같습니다. 세 번째 경우로, 누군가가 매우 좋은 사람이므로 하느님께서 특별히 선택하셔서 당신 곁으로 그를 데려가십니다.

물론 부모와 친척들은 이것을 이해하기가 결코 쉽지 않습니다. 한 어린이가 죽어 그리스도께서 그를 천사로 데려가십니다. 아이가 자라서 어떻게 될지 모르는 일이므로, 부모는 이에 대해 기뻐해야 하는데도 울면서 슬퍼합니다. 결과적으로 그의 영혼이 구원될 수 있었겠습니까? 1924년 우리가 그리스에 오기 위해 배를 타고 소아시아를 떠났을 때, 나는 아기였습니다. 배는 피난민들로

꽉 차있었고, 어머니가 나를 포대기로 감쌌는데, 한 선원이 엉겁결에 나를 밟았습니다. 어머니는 내가 죽은 줄 알고 울기 시작했습니다. 마을에 같이 살던 한 여인이 포대기를 풀어, 내게 아무런 일이 없었다는 것을 확인했습니다. 그때 내가 죽었다면, 나는 확실히 천국에 갔을 것입니다. 허나 내가 이렇게 나이를 먹고 그렇게 많은 수도를 한 지금, 천국에 가리라는 것은 확실치 않습니다.

자식의 죽음은 또 부모를 돕습니다. 부모는 자식이 죽는 그 순간부터 천국에 사절을 두고 있다는 것을 알아야 합니다. 부모가 죽을 때, 먼저 간 자식이 부모의 영혼을 환대하려고 천사상을 가지고 천국의 문으로 올 것입니다. 이것은 작은 일이 아닙니다. 병이나 장애로 고통에 시달렸던 어린 아이들에게 그리스도께서 "천국으로 오너라. 그리고 가장 좋은 자리를 선택하여라."라고 말씀하실 것입니다. 그리하여 그때 어린아이들은 그리스도께 "우리의 그리스도여, 이곳은 아름답습니다. 그렇지만 우리 어머니도 우리들과 함께 있기를 원합니다."라고 말할 것입니다. 그래서 그리스도께서는 이 말을 들으시고 또 다른 방법을 통해 어머니 또한 구원하실 것입니다.

상(喪)을 당한 사람들에 대한 위로

- 수도사님, 사람들이 갑작스러운 죽음에 대처하기 위해 얼마나 많은 힘이 필요합니까?

- 인생의 깊은 의미를 깨달았다면 영적으로 죽음을 대처하기 때문에, 죽음에 대처할 수 있는 힘이 생깁니다. 오토바이로 얼마나 많은 청년들이 피해를 입고 생명을 잃는지 모릅니다. 오토바이의 앞바퀴를 들어 올려서, 오토바이가 뒤집히고 머리에 상처를 입습니다. 그들은 앞바퀴를 더 높이 들어 올리는 것을 자랑으로 생각하며 스스로 경쟁을 부추깁니다. 그리고는 "앞바퀴를 들어

올리고 오토바이를 조용히 잡고 있었는데 갑자기 뒤집어졌어."라고 말합니다. 청년들이 머리를 다치게 하기 위해, 악마가 그들에게 무엇을 하게 하는지 보십니까? 그렇지 않았다면 사고를 당했을지라도, 다른 곳을 다쳐 육체적으로 큰 피해를 입지 않을 수 있었습니다. 그러나 하느님께서 악마의 이러한 악을 허락하실 때 또는 다른 사람의 부주의를 허락하실 때, 이것은 무언가 좋은 징조라는 것을 의미합니다.

- 수도사님, 그렇다면 왜 교회는 우리가 갑작스러운 죽음으로부터 보호되기를 기도합니까?

- 그것은 다릅니다. 우리가 준비 없이 죽음을 당하지 않도록 하느님께 간구하는 것을 의미합니다.

- 수도사님, 한 어머니가 자식이 직장을 가다가 교통사고로 죽어 위로를 받지 못하고 있습니다.

- 그녀에게 이렇게 말하십시오. "운전기사가 당신의 자식을 고의로 죽였습니까? 아닙니다. 당신은 자식이 죽도록 직장에 보냈습니까? 아닙니다. 그러니 '하느님 감사합니다.'라고 말하십시오. 그가 건달이 될 수도 있었는데, 그 전에 하느님께서 그를 적당한 시간에 데려가셨기 때문입니다. 지금 당신의 자식은 하늘나라에서 안전하게 있습니다. 왜 우십니까? 당신의 눈물이 자식을 괴롭힌다는 것을 알고 계십니까? 당신의 자식이 괴로워하기를 원합니까, 아니면 기뻐하기를 원합니까? 당신의 남은 자식들이 하느님으로부터 멀어져 있으므로, 남아 있는 자식들을 돕는 데 신경을 쓰십시오. 남은 자식들을 위해 우십시오." 어제 한 어머니가 울먹이며 이곳에 와서 내게 "하느님께서 제 귀한 자식을 데려가셨습니다."라고 말하면서, 이 원인을 하느님께 돌렸습니다. 나는 그녀에게 "잘 생각해 보신다면, 하느님께서 당신을 귀하게 여기셨음을 알 수 있습니다. 하느님께서 세례를 받은 당신의 자식, 즉 천사를 그의 곁으로 데리고 가셨습니다. 당신의 자식은 천사인데, 당

신은 하느님께 원인을 돌리고 있습니까? 이 아이는 부모를 위해 하느님께 기도를 할 것입니다."라고 말했습니다. 그리고 나서 그녀는 자신의 삶에 대해 내게 얘기하면서, 젊었을 때 많은 자식들을 가질 수 있었음에도 아이들을 원치 않았다고 말했습니다.

얼마나 많은 어머니들이 자식들이 하느님 가까이에 있기를 간구하는지 모릅니다. 그들은 "하느님, 당신이 무엇을 하시고자 하는지 저는 모릅니다. 제 자식을 구원하여 주시기를 원합니다. 당신 가까이에 있게 하여 주십시오."라고 말합니다. 그렇지만 아이가 옆길로 빗나가 잘못된 길로 가는 것을 하느님께서 보시면서 다른 구원의 방법이 없을 때, 하느님께서는 이러한 방법으로 아이를 데려가십니다. 예를 들어 하느님께서는 어떤 아이가 음주운전 차량에 치여 죽게 되는 것을 허락하시고 아이를 당신의 곁으로 데려가십니다. 더 좋은 사람이 되리란 길이 있었다면, 사고를 피할 수 있도록 방해 하셨을 것입니다. 그 후 아이를 친 사람은 술에서 깨고 제정신이 들어 전 인생에 걸쳐 양심의 지배를 받습니다. "나는 사람을 죽였어."라고 자책하면서, 하느님께서 자신을 용서해 주시기를 계속해서 간구합니다. 이렇게 해서 이 사람도 구원됩니다. 아이의 어머니는 마음은 괴롭지만 이 세상에서의 욕심을 자제하고 죽음을 생각하면서 다른 세상을 위한 준비를 합니다. 그리하여 이 어머니도 구원을 받습니다. 어머니의 기도에 의해 영혼들이 구원되도록 하느님께서 어떻게 선처하시는지 보십니까? 그러나 어머니들은 이러한 것을 깨닫지 못하고 하느님께 원인을 돌립니다. 하느님 또한 우리들과 함께 얼마나 어려움을 겪으시는지 모릅니다.

누군가 세속적인 생각을 가지고 대처하는 것을 멈춘다면, 평온을 갖게 됩니다. 사람이 하느님을 믿지 않고 죽음 후에 가는 진정한 삶, 영원한 삶을 믿지 않는다면, 진정으로 위로 받는다는 것이 어떻게 가능하겠습니까? 내가 스토미오스 수도원에 있던 시기에 코니차에 한 과부가 살고 있었는데, 그녀는 계속해서 공동묘지에 가서 오래도록 소리 질렀습니다. 이 소리는 모든 사람들을 정신 산만하게 만들었습니다. 또 그녀는 어쩔 줄 몰라 하며 묘비에 머리를 부딪치곤 하였습니다. 자신의 모든 아픔을 그곳에서 달래곤 하였습니다. 사람들이 그녀를 공동묘지에서 데려오면, 그녀는 다시 그곳으로 가곤 하였습니다. 이 일이 여러 해 동안 계속되었습니다. 남편은 독일인들에 의해 죽었고, 외동딸 역시 아버지 사망 몇 년 후 열 아홉 살이 되자마자, 심장 마비로 죽었습니다. 이렇게 해서 가엾은 그녀는 혼자 남게 되었습니다. 누군가가 이것을 표면적으로만 바라보면, "하느님께서 왜 이것을 허락하셨는가?"라고 말할 것입니다. 그녀도 역시 이렇게 대처하였으며, 위로를 받을 수 없었습니다. 한번 어떤 상황인지 보려고 내가 갔을 때, 그녀는 "하느님께서 왜 이렇게 하셨습니까? 전쟁에서 제 남편이 죽었습니다. 딸이 하나 있었는데, 하느님은 제 딸마저 데려가셨습니다."라고 말했습니다. 끊임없이 말을 계속하면서 하느님께 책임을 돌렸습니다. 나는 그녀가 분노를 좀 터트리도록 내버려 둔 후 "나도 당신께 할 말이 있습니다. 내가 알던 당신 남편은 매우 좋은 사람이었습니다. 조국을 위해 거룩한 의무를 수행하다가 전사했습니다. 하느님께서 그를 내버려 두시지 않을 것입니다. 그 후 하느님께서 몇 년간 당신의 딸을 당신 곁에 있게 하시어, 당신이 위로를 받게 하셨습니다. 그러나 훗날 당신의 딸이 아마도 좋지 않은 길로 나아갔을 것이기에, 하느님께서는 당신의 딸을 구원하시기 위해 좋은 상태에 있는 딸을 데려가셨습니다."라고 말했습니다. 남편은 아주 조용한 사람이었는데, 그녀에겐 좀 세속적인 면이 있었습니다. 물론 "당신은 세속적이었습니다."라고 말하지는 않았지만, 나는 그녀에게 물었습니다. "지금 무엇을 생각하십니까? 세속을 사랑하십니까?" "아무 것도 보고 싶지 않고, 아무도 보고 싶지 않습니다." "지금 당신에게 있어 세속

또한 죽었습니다. 아픔이 당신을 도와 당신은 세속적인 것들에 전혀 관심이 없게 되었습니다. 이렇게 해서 훗날 당신들 모두는 천국에 함께 있게 될 것입니다. 하느님께서 이러한 가치를 누구에게 주셨습니까? 이것을 깨달으셨습니까?" 이 대화 이후 그녀는 공동묘지에 가는 것을 멈추었습니다. 인생의 깊은 의미를 깨닫고 나서, 마음의 안정을 찾았습니다.

죽음은 잠시 동안의 이별

사람은 실제에 있어서 죽지 않는다는 것을 깨달아야 합니다. 죽음이라는 것은 이 세상에서 다른 세상으로 가는 간단한 과정입니다. 죽음은 짧은 기간에 대한 하나의 이별입니다. 가정하여 누군가가 외국에 가 있을 때, 1년간 떨어져 있으면 그의 가족은 1년간 괴로움이 있을 것이고, 10년간 떨어져 있으면 10년에 대한 괴로움이 있을 것입니다. 죽음으로 인한 사랑하는 사람들과의 이별을 이런 식으로 보아야 합니다. 누군가가 죽었을 때 가족과 친척들이 나이가 많은 경우라면 그들은 "15년 정도 후에 다시 만날 것이다."라고 생각하는 것이 좋습니다. 더 젊은 사람들이라면 "50년 후에 다시 만날 것이다."라고 생각하는 것이 좋습니다. 죽음에 대해 가슴이 많이 아프겠지만, 영적으로 대처하는 것이 필요합니다. 사도 바울로는 뭐라고 말합니까? "여러분은 희망을 가지지 못하는 다른 사람들처럼 슬퍼해서는 안 됩니다."[2] 이 세상에서 그 사람을 얼마나 자주 보았겠습니까? 달마다 보았겠습니까? 다른 세상에선 그를 계속해서 보게 될 것이라는 것을 생각하십시오. 단지 이 세상을 떠나는 사람이 올바르게 살다 가지 못한 경우만이 우리의 불안에 대한 변명이 됩니다. 예를 들어 죽은 사람

---

2 I 데살로니카 4:13.

이 나쁜 사람이었다면, 그러나 우리가 진정으로 그를 사랑하고 다른 세상에서 다시 만나고 싶어 한다면, 우리는 그 사람에 대해 기도를 많이 해야 합니다.

3장

죽음 후의 삶

심판을 기다리는 죽은 이들

- 수도사님, 사람이 죽을 때, 자신이 어느 상황에 있는지 곧 깨닫게 됩니까?

- 네, 그렇습니다. 제정신으로 돌아와서 "내가 무엇을 했는가?"라고 말합니다. 그러나 이것은 아무런 소용이 없습니다. 어떤 술에 취한 사람이 자기 어머니를 살해했지만 무슨 짓을 저질렀는지 모르기 때문에, 웃고 노래합니다. 그 후 술에서 깨어 "내가 무슨 일을 저질렀나?"라고 말하며 울고 슬퍼하는데, 이 세상에서 옳지 않은 삶을 사는 사람들이 바로 이와 같습니다. 무엇을 하는지 깨닫지 못하며, 자신의 죄를 느끼지 못합니다. 그러나 죽을 때, 이 취기가 없어져 제정신으로 돌아오게 됩니다. 영혼의 눈을 떠서 자신의 죄를 느끼게 됩니다. 영혼이 몸에서 빠져 나올 때, 영혼은 상상을 초월하는 속력으로 움직이며 보고 이해하기 때문입니다.

어떤 사람들은 하느님의 강림이 언제 있을 것인지 묻습니다. 그렇지만 죽어가는 사람에 대해 어떤 면에 있어서 하느님의 강림이 적용되고 있습니다. 죽은 사람이 처해 있는 상황에 따라 심판받게 되기 때문입니다.

- 수도사님, 지금 지옥에 있는 사람들은 어떻습니까?
- 그들은 심판을 기다리는 사람들이며 갇혀있는 사람들입니다. 그들이 범한 죄의 정도에 따라 고통을 받고 있으며 최후의 재판, 즉 미래의 심판이 있기를 기다리고 있습니다. 무거운 벌을 받는 이들이 있으며, 더 가벼운 벌로 심판을 기다리는 이들도 있습니다.
- 그리고 성인들과 예수님과 함께 십자가에 달려 구원을 간청한 강도[1]는 어떻게 됩니까?
- 성인들과 강도는 천국에 있습니다.

안식한 이들에 대한 기도와 추도

- 수도사님, 심판을 기다리고 있는 죽은 이들은 기도를 할 수 있습니까?
- 그들은 자신들의 상황을 깨닫고서 도움을 요청하지만, 스스로를 도울 수 없습니다. 지옥에 있는 사람들이 그리스도로부터 단 하나 원하는 것은 회개할 수 있도록 5분을 사는 일일 것입니다. 지금 살고 있는 우리들은 회개할 여유가 있습니다. 그러나 가엾은 고인들은 스스로 상황을 좋게 할 수 없으므로, 우리들로부터 도움을 기다립니다. 그래서 우리는 기도로써 그들을 도와야 하는 의무가 있습니다.

내가 생각하건대 심판을 기다리는 죽은 이들 중에 단지 10분의 1만이 악령의 상황에 있으면서 그들이 있는 곳에서, 악령들이 하는 것처럼 하느님께 욕을 하고 있습니다. 그들은 도움을 요청하지 않으며 받아들이지도 않습니다. 그렇게 하는데 하느님께서

---

[1] 루가 23:32-33, 39-43.

무슨 이유로 그들을 도우실 수 있으며, 그들에게 무엇을 하실 수 있겠습니까? 이것은 한 아이가 아버지로부터 멀어져, 아버지의 모든 재산을 탕진하고 나서 아버지에게 욕을 하는 것과 같습니다. 아버지는 이러한 자식에 대해 무엇을 할 수 있겠습니까? 그러나 심판을 기다리는 좀 착한 이들은 자신들의 죄를 느끼고 후회하면서 자신들이 범한 죄에 대해 고통을 받습니다. 그들은 도움을 요청하며 믿는 사람들의 기도로 도움을 받습니다. 다시 말해서 심판을 기다리고 있는 지금, 하느님의 강림이 있기까지 도움을 받을 수 있는 하나의 기회를 하느님께서 그들에게 주십니다. 이 세상에서 누군가가 왕과 친구라면, 왕에게 중재하여 죽음에 처한 사람을 도울 수 있는 것처럼, 누군가가 하느님께 있어 사랑스러운 사람이라면, 그의 기도로 하느님께 중보하여 심판을 기다리고 있는 죽은 이를 감옥에서 더 좋은 감옥으로 옮기시고, 구치소에서 더 좋은 구치소로 옮기시도록 할 수 있습니다. 또한 그들을 방이나 더 큰 집으로 옮기실 수도 있습니다.

교도소에 수감된 사람들에게 우리가 음료수나 음식을 가져가 그들을 위로하고 안심시키는 것처럼, 죽은 이들의 영혼을 위해 우리가 하는 기도와 자선이 그들을 안도케 합니다. 살아있는 자들이 안식한 이들을 위해 드리는 기도와 추도식은, 최종적인 심판이 있을 때까지 그들이 도움을 받도록, 하느님께서 그들에게 주시는 마지막 기회입니다. 심판 이후 도움을 받을 만한 가능성은 더 이상 없을 것입니다.

하느님께서는 안식한 이들의 구원을 위해 마음 아파하시므로 그들을 돕기를 원하십니다. 그러나 고귀함이 있으시기에, 그것을 하시지 않습니다. 다음과 같이 말할 악마에게 권한을 주시기를 원치 않으십니다. "그가 살아있을 때 고생하지 않고 어려움을 겪지 않았는데, 그를 어떻게 구원하실 것입니까?" 그러나 우리가 안식한 이들을 위해 기도를 하면, 이것은 하느님께서 간섭하실 권한을 드리게 됩니다. 더욱이 살아있는 사람들보다 안식한 이들을 위해 기도를 할 때, 하느님께서는 더욱 더 감동을 하십니다.

그래서 정교회에 꼴리바가 있고 추도식이 있습니다. 추도식은 안식한 이들의 영혼을 위해 가장 유익한 것입니다. 그러므로 여러분들 역시 안식한 이들을 위해 추도식을 하십시오. 밀은 의미가 있습니다. 성경에서 "썩을 몸으로 묻히지만 썩지 않는 몸으로 다시 살아납니다."[2]라고 말하고 있습니다. 아토스 성산에 가엾은 연로한 수도사들이 성인의 축복을 받고자, 안식한 이들과 그 날을 축일로 맞는 성인을 위해 성찬예배 때마다 꼴리바를 만드는 것을 볼 수 있습니다.

- 수도사님, 최근에 이 세상을 떠난 사람들에 대해선 기도가 더 많이 필요합니까?

- 네, 그렇습니다. 특히 죄를 지어 천국에 가지 못하는 사람들에 대해선 기도가 많이 필요합니다. 누군가가 교도소에 갈 때, 처음에 적응하는 것이 무척 힘들지 않겠습니까? 하느님을 만족스럽게 해드리지 않은 이들을 위해서도 하느님께서 무엇인가 하시도록 기도합시다. 특히 누군가가 완악하고 나쁜 사람이라고 우리가 생각했기 때문에 나쁘게 보였을 수도 있습니다. 실제로는 나쁜 사람이 아니었을 수도 있습니다. 그가 죄 속에서 삶을 살았다는 것을 우리가 알고 있을 때, 하느님께서 마음을 바꾸시어 그를 불쌍히 여기시도록, 그의 영혼의 구원을 위해 많은 기도를 하고, 성찬예배 때 그의 이름을 적어 넣어 사제가 기도하도록 해야 합니다. 또 40일 후에 추도식을 해야 하며, 가난한 사람들에게 자선을 베풀어 가난한 사람들도 "그의 영혼이 거룩하게 되기를 바랍니다."라고 기도하도록 해야 합니다. 이렇게 해서 그가 하지 않았던 것을 우리가 대신해서 하는 것입니다. 살아서 자비로운 마

---

[2] l 고린토 15:42.

음이 있었던 사람이라면 삶이 좋지 않았다 할지라도 그가 갖고 있던 좋은 의욕 덕분에, 적은 기도로도 많은 도움을 받게 됩니다.

 영적인 사람들의 기도로 안식한 이들이 얼마나 도움을 받는지를 증명해주는 사건들이 있습니다. 누군가가 칼리비에 와서 울먹이며 "수도사님, 제가 아는 사람 하나가 안식했습니다. 그런데 제가 그를 위해 기도 하지 않자 그가 제 꿈에 나타나 '나를 도와준 지 20일이나 되었다. 네가 나를 잊었기에 나는 고통을 당하고 있다.'라고 말했습니다. 정말 저는 여러 가지 일 때문에 20일간 그를 잊고 있었으며, 제 자신을 위해서도 기도할 겨를이 없었습니다."라고 말했습니다.

 - *수도사님, 누군가가 죽은 사람을 위해 기도해 달라고 요청할 때, 40일이 될 때까지 날마다 기도 매듭을 가지고 기도를 하는 것이 좋은가요?*

 - 그를 위해 기도 매듭을 가지고 기도를 한다면, 다른 고인들을 위해서도 기도를 하십시오. 기차에 더 많은 사람들을 태울 수 있는데도 승객을 단 한 명만 태우고 목적지를 향해 가야 할 이유가 있습니까? 안식한 많은 이들이 기도를 필요로 하며 도움을 요청합니다. 하지만 그들을 위해 기도해 줄 사람이 하나 없습니다. 일부 사람들은 정기적으로 그저 자기 가족들만을 위해 추도식을 합니다. 이 방법은 그들의 죽은 가족에게 도움이 되지 않는데, 이런 기도는 하느님께 그렇게 반가운 일이 아니기 때문입니다. 죽은 사람을 위해 그렇게 많은 추도식을 하였으니, 동시에 친척이 아닌 다른 사람들을 위해서도 추도식을 하는 것이 좋습니다.

 - *수도사님, 제 아버님이 생전에 교회와 전혀 관계가 없었기 때문에 가끔씩 제 아버지의 구원이 저를 골몰하게 합니다.*

 - 마지막 순간에 하느님의 심판이 어떠했는지 당신은 모릅니다. 언제 당신을 골몰하게 합니까? 매주 토요일입니까?

 - *글쎄요. 잘 모르겠어요. 왜 토요일이냐고 물으세요?*

― 안식한 이들은 토요일에 권리가 있기 때문입니다.

― *수도사님, 기도해 줄 사람이 없는 죽은 이들은, 그들을 위해 일반적으로 기도하는 사람들의 기도에 의해 도움을 받나요?*

― 물론 도움을 받습니다. 내가 모든 안식한 이들을 위해 기도할 때, 꿈에서 나의 부모님을 봅니다. 내가 하는 기도로 그분들도 위안을 받기 때문입니다. 성찬예배가 있을 때마다 나는 모든 안식한 이들을 위해 일반적인 추도식을 드리는데, 왕과 대주교들, 그 밖의 사람들에 대해 추도합니다. 마지막엔 추도하지 않은 사람들에 대하여 기도를 합니다. 가끔 안식한 이들을 위해 기도하지 않을 때, 이 세상에서 알고 지냈었던 이들이 내 앞에 나타납니다. 한 예로 성찬예배 후 추도식이 있던 시간에 전쟁에서 사망한 친척 한 분이 내 앞에 나타났습니다. 영웅적으로 죽은 사람들을 하느님께서 기억하시도록 사제가 안식한 이들의 이름을 읽으며 추도하였는데, 그의 이름을 내가 적어 넣지 않아 사제가 추도하지 못했기 때문이었습니다. 여러분도 환자들의 이름만 적어 넣지 마십시오. 그들보다 추도식이 더 많이 필요한 안식한 이들의 이름도 적어 사제가 추도할 수 있도록 하십시오.

안식한 이들을 위한 가장 좋은 추도식

우리가 안식한 이들을 위해 할 수 있는 추도식 가운데 가장 좋은 추도식은, 주의해서 사는 우리 삶입니다. 깨끗한 우리 영혼을 위해 정신적인 약점들을 없애도록 하는 투쟁입니다. 물질적인 것을 멀리하고 정신적인 약점을 고칠 때, 자신을 안심시키는 것뿐만 아니라 가문에 속해 있는 모든 선조들에게 위안을 주는 결과가 되기 때문입니다. 후손이 하느님 가까이 있을 때, 선조들은 기쁨을 느낍니다. 우리가 영적으로 좋은 상태에 있지 않다면, 안식한 우리의 부모, 조부모, 증조부모 등 모든 선조가 고통을 당하게 됩니다. 그들은 "우리가 어떤 후손을 만들었는지 보아라."라고 말하면서 괴로워합니다. 그러나 후손인 우리가 영적으로 좋은 상태에 있다면, 선조들은 기뻐합니다. 선조들 역시 우리가 태어나는 데 협력자가 되었기 때문이며, 그리하여 어떠한 면에 있어서 하느님께서는 선조들을 도우셔야 하는 의무가 있으시기 때문입니다. 다시 말해서 안식한 이들을 흐뭇하게 해 주는 것, 그것은 바로 우리가 조상들을 천국에서 만나 영원한 삶 속에서 모두 함께 살게 되기까지, 우리들의 삶으로 하느님께서 만족하실 수 있도록 우리가 할 수 있는 노력입니다.

그러므로 새로운 사람, 즉 정신적인 약점이 없는 사람이 되기 위해 또 자신과 다른 사람들에게 더 이상 해가 되지 않기 위해, 정신적인 약점들을 버리려고 노력하는 것은 가치가 있습니다. 정신적인 약점을 버린 사람이 자신을 돕고 또 살아있는 이든 안식한 이든 타인을 돕는 것은 매우 가치가 있습니다.

의인들이 용기로써 기도하여 하느님께서 들어주심

- *수도사님, 수도사님께서 초보 수도사들에게 보내는 서신에서 다음과 같이 쓰셨습니다. "이 세상에서 맛보는 것이 천국에서 느끼는 기쁨의 한 부분이라는 것, 천국에서의 기쁨이 이 세상에서의 기쁨보다 더 크리라는 것을 진정한 수도사들이 깨달음에도 불구하고, 그들은 이웃에 대한 많은 사랑에 의해, 자신의 기도로 사람들을 돕고 하느님께서 간섭하시어 세상의 모든 사람들이 도움을 받도록 이 세상에서 살기를 원합니다."*

- *다음과 같이 덧붙이십시오. "그들은 사람들과 함께 고통을 감당하고, 기도로 사람들을 돕기 위해 이 세상에서 살기를 원합니다."*

- *수도사님, 올바른 수도사는 다른 세상에서도 그가 사람들을 위해 하는 기도로 그들을 또 돕지 않나요?*

- 다른 세상에서도 그는 기도로 도울 것입니다. 그러나 지금은 함께 고통을 감당하지만, 다른 세상에선 고통을 당하지 않을 것입니다. 이곳에선 기쁘게 지내지 못합니다. 그렇지만 이웃을 위해 고통을 당하면 당하는 만큼, 거룩한 위로로 더 많은 보답을 받게 됩니다. 이 거룩한 위로는 어떤 면에 있어서 다른 사람이 도움을 받고 있다는 뜻입니다. 천국적인 이 기쁨은 다른 사람에 대해 느끼는 아픔에 대한 거룩한 보답입니다.

- *수도사님, 우리가 성인들께 도움을 호소하면 그분들도 우리와 함께 고통을 당하지 않나요?*

- 천국엔 아픔이라는 것이 없습니다. 천국에서 고통을 당합니까? "아픔도 슬픔도 한숨도 없느니라."3라고 하지 않습니까? 더구나 성인들은 이 세상에서 고통을 당하는 사람들이 받을 거룩한 보상에 대하여 알고 있고 이것이 그분들을 기쁘게 합니다. 그렇지 않으면 그렇게도 많은 사랑과 자비심을 갖고 계시는 하느님께서 사람들이 겪는 큰 아픔에 대하여 어떻게 견디실 수 있겠습니까? 하지만 하느님께서는 사람들을 기다리고 있는 거룩한 보상을 고려하시기 때문에 견디실 수 있으십니다. 다시 말해서 사람들이 이곳에서 고통을 당하면 당하는 만큼, 그곳 하늘나라에서 받을 보상을 저축하게 됩니다. 그러나 우리는 이것들을 보지 못하며, 시련 당하는 사람들과 함께 고통에 참여합니다. 그래서 누군가가 위의 것들을 생각하고 하늘나라에서 받을 보상을 고려한다면, 그렇게 많은 시련을 느끼지 않습니다.

최후의 심판

- *수도사님, 영혼이 어떻게 깨끗해지나요?*

---

3 Βλ. Ευχολόγιον το Μέγα Ακολουθία, Νεκρώσιμος, σ. 411.

- 사람이 하느님의 계명을 지키고 자신을 계발하여 정신적인 약점들로부터 깨끗해질 때, 정신은 하느님으로부터 빛을 받아 지혜롭게 되고, 영적인 상태에 달하여 영혼이 정화되며, 원조의 낙원 추방 이전에 있었던 상태처럼 됩니다. 그는 죽은 이들이 부활 후에 있게 될 상황과 같은 상황에 있게 될 것입니다. 그렇지만 사람이 정신적인 약점으로부터 완전히 깨끗해진다면, 모든 이들의 부활 전에 자신에 대한 영혼의 부활을 볼 수 있습니다. 그때 몸은 천사처럼 되어 사라질 것이며, 양식에 대해 신경을 쓰지 않게 될 것입니다.

- *수도사님, 미래의 심판은 어떻게 되겠습니까?*

- 미래의 심판에서 사람들 개개인의 상태가 한 순간에 밝혀질 것이고 각자가 가야 하는 곳으로 혼자 갈 것입니다. 사람 각자는 자신이 생전에 했던 바람직하지 못한 것들을 텔레비전을 통해 보듯 보게 될 것이고, 다른 사람의 영적인 상태에 대해서도 볼 것입니다. 자기 자신이 다른 사람들에게 낱낱이 드러나 머리를 숙이고서 제자리로 갈 것입니다. 예를 들어 다친 다리를 참아가며 손자를 보살피는 시어머니 앞에서 책상 다리를 하고 앉아 있었던 며느리는 자신 앞에 전개되는 이 장면들을 보면서, "그리스도여! 제 시어머니는 천국으로 보내시면서, 왜 저는 천국으로 보내지 않으십니까?"라고 말할 수 없게 될 것입니다. 며느리는 자신을 희생하며 손자를 보살폈던 시어머니를 기억하게 되어, 천국에 갈 면목이 없을 것입니다. 그러나 천국에서 또한 견디지도 못할 것입니다. 수도사들은 속세의 사람들이 어려움이나 시험들을 어떻게 대처했는지를 볼 것입니다. 만약 수도사들이 올바르게 살지 않았다면, 그들은 고개를 숙이고서, 그들이 있어야 하는 곳으로 혼자 가게 될 것입니다. 하느님을 만족시켜드리지 않은 수녀들은, 영웅적인 어머니들이 서원을 하지도 않고 먹을 것도 없이 살아가면서, 영적으로 노력할 기회가 부족한 가운데 어떻게 영적으

로 투쟁하여 어떠한 영적인 상태에 달했는지 보게 될 것입니다. 그리하여 그 수녀들은 사소한 일에 신경 쓰며 괴로워한 자신들을 보며 부끄러움을 느낄 것입니다. 심판이 이렇게 될 것이라고 생각됩니다. 다시 말해 그리스도께서는 "이리 오거라. 너는 무엇을 하였느냐?" 또는 "너는 지옥에 갈 것이다. 너는 천국에 갈 것이다."라고 말씀하시지는 않으실 것입니다. 그러나 사람 각자는 자신을 다른 사람과 비교하게 될 것이며, 그리하여 그가 있어야 할 곳으로 가게 될 것입니다.

죽음 이후의 삶

― *수도사님, 다른 사람들에게 대접하시라고 젤리를 가져 왔습니다.*
― 사람들이 얼마나 기뻐하는지 보십시오. 다른 세상에서 우리는 "우리는 어떤 어리석은 것으로 기뻐하였는가? 무엇이 우리를 감동케 하였는가?"라고 말할 것입니다. 그런데 지금 그들은 이것들에 대하여 마음이 들떠 있습니다.
― *수도사님, 어떻게 지금부터 이것을 깨달을 수가 있겠습니까?*
― 여러분들이 지금부터 이것을 깨닫는다면, 후에 다른 세상에 가서 이것을 말하지 않을 것입니다. 아무튼 저기 저 위에 있는 사람들은 잘 지내고 있습니다. 하늘나라에서 사람들은 어떤 일을 하는지 아십니까? 계속해서 하느님을 찬양합니다.
― *수도사님, 왜 죽은 사람의 몸을 "유해"라고 말하나요?*
― 죽음 후에 사람으로부터 이 세상에 남는 것이기 때문입니다. 특히 영혼은 하늘나라를 향해 떠나갑니다. 미래에 있을 심판에서는, 사람이 몸을 가지고 살면서 죄를 지었기 때문에 몸과 함께 심판을 받도록 하기 위해, 하느님께서 몸도 부활하게 하실 것입니다. 다른 세상에서 모든 사람들이 같은 몸, 즉 영적인 몸을 갖게 될 것입니다. 영혼이 같은 이상, 키에 있어 작고 컸던 사람들

이 같은 키를 갖게 될 것이며, 젊은이들, 노인들 그리고 아기들 역시 같은 연령이 될 것입니다. 다시 말해서 천사와 같은 나이가 될 것입니다.

　- *수도사님, 다른 세상에서 지옥에 있을 사람들은 천국에 있을 사람들을 볼 수 있겠습니까?*

　- 들어 보십시오. 밤에 어두운 곳에 있는 사람들이 불이 켜져 있는 밝은 방 안에 있는 사람들을 볼 수 있는 것처럼, 지옥에 있을 사람들은 천국에 있을 사람들을 보게 될 것입니다. 그리하여 이 광경을 본다는 것은 더 큰 지옥이 될 것입니다. 반면 밤에 불이 켜진 밝은 곳에 있는 사람들이 어두운 곳에 있는 사람들을 보지 못하는 것처럼, 천국에 있게 될 사람들 역시 지옥에 있을 사람들을 보지 못할 것입니다. 천국에 있을 사람들이 지옥에 있을 사람들을 본다면, 지옥의 사람들이 시달릴 고통에 대해 가슴 아파하고 슬퍼하여 결국 천국을 만끽할 수 없게 될 것이기 때문입니다. 그러나 거기엔 "아픔이란 것이 없습니다."[4] 또한 천국에 있을 사람들은 지옥에 있을 사람들을 볼 수 없을 뿐만 아니라, 형제나 부모가 있었는지 그들 역시 천국에 있진 않은지 기억조차 하지 못할 것입니다. "그날에 죽는 이의 모든 생각들이 사라지리라."[5]라고 시편은 말합니다. 지옥에 있는 사람들을 기억한다면, 천국이 어떻게 천국일 수가 있겠습니까? 물론 천국에 있을 사람들은 다른 사람들이 없다고 생각할 것이며, 그들이 생전에 지었던 죄조차 기억하지 못할 것입니다. 그들이 생전에 저지른 죄를 기억한다면, 하느님을 괴롭게 해드렸다는 생각에 가슴 아파 견딜 수 없을 것이기 때문입니다.

　또한 천국에서 느끼는 기쁨의 양은 사람 각자에 따라 다릅니다. 누군가는 골무만 한 기쁨을 느낄 것이고, 누군가는 물컵만

---

[4] Το Μέγα Ακολουθία Νεκρώσιμος, σ. 411.
[5] 시편 146:4 참조.

한 기쁨을, 또 누군가는 물탱크만 한 기쁨을 느낄 것입니다. 그러나 모든 이들이 만족을 느낄 것이며 아무도 사람 각자가 느끼는 기쁨과 환희의 크기를 알지 못할 것입니다. 선하신 하느님께서 이렇게 만드셨습니다. 왜냐하면, 어떤 사람이 자신보다 다른 사람이 더 많은 기쁨을 가지고 있다는 것을 알게 되면, '왜 저 사람이 더 많은 기쁨을 가지고 나는 더 적은 기쁨을 가져야 하는가?'라고 생각하여, 그때의 천국은 천국이 아니게 될 것이기 때문입니다. 다시 말해서 사람 각자는 그의 영혼의 눈이 가지고 있는 깨끗함의 정도에 따라 하느님의 영광을 천국에서 보게 될 것입니다. 그 선명도는 하느님에 의해 깨끗해질 것이 아니라, 자신의 정결함의 정도에 따라 달라질 것입니다.

 - *수도사님, 일부 사람들은 지옥과 천국이 있다는 것을 믿지 않습니다.*

 - 지옥과 천국이 있다는 것을 믿지 않습니까? 죽은 사람들은 영혼들인데 죽은 사람들이 무(無)에 머문다는 것이 어떻게 가능할 수 있겠습니까? 하느님께서는 불멸하시며, 사람은 은총 때문에 불멸하게 됩니다. 결과적으로 불멸이라는 것은 지옥에도 있게 될 것입니다. 실제로 이 세상에 처해있는 상황에 따라 우리의 영혼은 이 세상에서부터 어느 정도 천국과 지옥에 살고 있는 것입니다. 누군가가 양심의 가책을 느껴, 공포, 당황, 스트레스, 절망을 느낄 때, 또는 증오, 질투 등 그 외의 나쁜 것들에 의해 정복될 때 지옥에서 살고 있는 것입니다. 그렇지만 사람이 마음속에 사랑, 기쁨, 마음의 평화, 관대함, 박애 등을 가지고 있을 때 바로 천국에서 사는 것입니다. 기쁨과 아픔을 느끼는 것은 영혼이기 때문에 이 모든 것의 기본은 영혼입니다. 죽은 사람에게 가서 가장 반가운 것들을 얘기해 보십시오. 예를 들어 "미국에서 당신의 형제가 왔습니다."라고 말한다면, 죽은 사람은 아무 것도 이해하지 못할 것입니다. 죽은 사람의 손과 다리를 부러트린다 해도,

그는 이것을 느끼지 못합니다. 결과적으로 느끼는 것은 영혼입니다. 이 모든 것들이 천국과 지옥을 믿지 않는 사람들에게 문제시되지 않습니까? 또 다른 예를 들어봅시다. 우리는 기분 좋은 꿈을 꿀 때, 기쁨을 느끼고 심장이 부드럽게 뛰며 꿈이 끝나기를 원치 않습니다. 잠에서 깨면 아쉬워합니다. 꿈에서 깨었기 때문입니다. 또 다른 예로 당신이 넘어져 발을 다치고 고생을 하며 우는 악몽을 꿉니다. 걱정이 가득한 눈에서 눈물이 흘러 깹니다. 아무 일도 없었던 것을 확인하며 "다행스럽게도 꿈이었구나!"라고 말합니다. 다시 말해서 영혼이 참여합니다. 환자가 낮보다는 밤에 더 많이 아픔으로 고통을 당하는 것처럼, 누군가는 실제에서 벌어지는 것보다 악몽으로부터 더 고통을 당합니다. 이것처럼 사람이 죽을 때, 지옥으로 간다면 더 슬픈 일일 것입니다. 누군가가 영원한 악몽 속에 살면서 영원히 고통을 당한다고 생각해 보십시오. 이곳에서 잠깐 보는 악몽도 견딜 수가 없는데, 슬픔 속에서 영원히 어떻게 견딜 수 있겠는지 생각해 보십시오. 그래서 우리는 지옥에 가지 않는 것이 더 좋습니다. 여러분들은 어떻게 생각하십니까?

- 수도사님, 저희는 지옥에 가지 않기 위해 오랫동안 많은 노력을 합니다. 수도사님께서는 저희가 지옥에 갈 것이라고 생각하십니까?

- 올바른 정신을 갖고 있지 않으면 그곳에 갈 것입니다. 나는 모두가 천국을 가든가 아무도 지옥에 가지 않기를 기원합니다. 내가 바르게 말하지 않습니까? 하느님께서 사람인 우리들을 위해 그렇게 많은 것들을 하셨는데도 우리가 지옥으로 가서 하느님을 슬프게 만들어 드린다면, 이것은 너무 가혹한 일입니다. 하느님께서 아무도 지옥으로 가지 않게 해주시기를 바랍니다.

우리가 영적으로 좋은 상태에 있을 때 죽음이 우리에게 와서, 우리가 하늘나라의 왕국에 들어갈 수 있도록 선하신 하느님께서 우리에게 회개할 기회를 주시기 바랍니다. 아멘.